Ascensions

Dans la même collection

Amandine Roche, *Nomade sur la voie d'Ella Maillart*
Manu Bertin, *De la mer jusqu'au ciel*
Gérard Chaliand, Patrice Franceschi,
Jean-Claude Guilbert, *De l'esprit d'aventure*
Gérard Civet et Jérôme Delcourt, *L'Île aux éléphants*

À paraître

Umberto Pelizzari, *L'Homme et la mer*
Daniel Duhand, *Chiens de traîneau*
Jean Buathier, *Aux Confins de la Chine*
Philippe Lemonnier, *Le Chemin oublié de Compostelle*
Paul Molga, *Tragédies au K2*

LA TRAVERSÉE DES MONDES

Ascensions

Catherine Destivelle

ARTHAUD

La Traversée des mondes
une collection ouverte sur l'aventure

26, rue Racine
75278 Paris Cedex 06

Conception et réalisation graphique du hors-texte : Nord Compo
Composition : Nord Compo

ISBN : 2-7003-9594-8

PROLOGUE

« Car si l'un tombe, l'autre relèvera son compagnon ;
mais malheur à celui qui est seul,
parce que s'il tombe il n'aura personne pour le relever. »
Ecclésiaste, IV, 10

Le sommet que nous venions de gravir ne portait pas de nom. La carte ne mentionnait que son altitude – 4 160 mètres – et personne n'avait jamais posé le pied dessus : nous étions en Antarctique, cet immense continent gelé exempt de toute vie humaine.

La photo, destinée à épaissir notre collection de souvenirs et éventuellement aux médias qui auraient envie de parler de notre périple dans la chaîne des monts Ellsworth, devait donc être particulièrement réussie pour bien situer la première que nous venions de réaliser. Il eût été en effet dommage que ce cliché ait pu être pris n'importe où. La pose adoptée pour l'occasion ne semblait pas mauvaise, mais mon buste cachait les montagnes au loin. Pour parfaire cette prise de vue, il me fallait descendre légèrement.

Sans regarder derrière moi, persuadée que la pente était constituée de glace homogène, je reculai d'un pas. Au moment de reprendre appui, mon pied ne rencontra pas la surface dure escomptée. Pendant un court instant, déséquilibrée, mes bras battirent l'air à grands renforts de moulinets. Vains efforts, mon corps bascula inexorablement. Avant même que mon dos n'ait touché la glace, je criai à Erik Decamp, mon compagnon : « La corde ! La corde ! Arrête la corde ! » L'œil rivé sur le viseur, avait-il vu la scène ? Tous mes espoirs reposaient sur lui : stopper le plongeon m'était maintenant impossible, mon corps avait pris trop de vitesse. Je me souvins alors que la corde était juste passée dans mes piolets plantés sans grande précaution dans la neige dure. Je me souvins aussi qu'Erik, pour prendre la photo, s'était placé à trois mètres environ de ces ancrages précaires. Allait-il réussir à stopper la corde sans tout arracher ?

Mon corps repartit de plus belle dans une grande culbute. Retombant comme une masse sur la pente, je criai de nouveau : « La corde ! » Ma jambe droite me sembla étrangement molle. J'espérais que je me trompais. Puis je me retrouvai une nouvelle fois propulsée violemment dans les airs.

Lors du troisième choc, quelques mètres en contrebas, mon regard plongea un court instant dans l'abîme sombre et glacé. Je me dis alors : « S'il ne peut me retenir, cette fois c'est fini. » Cette bêtise allait me coûter la vie. Et pire, j'allais aussi entraîner Erik dans ce toboggan de la mort.

Alors que mes cabrioles me semblaient de plus en plus violentes et vertigineuses, la corde stoppa brutalement ma chute. Mon menton reprit contact en premier avec la paroi. Soulagée et heureuse que ce cauchemar s'arrête enfin, mais un peu sonnée, deux ou trois secondes me furent nécessaires pour distinguer le haut du bas. Puis, constatant que j'étais pendue tête en bas à la corde, je mis bras et jambes dans le bon sens en espérant qu'il n'y ait pas de casse, mais j'en doutais : du sang perlait sur la glace. D'où venait-il ? J'avais mal partout, mais pas à un endroit en particulier.

Les mains tremblantes d'émotion, je relevai le bas de pantalon de ma jambe droite et découvris avec horreur une fracture ouverte. Je n'en croyais pas mes yeux. Pour dédramatiser la situation, j'analysai – mon esprit toujours aussi « terre à terre » – concrètement et positivement les dégâts : l'os ne dépassait pas, le poids de la chaussure additionné à celui des crampons avait remis la jambe dans l'axe et la plaie saignait peu ; l'artère n'était donc pas touchée. C'était une chance. Juste à ce moment-là, Erik me demanda :

— Ça va ?

— Fracture ouverte ! lui répondis-je.

Un grand « Merde ! » retentit, suivi d'un long silence. Il n'y avait effectivement que cela à dire.

Je n'arrivais pas à croire que cette jambe était cassée. Il ne fallait pas, ce n'était pas possible, pas là, en Antarctique, aussi loin de tout secours ! Comment allais-je faire pour redescendre ? Une idée, celle de la dernière chance, me traversa l'esprit : si le trait de fracture était horizontal, je pourrais peut-être prendre appui dessus. Pour tester, je posai aussitôt mon pied chaussé de crampons sur la pente. En serrant les dents, j'essayai une fois, deux fois. Impossible, la douleur était insoutenable, trop intense. Cette fracture semblait bel et bien réelle.

Si le moment n'avait pas été aussi grave, j'en aurais pleuré de rage : avoir été si inconsciente ! Mais le temps des remords fut bref car la question d'Erik me sortit de ma torpeur :

— Ça saigne beaucoup ?

— Non.

— Tu peux remonter ?

Il avait raison, il fallait bouger. Le temps de me faire à cette idée, je lui répondis que oui. En fait, je n'avais pas vraiment le choix. Je ne pouvais rester là.

— Peux-tu rejoindre l'arête à l'endroit où nous sommes sortis de la voie ?

Cela me parut plus compliqué. Nous avions grimpé la face dans le versant opposé à celui où j'étais tombée et le lieu qu'il m'indiquait se situait une trentaine de mètres à sa gauche. J'allais donc devoir remonter ces vingt-cinq mètres de paroi verglacée en oblique à gauche et Erik ne pourrait pas m'aider. Un moment de réflexion me permit de visualiser la façon dont j'allais m'y prendre.

C'est en rampant sur la pente, main gauche armée d'un piolet qu'Erik m'avait envoyé en le faisant glisser le long de la corde et main droite agrippée au moyen d'une poignée autobloquante, que je me hissai péniblement. À la première traction, je m'aperçus que l'épaule droite me faisait souffrir. J'y découvris une bosse qui n'était pas molle comme celle due à un hématome mais dure : un os dépassait. Un court instant, bien qu'heureuse de constater que je pouvais toujours m'en servir – et c'était à l'heure actuelle l'essentiel –, cette découverte me fit fulminer intérieurement : encore une opération chirurgicale en perspective. Cependant, plus je m'élevais, moins cette épaule me gênait. Surtout préoccupée de ne pas dévisser, plantant vigoureusement dans la glace mon piolet et les pointes avant de mon crampon gauche, je tractais sur mes bras avec fureur. Il ne fallait pas riper, la corde partant à l'horizontale, un beau pendule de vingt mètres pourrait m'attendre... Et dans l'état où j'étais !

Parvenue enfin au niveau de l'arête sommitale, je me hissai sur la crête, m'y calai à califourchon et attendis Erik qui tenait toujours la corde trente mètres plus à droite.

En attendant qu'il me rejoigne, j'essayai d'évaluer la situation. J'avais beau retourner le problème dans tous les sens, je ne voyais pas comment me sortir de là. Si seulement cet accident avait pu arriver dans les Alpes ! J'aurais attendu tranquillement que l'hélicoptère arrive. Ici, les secours n'étaient pas envisageables. Il y avait bien des gens sur ce continent antarctique, mais pas à moins de cinq cents kilomètres. Nous n'avions de toute façon pas emporté notre radio. Pesant au moins cinq kilos, celle-ci était restée au camp de base. Et même si nous avions pu joindre les secours, ils ne possédaient pas d'hélicoptère. Le temps qu'ils montent jusqu'à nous, je serai déjà morte de froid. Un petit vent glacial soufflait, il était vingt et une heures et bien qu'au pôle Sud, en décembre, le soleil ne se couche pas, la température baissait. Attendre risquait de m'être fatal. En moi-même je me disais que ce serait trop idiot de mourir là.

Je pensai alors à Doug Scott, le célèbre alpiniste anglais qui s'était fracturé les deux chevilles dans la paroi de l'Ogre en Himalaya. Il n'en était pas mort. Malgré d'atroces souffrances, il avait réussi à rejoindre le camp de base à quatre pattes. Ses fractures n'étaient pas ouvertes, mais il était handicapé des deux jambes. Moi, il m'en restait tout de même une !

Erik arriva. Je lui demandai aussitôt :

— Qu'est-ce qu'on fait ?

— On descend.

— On descend ? Mais par où ? Comment ? lui répondis-je un peu affolée. Malgré l'exemple de Doug, je ne me voyais pas faire un seul mouvement.

— Par la voie de montée. C'est la seule que nous connaissons.

Il avait raison, et traîner ici ne servait à rien. Personne ne nous viendrait en aide. La détermination d'Erik m'aida à redevenir plus combative. Aussitôt, je jetai un regard à la face. Nous l'avions gravie à l'ombre pour avoir moins chaud et de la voir maintenant ensoleillée dopa encore plus mon moral. L'ambiance serait moins austère et ce soleil allait me réchauffer.

Cependant, cette pointe d'optimisme était fragile car le moindre de mes mouvements déclenchait de terribles douleurs : l'extrémité inférieure de ma jambe blessée n'était plus qu'un poids mort obéissant aux seules lois de la pesanteur. En passant de l'autre côté de l'arête, je dus prendre mon pied à deux mains pour le remettre dans le bon sens.

Allais-je pouvoir résister à tant de souffrances après déjà onze heures d'ascension ? Ma plus grande crainte était que, si je perdais connaissance, Erik ne pourrait pas me descendre.

— Tu crois que je vais y arriver ? lui demandai-je pour me rassurer.

— Mais oui ! répondit-il, et il me sourit.

Le pauvre n'avait sûrement pas envie de sourire à ce moment-là. Que je m'en voulais de l'avoir mis dans cette galère ! Je gâchais ce merveilleux voyage en Antarctique.

Avant toute chose, Erik m'ôta le crampon qui risquait de s'accrocher sur les reliefs, puis nous confectionnâmes une attelle de fortune – un piolet de chaque côté de la jambe maintenue par des sangles. Ensuite, il laissa doucement filer la corde pour me faire descendre le long de la paroi. La première secousse provoqua d'effroyables souffrances. Un mètre plus bas, les piolets furent supprimés. Cet assemblage était pire que tout. Les manches ronds et les cordelettes ne tenaient pas en place et leur pression contre ma jambe meurtrie me faisait subir une véritable torture. En remplacement, nous nouâmes un pull-over au niveau de la plaie et, pour protéger un peu le membre blessé, je le soutenais, par en dessous, de ma jambe valide. Puis, tournée face au vide, en appui sur le dos, guidant Erik à la voix pour régler la vitesse, la descente reprit. Le relief était très accidenté, et, bien que ma jambe ne fût plus en contact direct avec la paroi, le moindre choc provoquait toujours de terribles douleurs. À chaque fois, je me demandais si je n'allais pas tourner de l'œil. Pour tenir le coup, je m'imposai de grandes inspirations-expirations qui m'aidaient à me relaxer et ainsi à mieux supporter la douleur. Au bout d'une vingtaine de mètres, sur la suggestion d'Erik, je cherchai un emplacement pour m'arrêter. Nous ne possédions qu'une corde de cinquante mètres. Cela ne nous autorisait donc qu'une progression de vingt-cinq mètres maximum pour permettre à Erik de descendre en rappel.

En passant une sangle sur un becquet rocheux et en plantant un piton, je confectionnai un solide ancrage sur lequel je m'attachai. Erik put ainsi faire ses manœuvres de corde sans plus se soucier de ma sécurité.

Seule, pendue comme une malheureuse à ce premier relais, la même question me revenait sans cesse : allais-je être capable de tenir le coup ?

Un long calvaire s'annonçait. La paroi faisait mille six cents mètres de dénivelé. Raides, composés de roche et de glace, les deux tiers supérieurs seraient vraiment pénibles à passer, d'autant que pour éviter un passage surplombant une descente en diagonale s'imposait. Cela voulait dire des pendules à la corde en perspective...

La suite : un grand couloir de glace. À ce niveau-là, je serai presque sauvée...

J'essayai de faire le vide dans ma tête. Pour gérer la douleur et surveiller les étourdissements qui m'arrivaient par vagues je ne devais plus penser à rien. Je devais juste attendre Erik en me concentrant sur moi, ma respiration, mon corps que j'essayais de détendre pour économiser l'énergie. Cet état de concentration était difficile à maintenir et je suppliai Erik en moi-même pour qu'il arrive vite. J'avais peur de flancher.

Parvenu à mon niveau, Erik me donna en guise de remontant deux bonbons qu'il enfourna dans ma bouche, puis il rappela la corde et nous reproduisîmes la même manœuvre.

Les trois ou quatre premiers rappels furent les pires à supporter. Par la suite, la douleur me sembla plus tolérable. Peut-être m'y habituais-je ? Je n'avais de toute manière pas d'autre choix. Résignée à la souffrance, je pus à ce moment-là me concentrer sur autre chose. Ainsi, je réalisai que je ne sentais plus très bien mes extrémités. Malgré le soleil, le fond de l'air était frais, la température devait se situer tout de même entre – 20 et – 30 °C. Au début, ma priorité étant de ne pas m'évanouir, je ne m'en étais pas rendu compte. Laisser, en plus, mes extrémités geler était stupide. Bien que l'effort à fournir pour les réchauffer me coûtât, je m'astreignis à chaque relais à bouger en permanence doigts de pieds et de mains.

Chacun à son affaire, notre descente s'effectuait à un rythme régulier. Nous nous connaissions assez pour nous comprendre en parlant peu. Un regard, un mot suffisaient. De temps en temps – toutes les deux heures environ – quand je sentais que j'allais perdre connaissance, je le lui signalais. Il venait immédiatement me tapoter le visage, me remplissait la bouche de bonbons, puis chacun retournait à sa tâche : Erik se chargeait de la sécurité et des cordes ; moi, je me préoccupais de mes maux et de mon état physique. Erik avait fort à faire : manœuvrer les cordes n'était pas simple et, très souvent, pour économiser de la sangle, lorsque les passages le permettaient, il désescaladait la paroi.

Au bout de huit heures de descente, le soleil disparut pour laisser place à un froid terrible. Les huit heures suivantes me semblèrent alors interminables. Les attentes aux relais étaient les moments les plus éprouvants. En position statique, la fatigue, le froid, la douleur se faisaient alors plus pressants. Pendue à mes ancrages de fortune, couchée dans la pente, à même la neige et la glace, en appui sur la jambe valide afin que les sangles du baudrier ne me coupent pas trop la circulation sanguine, j'essayais de ne pas tenir compte du temps qui passait... Mon seul objectif étant de tenir le coup jusqu'en bas. Cela me demandait en permanence de terribles efforts de volonté et les exercices respiratoires se révélaient les plus efficaces pour maintenir cet état de vigilance.

Durant les dernières heures de descente, le pied gauche sur lequel je me tenais en permanence me préoccupa plus que tout. J'avais beau remuer les doigts de pieds, je ne les sentais plus. Je me disais : « une jambe cassée ça se répare, mais un pied gelé ça se coupe... »

Non, je ne voulais pas... À partir de là, je n'eus plus qu'une idée en tête : arriver au plus vite en bas. Dans les six cents derniers mètres du couloir de glace et de neige, passant outre la douleur, je ne dis plus à Erik de freiner la corde, je le laissais régler la vitesse à sa guise. En bout de corde, un signe de sa part – le pouce en bas – je plantais à deux mains mon piolet dans la neige, me couchais dessus, lui faisait un signe – le pouce en haut – et il me rejoignait, plantait ses piolets, me faisait descendre et ainsi de suite. Les manœuvres s'enchaînèrent parfaitement et rapidement jusqu'au moment où, dans ma hâte à rejoindre enfin le plat et aussi prise par la routine, j'arrachai mon piolet à la neige afin de larguer mon corps dans la pente avant qu'Erik n'ait eu le temps de construire un bon amarrage.

Plus de peur que de mal. Erik, malgré la fatigue, avait encore de bons réflexes ; il plaqua son corps contre son piolet à moitié planté en criant : « Attends ! Je ne suis pas prêt ! » La chute enrayée, il se retourna alors vers moi en souriant et me dit gentiment : « Attention ». Devant mon pitoyable état, il n'avait pas osé en dire davantage. Il n'avait d'ailleurs pas besoin de le faire. Je me sentais suffisamment honteuse de cette erreur. Par ma faute, j'avais encore failli nous envoyer en bas. Je réalisai le travail qu'avait fourni Erik. Je l'admirais... Malgré l'urgence, il avait mené cette descente prudemment et efficacement sans jamais nous mettre en situation périlleuse.

La vigilance accrue par cet incident, nous reprîmes notre chemin de croix. Malgré tout, au fur et à mesure que nous descendions, je sentais mes forces m'abandonner. Pour les derniers relais, cet état de faiblesse me permettait à peine d'enfoncer le piolet de dix centimètres dans la neige : juste ce qu'il fallait pour m'empêcher de glisser. Dans ma crainte que ce fragile ancrage ne s'arrache, mon corps, mon esprit, mes yeux se tournaient alors entièrement vers cette pointe de métal dans la neige : à peine si j'osais respirer en attendant qu'Erik arrive et prépare de solides points d'assurance.

Les cent derniers mètres étant moins raides, Erik put enfin marcher face à la pente en me laissant glisser au bout de la corde devant lui. Il ne me restait qu'à diriger mes jambes pour qu'elles ne butent pas dans la neige, mais, inévitablement, elles se prenaient dans des protubérances. Pourtant maintenant la douleur n'importait plus : je voulais vite arriver sur du plat.

Parvenue sur cette surface de glace horizontale tant attendue, j'ôtai immédiatement la chaussure gauche pour me masser le pied. En le découvrant, je fus soulagée : le bout était blanc, pas noir comme je le craignais. Bien que le côté blessé ne souffrît pas de la température, je demandai à Erik de m'enlever l'autre chaussure. Il n'est pas bon de laisser par grand froid un pied humide dans un soulier. L'opération ne fut pas simple. Le plastique, rigidifié par le gel, était impossible à ouvrir. Pour retirer mon pied délicatement de cette gangue glacée, Erik dut la découper. Constatant que cette opération me fendait le cœur – de si bonnes chaussures ! – je notai que j'avais encore un peu de ressort. Je n'en soufflai mot à Erik, il aurait peut-être trouvé ma remarque déplacée... Pour ma part, je trouvais qu'avoir eu cette pensée était plutôt bon signe pour la suite, car je n'étais pas sortie d'affaire : la tente se trouvait encore à une bonne heure de marche.

Tout en regardant Erik disséquer ma chaussure, j'imaginais qu'il me tirerait sur la glace pour rejoindre notre campement. À ma grande déception, il m'annonça son intention d'aller chercher le traîneau à la tente. Je ne mouftai pas, mais cette idée ne me réjouissait pas. J'allais devoir attendre là, toute seule, qu'il revienne. Je grelottais, j'étais épuisée. Serais-je encore capable de tenir deux heures ? Et si je perdais connaissance, Erik serait-il de retour à temps avant que je m'endorme à tout jamais engourdie par le froid ? Résolue à lutter pour qu'une telle chose n'arrive pas, je regardai Erik partir au pas de course. Le pauvre devait être épuisé, je faillis lui crier : « Mais non, ne cours pas, ça ira ! », je n'en avais pourtant physiquement pas la force, et même si j'avais pu, je ne sais pas si j'en aurais eu le courage. En mon for intérieur, je lui disais : « Si, cours, reviens vite ! »

Sitôt qu'il fut hors de portée de voix, me retrouvant assise au milieu de ce désert glacé, jambes étendues devant moi, un pied pointant vers le ciel, l'autre reposant étrangement sur son bord externe, je me fis l'effet d'une gamine qu'on aurait abandonnée au milieu de la route. Sans honte, j'émis alors un son continu en claquant des dents comme je le faisais, petite, après la baignade en mer du Nord. Ce son me rassura. J'étais bien vivante.

Bon sang, qu'il faisait froid ! Tout mon corps tremblait sans relâche. Il était une heure de l'après-midi. Je ne pouvais espérer le soleil avant quelques heures. Je pensai alors à ce que nous faisions la veille, à la même heure : nous gravissions, tout heureux d'être à l'ombre, ce pic sans nom. Que tout cela me semblait loin... Il y avait donc vingt-sept heures que nous étions partis. Il me fallait encore tenir deux longues heures. Ces tremblements m'épuisaient et je sentis que si je laissais ce froid me secouer de la sorte, je ne pourrais y survivre. Je me mis alors à faire de grands exercices respiratoires, mettant chaque ample expiration à profit pour relâcher mes muscles. L'effet fut immédiat : mon corps se détendit et je ressentis comme une chaleur m'envahir. Malheureusement, ce bien-être soudain ne dura pas, j'avais toujours froid. Je me balançai alors d'avant en arrière, comme certains malades mentaux, tout en continuant mes exercices. En même temps, je frottai mon pied gelé, mes cuisses, mes bras... Varier les mouvements en remuant de la sorte me faisait du bien, mais maintenir cette lutte permanente était vraiment difficile. Pour y parvenir, je devais penser exclusivement à ce que je faisais : me réchauffer. Durant cette interminable attente, les secondes, les minutes, les heures s'écoulèrent ainsi, tout mon être tendu vers le même objectif : tenir, tenir sans limite de temps. J'étais déterminée à résister au froid, à la fatigue et à la douleur. Erik pouvait mettre une demi-heure de plus, mon moral ne s'en trouverait pas affecté.

Il arriva enfin, s'excusant d'avoir pris quelques minutes pour boire du café chaud afin de recouvrer un peu d'énergie. Pour moi, l'essentiel était qu'il soit là, sain et sauf ; cela signait la fin du cauchemar : à la tente, nos préoccupations ne seraient plus que boire, manger, dormir, prévenir les gens de la base Patriot Hills qui nous avaient déposés en ces lieux et attendre tranquillement que l'avion, un *Twin Otter*, vienne nous chercher. Malheureusement, les choses ne se déroulèrent pas exactement de cette façon. Nous prîmes un bon repas, fîmes une bonne sieste, puis Erik partit chercher la radio laissée à deux heures de marche. Il revint quelques heures plus tard, me disant qu'il avait vainement essayé de joindre la base au moment convenu avec eux – vingt et une heures. Sans paniquer, il ajouta :

— Nous réessaierons demain.

Soigner mes blessures, et éviter l'infection, devint alors une priorité. Avant tout, la jambe. Ayant perdu pas mal de chair et de sang durant ce long périple, la plaie était devenue assez profonde et large. Erik l'aspergea à grands jets de produits désinfectants, fit un pansement bien propre, l'entoura d'un bout de matelas mousse pour tâcher de maintenir le pied dans l'axe, puis il renouvela la même opération au coude. La peau avait été arrachée sur une surface de dix centimètres de long sur cinq de large. Bien que cette blessure fût presque plus impressionnante que celle de la jambe, je n'en souffrais pas. Pour l'épaule et le pied, malheureusement rien à faire. Ensuite, il me donna des antibiotiques. Nous ne possédions pas de médicaments contre la douleur, mais, tenant à rester vigilante sur mon état, je n'en aurais, de toute façon, pas pris. En attendant la vacation radio suivante, le temps fut consacré à s'alimenter et à dormir.

Vers le milieu de l'après-midi, le vent se leva et Erik commença à s'inquiéter. Pourrait-il faire marcher la radio si la tempête se levait ? Ce poste fonctionnait grâce à une antenne de quinze mètres de long tendue entre deux skis et ce fil qui nous reliait à la vie risquait de se rompre sous les bourrasques. À notre grand soulagement, vers vingt et une heures, Erik parvint tout de même à entrer en contact avec Patriot Hills. Cette base n'est pas un laboratoire scientifique comme toutes celles installées en Antarctique, mais une sorte de petit aéroport créé par des passionnés d'aviation et destiné à déposer ou ravitailler aux quatre coins de ce continent les « aventuriers » ou « explorateurs » en tous genres : randonneurs, touristes et alpinistes. Lorsque j'entendis Erik leur exposer le problème et surtout leur donner, grâce au GPS, notre position, je me dis : « sauvés ! » La ligne pouvait maintenant casser, cela n'empêcherait pas les secours de venir nous chercher. En fait, « sauvés », nous ne l'étions vraiment pas encore.

Vers vingt-deux heures, le vent forcit, empêchant tout avion d'approcher. Nous réalisâmes alors que si les éléments se déchaînaient un peu plus notre tente ne résisterait pas longtemps. Erik sortit pour essayer de construire un rempart de neige, afin de protéger notre fragile abri. Il parvint à monter un petit mur d'une trentaine de centimètres tout autour de nous, puis rentra, transi de froid, en m'annonçant que ce ne serait pas suffisant si les conditions empiraient...

Le vent s'abattant sur la toile dans un vacarme effrayant, il ne fut alors plus question de dormir. Allongés sur le dos, les yeux grands ouverts, nous guettions la moindre défaillance de la tente. Au bout de quelques heures, un point lumineux apparut soudain au niveau d'un arceau : le tissu, usé à force de frottements, devenait translucide. Erik sortit à nouveau. La violence du vent l'empêcha de se tenir debout et même à genoux. Bien qu'en d'autres circonstances le spectacle de ce grand gaillard assis à même la neige tentant de remonter notre mur de protection aurait été assez comique, je n'avais pas franchement envie de rire.

Découragé, il revint bien vite se mettre à l'abri, espérant que la tempête faiblisse. Notre tente tiendrait-elle ? Notre angoisse fut à son paroxysme lorsque, six heures plus tard, le vent sembla encore redoubler de violence, pliant deux arceaux à angles vifs. Inévitablement, ces pointes usèrent très vite le tissu. Pour éviter le trou, Erik plaqua ses mains au niveau des pliures et tint ainsi la tente durant des heures, les deux bras en l'air, secoué par les attaques du vent. Moi, l'œil rivé sur l'altimètre, je ne pouvais qu'espérer la fin de la tempête. Je me remémorai alors la terrible attente au pied de la face. Laisser s'écouler le temps était à nouveau la seule chose à faire, mais cela me pesait, ma patience commençait à s'émousser.

Vingt-quatre heures plus tard, l'équipe de sauvetage put enfin atterrir et nous sortir de cet enfer. À voir l'air halluciné des gens qui nous accueillirent à Patriot Hills, je sentis que l'on me considérait comme une revenante. Enfin prise en charge par un médecin, je me laissai aller, aidée en cela par la morphine qu'il m'administra avant de tenter de réduire la fracture.

L'esprit embrumé par la drogue, le visage ruisselant de larmes pour la première fois depuis la chute, je compris ce que j'avais perçu dans les regards et à travers les propos que j'entendis vaguement : « C'est un miracle qu'elle ait survécu », « *...She comes back from hell...* » (« Elle revient de l'enfer »). L'histoire se termina bien. Aujourd'hui, grâce à l'intervention d'un habile chirurgien de Punta Arenas au Chili, je ne garde plus de séquelles de cet accident.

Miraculée ? Ce n'est pas exactement ainsi que je vois les choses. Bien sûr, on ne comprendra jamais vraiment ce qui permet à quelqu'un de trouver les ressources qui lui permettent de faire face à une telle situation. En revanche, ce dont je suis certaine, c'est que je n'aurais jamais pu aller au bout de ce retour sans l'expérience accumulée en montagne depuis mes premiers pas sur les rochers.

1

NAISSANCE D'UNE PASSION

« Un homme sans paysage est bien démuni. »
Patrick Modiano

Quand j'étais enfant, le week-end, mes parents aéraient leur progéniture en forêt de Fontainebleau où mon père avait l'habitude de grimper avec des copains. À cette époque nous étions quatre filles – je suis l'aînée. Mais, peu intéressées par l'escalade, nous préférions jouer à cache-cache entre les rochers. C'étaient des poursuites effrénées toute la journée ! Les parents nous ramenaient à la maison épuisées, ce qui était l'un des buts de la manœuvre, car nous étions dans l'ensemble assez turbulentes. D'année en année, ces sorties se raréfièrent. La famille s'agrandissait – un garçon, puis une fille –, et ces promenades devenaient de véritables expéditions. Je crois que le désir s'estompait, en même temps que s'amenuisait notre docilité face aux grands principes d'une éducation équilibrée... Vers onze ans, je restais le plus souvent à la maison, à Savigny-sur-Orge, en banlieue parisienne. J'avais beaucoup d'amis et nous jouions dehors tout le week-end : patin à roulettes, vélo, ballon, billes... Et finalement, nous nous amusions presque autant qu'en forêt. Jusqu'au jour où les jeux sont devenus moins spontanés, moins joyeux. Mes amis, filles comme garçons, n'appréciaient plus avec la même ardeur les sports de plein air. Ils préféraient se raconter des histoires, écouter de la musique, s'enfermer des après-midi entiers ou, au contraire, traîner dans la ville et faire des « bêtises », comme disaient les adultes. Ce n'était souvent pas bien méchant, la plus grande bêtise étant de fumer des cigarettes en cachette... Mais je devenais agressive, irritable, je tournais en rond, ne sachant qu'inventer pour m'occuper. Mes parents s'inquiétèrent. Ils me proposèrent alors de m'envoyer au Club alpin français faire de l'escalade. Je ne me le fis pas dire deux fois ! C'était mon grand rêve depuis que j'avais entendu une amie de ma mère en parler à mes parents. Je savais que l'escalade était une bonne approche de l'alpinisme, donc de la montagne, et cela s'accordait parfaitement avec ma toute première vocation : devenir bergère ! L'année de mes douze ans, en septembre, on m'inscrivit donc au CAF et je pus, en toute liberté, partir tous les dimanches en forêt de Fontainebleau. Ma journée débutait à cinq heures du matin car il me fallait rejoindre la gare de Lyon pour prendre le train de huit heures vingt-trois qui embarquait tous les cafistes. Oui ! Il fallait en vouloir, et les moins motivés désertaient rapidement. Cette sortie, je la prévoyais dès le mercredi en préparant mes affaires avec application pour ne surtout pas être prise de court ! Il était hors de question que je n'aie pas mon pantalon de velours vert, usé à souhait, mon pull vert, dans le même état, et ma superbe chemise à carreaux orange et verts. Préalable indispensable, le tout devait être propre et passé à l'assouplisseur ! Le vert était ma couleur favorite, d'ailleurs un peu indépendamment de moi : avec un frère et une sœur venus agrandir notre famille, notre mère, afin d'éviter certaines embrouilles, avait destiné une couleur à chacun de ses six enfants. C'est ainsi que l'on m'a dédié le pull vert tricoté par mamie, la trousse d'école verte, les chaussettes vertes, le rond de serviette vert... Le tout s'accordant à mes yeux ! Cette couleur me plaisait aussi car elle me permettait, dans la forêt, de me fondre avec la nature. Pour parfaire ces préparatifs, il ne me restait plus qu'à placer chaussures d'escalade et chaussettes au fond du sac à dos, auxquels se joignait en dernière minute le pique-nique. C'était tout un rituel, et j'étais totalement affligée s'il n'était pas respecté dans le moindre détail !

Le dimanche, je me levais, malgré l'heure matinale, sans effort. À la maison, le petit déjeuner étant sommaire, je me rattrapais en dévorant avec délices baguette et croissants chauds achetés à la première boulangerie ouverte. J'aimais cette marche, seule dans Savigny encore endormi, entraînée par le bonheur à venir. Lors de mes premières sorties, j'étais très émue et, ma foi, aussi assez fière d'aller, sans être accompagnée, à Paris. Un Paris que je découvrais totalement désert. J'étais paniquée à l'idée de ne pas arriver à l'heure, de ne pas trouver le bon quai, de ne pas repérer le bon groupe... Mais tout s'est toujours bien déroulé. Le train déposait le groupe – une vingtaine de personnes – à Bois-le-Roi, puis nous devions parcourir dix kilomètres pour rejoindre les rochers. Ce n'était pas une corvée, au contraire, je savourais cette approche dans la forêt, les bruits, les odeurs. Tout en marchant, j'écoutais, intriguée, le bavardage des uns et des autres. Ils parlaient tous de l'été qu'ils venaient de passer en montagne. Les uns avec discrétion, les autres avec emphase, décrivant en détail leurs exploits. Je me sentais un peu perdue, étrangère même, au milieu de tous ces gens que je ne connaissais pas, et, venant de passer deux mois au bord de la mer, je me gardais bien de faire état de mes souvenirs de pêche ! Fascinée et ravie, je découvrais le vocabulaire particulier des grimpeurs et cela m'isolait encore plus car l'escalade est un sport qui a son langage et les grimpeurs forment une microsociété qui possède ses rites et ses codes. J'avais tout à apprendre.

C'est à Barbizon, plus exactement dans les gorges d'Apremont, que j'ai abordé réellement, lors de la première sortie avec le CAF, la forêt sous l'angle de l'escalade. Une fois tous les « cadets » rassemblés – on nous appelait ainsi – et passé les quelques minutes accordées pour faire le plein d'énergie, tout le monde s'était dispersé par petits groupes autour des rochers. Les blocs étaient marqués de flèches de couleurs différentes et je compris vite qu'elles correspondaient à des niveaux de difficulté. Je me suis retrouvée parmi une dizaine d'adolescents avec un moniteur qui nous fit débuter sur un circuit jaune. Nous devions essayer chacun à notre tour et j'écoutais fébrilement le moniteur conseiller les candidats. Enfin ce fut à moi. Légèrement émue de sentir des regards braqués dans mon dos, je me lançai et, ô surprise, passai tous les blocs du premier coup, presque étonnée de ne pas trouver difficile ce parcours, même si c'était celui des débutants. Au bout d'une dizaine de blocs, je commençai à m'impatienter, piaffant en attendant mon tour. N'y tenant plus, je finis par explorer d'autres blocs avoisinants mais hors circuit... et, bien sûr, j'eus droit à une remontrance du moniteur. Il devait avoir raison, cela pouvait être dangereux et il était responsable... Je ne m'en sentais pas moins terriblement vexée. Heureusement, un autre instructeur, inoccupé jusque-là, eut la bonne idée de me prendre en main. En toute légalité, je pus me laisser aller. Quelques tentatives, quelques erreurs, et hop ! Je les passai tous. Que j'étais fière ! Intérieurement, je jubilais. Je me sentais progresser à toute vitesse, attentive à mémoriser chaque pas, chaque mouvement pour les mettre à profit dans les blocs à venir. Dans ma tête, c'était un chamboulement terrible : j'avais le sentiment que tout un monde s'ouvrait à moi.

Rejoignant le groupe, qui déjà me considérait différemment, je croisai mon moniteur donneur de leçons face aux blocs sur lesquels je venais de grimper. Peut-être ne les connaissait-il pas, peut-être ne sut-il pas d'emblée évaluer leur difficulté, il « buta » sur l'un d'eux. Ce jour-là, je crois bien avoir inspiré à mes camarades un respect quasi religieux. Légèrement en froid avec ce moniteur, je fus aux anges quand son confrère – qui, en me révélant à moi-même, m'avait fait un bien beau cadeau – me proposa de me montrer d'autres blocs. Un peu gênée d'accepter, je réalisai néanmoins que cela l'amusait autant que moi. C'est ainsi que tous les week-ends nous nous sommes retrouvés pour enchaîner circuit sur circuit jusqu'à l'heure du retour. Dès le milieu de l'après-midi, il fallait cesser de grimper pour ne pas rater le train du soir. J'arrivais chez moi vers vingt et une heures, les doigts râpés, fourbue, mais très heureuse de la belle journée que je venais de passer. Pendant le dîner, je racontais mes exploits, mais personne ne pouvait vraiment comprendre ce que cela représentait pour moi. Je finis par en dire de moins en moins, de laconiques « ça a marché » ou « ça n'a pas marché » selon les jours et les circuits, ce qui était d'ailleurs inutile, car mon expression, en franchissant la porte, suffisait à les renseigner.

Le lundi matin, percluse de courbatures, je pouvais à peine descendre des trottoirs. Il me fallait deux ou trois jours pour récupérer, puis j'attendais que la semaine s'étire et qu'arrive enfin un autre dimanche. Cette initiation avait tout d'une révélation. J'étais complètement prise par l'escalade. J'y pensais dans la journée, j'en rêvais la nuit. Quand je recevais le bulletin du CAF, je l'épluchais minutieusement, mariages et décès compris. Je le gardais pieusement à côté de mon lit, et le soir avant de m'endormir je le relisais, m'en imprégnais, rêvassais sur le programme des sorties, trésor de promesses à venir. L'hiver, les conditions étaient beaucoup plus dures et les journées courtes, il pleuvait souvent, il pouvait même faire très froid, mais jamais je n'aurais manqué une sortie. Il m'est parfois arrivé de grimper sous la neige, il fallait alors dégager les prises et c'était l'onglée assurée. J'avais entendu dire que les meilleurs éléments du groupe seraient sélectionnés pour un stage d'été en montagne. Je testais ma résistance et je découvrais mes possibilités et mes limites, physiques et morales. En prévision de ce stage, je m'acharnais à en faire toujours plus et en même temps m'affirmais, à mes yeux et vis-à-vis des autres. Toujours très soucieuse de bien faire, si l'on me disait : « En montagne buter des pieds sur une pierre peut être fatal », je m'appliquais à de belles enjambées bien souples, ou bien : « Il faut de la résistance », je montrais que je savais marcher, n'étais pas frileuse, et savais encaisser tout en gardant ma bonne humeur. Un jour, pour tester mon endurance, j'ai été jusqu'à grimper toute la journée en short sous la neige ! En fait, je crois que je me sentais obligée d'en faire trois fois plus, parce qu'étant la plus jeune du groupe je ne voulais surtout pas avoir l'air faiblarde. Un dimanche, voyant qu'il faisait un temps épouvantable, mes parents se sont apitoyés sur mon sort et ont eu la malencontreuse idée de venir me chercher. L'intention était délicate, mais cela me rendit furieuse ! J'étais avec les autres, je voulais faire comme eux, pas question de me faire dorloter. Et puis j'aimais la détente de la marche après l'effort de l'escalade. Ce chemin du retour m'apaisait, je le faisais la tête vide comme un automate, laissant mon corps, fourbu et content, me conduire.

La première sortie en falaise eut lieu pendant les vacances de Pâques. Quelle excitation ! Du haut de mes douze ans, je trouvais que la falaise, cela commençait à faire vraiment sérieux. J'étais béate d'admiration devant tous ceux qui y grimpaient. C'était encore mystérieux pour moi et j'avais beaucoup de mal à m'imaginer comment cela pouvait être. Pour l'occasion, mes parents m'offrirent un baudrier et un mousqueton à vis orange. J'allais même pouvoir prendre le duvet de mon père. Deux choses me chagrinaient : très menue encore à l'époque, mon baudrier était un modèle réservé aux enfants, et je trouvais que le rouge de la ceinture jurait avec l'orange du cuissard...

Nous sommes allés à Saffres, en Côte-d'Or, sortie dont je garde un souvenir inoubliable. Je grimpai pour la première fois avec une corde et des mousquetons comme ces alpinistes dont les photos me faisaient rêver. Au pied de la falaise, je fus à dire vrai un peu déçue, je pensais qu'elle serait au moins aussi haute que mon immeuble. En fait, cette falaise mesurait tout de même trente à trente-cinq mètres, c'est-à-dire l'équivalent de douze étages. J'avais simplement été trompée par l'effet de perspective que créent les lignes fuyantes des constructions modernes.

Nous avons d'abord escaladé l'Éclair, baptisé ainsi à cause d'une longue entaille qu'il faut suivre pour parvenir au sommet. C'est une voie AD, c'est-à-dire assez difficile, selon une échelle de difficultés qui permet une évaluation globale : Peu Difficile ; Assez Difficile ; Difficile ; Très Difficile ; Extrêmement Difficile. Pour les passages d'escalade, on a longtemps évalué la difficulté de 1 à 6, du plus facile au plus extrême. Puis, les grimpeurs progressant, en 1977 le 7 est apparu, en 1982 le 8, et même le 9 depuis 1990. À l'époque, je n'en étais pas encore là...

C'est à moi que revint la responsabilité d'assurer le premier de cordée, un moniteur. Il me montra comment m'y prendre, et surtout fit mon nœud d'encordement. J'étais enfin encordée, comme les vrais, les grands alpinistes ! Je m'appliquais à refaire les gestes de l'assurage, ceux que j'avais pu épier à droite et à gauche, sur les journaux, à Fontainebleau, dans certains livres. J'étais flattée d'une telle confiance, mais aussi un peu inquiète. Allais-je m'en tirer ? Pourrais-je, avec mon petit gabarit, retenir ce grand costaud s'il lui venait la mauvaise idée de tomber ? Je tentais de me rassurer : il devait bien savoir ce qu'il faisait. Après avoir atteint le sommet de la falaise, il me cria que c'était à mon tour. Je n'attendais que ce feu vert et démarrai comme une fusée. Je n'ai jamais su pourquoi, et j'ai beau me dire et me répéter que j'ai tout le temps, j'ai toujours grimpé à toute allure. Peut-être est-ce pour ne pas faire attendre mes compagnons d'escalade ; ou bien est-ce mon impatience naturelle ? Si aujourd'hui j'ai appris à respirer dans l'effort, les premiers temps j'arrivais en haut des voies à bout de souffle. Mais j'étais consciente d'avoir certaines facilités, là je découvris que le vide ne m'effrayait pas. Une chose restait quand même mon point noir : comme je fonçais, chaque fois que j'arrivais à hauteur d'un piton, j'oubliais de démousquetonner et continuais... Cinquante centimètres plus haut, je me retrouvais brutalement coincée, me demandant ce qu'il pouvait bien m'arriver, quel pouvait être le salaud qui m'empêchait de... Bon sang, bien sûr, j'avais une fois de plus négligé de libérer la corde ! Chaque fois, c'étaient des rages folles contre moi-même.

À Saffres, ce matin-là, après l'Éclair, je fis deux autres voies de même niveau. Je mettais toute ma fierté à ne pas m'accrocher aux pitons pour me hisser, à ne pas me faire bloquer, ou pire, tirer par mon premier de cordée.

L'après-midi, je suis passée en tête. Avant de démarrer, j'ai scruté minutieusement la falaise, ressentant le plaisir du regard qui se fraye un passage dans la paroi, repère les difficultés et les prises éventuelles, l'excitation du corps prêt à l'effort, prêt à capter le vide. Lancée dans la voie, mes gestes étaient parfaitement coordonnés, et mon corps répondait à toutes mes exigences. Les mouvements s'enchaînaient sans heurts. Pour la première fois de ma vie, j'éprouvais un sentiment de plénitude. Je réussis à atteindre le sommet de la falaise en tête de cordée. L'observation scrupuleuse à laquelle je me suis livrée au pied de cette falaise reste depuis lors un réflexe de départ qui porte toujours ses fruits. J'ai pu grimper encore deux autres voies un peu plus difficiles. Plus la difficulté à vaincre était grande, plus mon plaisir augmentait. J'aimais cette course furtive de l'œil et de la main sur la pierre pour rechercher l'aspérité propice et, la prise enfin trouvée, l'élévation brusque et nerveuse qui lui succède. Passant d'une prise à l'autre, j'éprouvais, chaque fois, la satisfaction de sentir mes muscles et mes tendons s'étirer.

En grimpant, je découvrais le bien-être. Mon corps ne m'était pas un obstacle, bien au contraire, j'avais l'impression qu'il possédait des ressources illimitées. J'avais déjà éprouvé cela à Fontainebleau après un enchaînement de plusieurs circuits. Ce jour-là j'ai effectué ces voies avec une sérénité et une concentration parfaites. Plus je grimpais, et plus j'en avais envie. L'escalade, peu à peu, me possédait comme une drogue.

Les vacances d'été approchaient. J'étais la plus jeune des dix cadets sélectionnés pour le stage en montagne. Nous devions aller dans le Valgaudemar pendant trois semaines et j'étais surexcitée à l'idée de camper comme les bergers et de me rapprocher, grâce à l'altitude, d'un Dieu auquel je croyais encore. J'avais en effet reçu une éducation religieuse stricte et si l'hypocrisie de certains croyants avait commencé à me dessiller les yeux, j'avais encore de beaux restes... Mes parents m'équipèrent des pieds à la tête. Ils m'offrirent un vrai sac à dos, bleu et énorme. Il avait tellement de poches qu'il me fallait un bon moment avant de retrouver ce que j'y avais enfoui. J'avoue que ce n'était pas l'idéal pour grimper en montagne : les poches s'accrochaient partout, son volume me déséquilibrait, mais ce n'était pas grave, il faisait si sérieux ! Pour la première fois je m'éloignais aussi longtemps de mes parents ; malgré ma joie de partir en montagne, j'appréhendais cette longue séparation. Jusqu'alors, dès que je quittais le giron familial, c'étaient de grosses larmes au bout de quelques jours. Mais là, finalement, rien du tout : je flottais sur mon petit nuage. Heureusement pour mon amour-propre, me trouvant avec des gens qui ne souffraient certainement plus de ce genre de vague à l'âme, il était hors de question de jouer à la « petite ».

Nous étions encadrés par un guide et quelques moniteurs, et les deux premiers jours nous apprîmes à plier les cordes, à les manipuler, à faire des nœuds. Ce n'était pas palpitant, mais je restai bien sage. Deuxième étape, l'école d'escalade : c'était déjà mieux, mais cela ne valait pas encore Fontainebleau. J'eus tout de même la satisfaction de mettre en difficulté notre guide. Nous avions trouvé des blocs qui nous convenaient et tentions des passages quand au bout de quelques essais j'en découvris un assez dur. Le guide dut s'acharner un bon moment avant de le réussir. Il fulminait, rageait d'être mis en difficulté par une gamine ! L'air de rien, pour se venger et sauver la face, il se mit alors en quête d'un gros surplomb que je franchis avec une certaine jubilation !

Vint ensuite notre première montée en refuge. Nous devions porter les vivres et répartir équitablement les charges entre tous. C'était essentiellement des boîtes de conserve, dont quelques-unes pesaient cinq kilos. Voyant certains rechigner, prétextant des sacs trop petits, j'avais proposé de leur en prendre un peu. J'étais si fière de mon énorme sac ! Durant la montée nous avions ordre de marcher tous au même rythme, et de nous arrêter de temps en temps pour boire. Je m'étais placée juste derrière le guide et marchais consciencieusement dans ses pas, sans aucune peine. Lorsqu'il s'arrêta pour renouer un lacet, il me dit de continuer en tête de la caravane. Dans ma hâte de voir le refuge, de découvrir le paysage, j'accélérai sans m'en rendre compte. Le cortège s'étirait progressivement, et bientôt il ne resta plus qu'un seul cadet dans mon pas. Nous étions heureux d'aller à notre rythme et certainement moins perturbés que les autres qui s'attendaient sans cesse. Nous sommes parvenus au refuge bien avant eux, mais ils avaient eu tout le temps de ruminer l'engueulade qu'ils nous servirent à l'arrivée. Il ne fallait pas courir comme ça, il fallait attendre les moniteurs, etc. Le guide, lui, était trempé ; il ne disait rien, mais semblait légèrement vexé de n'avoir pu nous rejoindre.

J'étais étonnée que le refuge fût si confortable : cuisinière à gaz, ustensiles de cuisine et vaisselle. Nous avons préparé le repas et organisé les couchages pour la nuit. Le guide, qui maintenant me regardait l'air intrigué, vint s'installer à côté de moi. Je n'avais jamais dormi dans un refuge et ne savais pas trop comment faire, aussi je l'imitai et, comme lui, dépliai ma couverture, me fabriquai un oreiller confortable, puis plaçai ma lampe à portée de main. Il fit sécher son tee-shirt. Le mien était sec, dommage ! Je dormis très bien. Mais à trois heures du matin, branle-bas de combat. Le guide sortit et je le suivis discrètement : il pissait en regardant le ciel ! « C'est le grand beau ! » s'exclama-t-il l'air satisfait, en rentrant, juste au moment où je remontais ma couverture jusqu'aux yeux. S'il avait annoncé autre chose, je crois que j'en aurais pleuré. J'avais tellement envie de faire un sommet ! Tout comme lui, j'avais fait mon sac la veille, et je fus prête rapidement, contente de l'aider à préparer les petits déjeuners tandis que les autres se levaient mollement. Il commençait à s'énerver, les pressant, et moi, le voyant se mettre dans tous ses états, j'avais peur qu'il ne soit trop tard pour partir.

Finalement, la caravane quitta le refuge et au lever du jour nous avons abordé la neige. Le guide s'arrêta et nous ordonna de mettre les crampons. Encore une nouveauté pour moi, mais je m'étais préparée, répétant les gestes à accomplir, et je les avais chaussés presque en même temps que lui. Autour de nous, c'était la déroute ! Quelques-uns avaient oublié de régler leurs crampons, d'autres n'arrivaient pas à mettre convenablement les courroies. Le cirque dura une heure ! Le guide s'impatientait : « Si vous ne marchez pas mieux, la course est à l'eau pour aujourd'hui. » Je rongeais mon frein sans rien dire. À ce moment-là, une fille partit en glissade sur la neige. Décidément, les choses s'engageaient mal... Le groupe monta cahin-caha cent mètres de névé, et le guide nous annonça que la journée serait consacrée à l'école de neige. Les sommets, ce serait pour plus tard. J'oubliais bien vite ma déception, car cela m'amusa finalement beaucoup. Il fallait se faire tomber mutuellement et se retenir. Pour cela nous formions des cordées, un moniteur pour deux cadets. Je ne sais par quel « hasard » je me suis retrouvée, aux anges, toute seule avec le beau guide. Il faisait semblant de chuter et je devais le stopper. Il mettait le paquet. Ce n'est vraiment pas facile de retenir quelqu'un dans une pente neigeuse et je devais m'arc-bouter avant même qu'il ne tombe. Mais je m'imaginais mal y parvenir lors d'une culbute imprévue. L'exercice suivant consistait à plonger la tête la première dans la pente pour se rétablir rapidement sur ses pieds. Nous nous amusions comme des fous à rouler dans la neige ; cette journée sans sommet ne fut finalement pas si triste ! Le lendemain, on passa enfin aux choses sérieuses : le pic du Loup, en passant par le col du Loup. L'approche du pic fut une marche toute simple dans la neige : pas une seule crevasse à enjamber, aucun frisson possible même avec beaucoup d'imagination ! L'escalade n'était guère captivante, je ne comprenais pas à quoi servait la corde, sinon à se coincer ou à s'emmêler en d'abominables sacs de nœuds. De plus, le moniteur auquel j'étais encordée se tenait à quatre pattes sur l'arête, peu à son aise. Le guide se retournait de temps en temps, hilare, pour voir comment nous parvenions à nous dépatouiller et moi je fulminais !

Plus les jours passaient, et plus je devenais intolérante. J'avais l'impression de passer mon temps à attendre, et les maladresses et les peurs de mes camarades m'agaçaient. J'avais droit à toute une série de remarques désobligeantes sur ma conduite « indisciplinée » car j'avais, en effet, bien du mal à rester au rythme du groupe, à me mettre à la queue leu leu dans les marches d'approches, à ne pas sortir des chemins...

Un matin, sur le point de monter en refuge, je me réveillai bien mal en point, la tête douloureuse, la gorge en feu. Pas question de rater ce qui pourrait ressembler à une course ! Je ne dis rien, espérant que la marche me requinquerait. Arrivée péniblement au refuge, je posai mon sac et... m'évanouis. Plus question de gambader, autour de moi régnait l'affolement. On me coucha et mes camarades subirent toute la nuit mes grognements fiévreux. Je n'avais plus voix au chapitre, les autres iraient faire leur course, j'attendrais leur retour sous une pile de couvertures. J'eus tout de même droit à un lot de consolation car le guide resta avec moi. C'était bien. En revanche, quand il insista pour me faire rapatrier en hélicoptère, je retrouvai de la vigueur : « Je ne suis pas si malade, je peux très bien marcher... Un hélicoptère pour moi, quelle honte ! » Il fallut céder quand même sur un point : c'est lui qui porterait mon sac à la descente. Impossible d'échapper à la visite chez le médecin. Les antibiotiques, c'est banal, mais le régime de faveur dont j'allais bénéficier était beaucoup plus sympathique : petites tisanes, lit, et surtout soins attentifs de mon protecteur, le guide Roland. Il me promit même de m'emmener faire une course, beaucoup plus impressionnante et plus belle que celle que je venais de rater.

Après les trois jours de repos prescrits, je pus enfin repartir avec les autres. Roland dut nous quitter, remplacé par un autre guide, coléreux, qui n'en faisait qu'à sa tête, se moquant des responsables du groupe, et qui marchait à un rythme d'enfer. Peu respectueux de la vie communautaire, il bousculait l'intendance en modifiant les menus, et choquait les jeunes filles en dormant nu dans le dortoir collectif !

À la fin du stage, j'obtins enfin l'autorisation parentale tant désirée et bien négociée : j'allais pouvoir rester et attaquer les choses sérieuses, c'est-à-dire faire avec Roland la course promise, la face nord du Sirac, le plus haut sommet du Valgaudemar. Enfin, je découvrais vraiment la montagne, le bonheur de s'élever dans le silence, le plaisir de parvenir au sommet. Grimper comme de vrais alpinistes : une simple cordée, chacun tour à tour en tête. La montagne à quinze n'était pas la montagne comme je l'entendais ! Roland me proposa ensuite de l'accompagner dans des courses avec ses clients. En quelques jours, j'acquis une expérience bien plus grande que durant tout le stage. Cette vie dura le temps que j'épuise mes deniers. Il fallait payer le dortoir et la nourriture : je proposai alors de faire le ménage dans les refuges et de cueillir du génépi – cette fleur typique des montagnes à partir de laquelle on distille l'alcool du même nom. J'avais repéré des plants magnifiques, quoique d'un accès difficile ; cependant, mes efforts ne furent pas vains car ma récolte fut fabuleuse. Mais pour redescendre, quelle histoire ! Le terrain, mauvais, s'éboulait autour de moi. Tout ce que j'attrapais pour me retenir me restait dans la main, les pierres n'étaient qu'enchâssées dans la terre, mes pieds dérapaient. Le moindre caillou qui roulait déclenchait une véritable petite avalanche, ça glissait de partout. Le pied de la face n'était qu'un énorme éboulis. J'avais tout de Bécassine à la montagne, pétrifiée de trouille, coincée et bêtasse. Pendant une heure, je restai à quatre pattes sans oser bouger, ne pouvant ni revenir en arrière ni avancer. Je pensais à la tête que feraient mes parents s'ils me voyaient dans une telle situation. À force de me raisonner, de me parler à voix haute pour m'encourager, je finis par maîtriser mes émotions : « Allons, Catherine, calme-toi, vas-y doucement, même si tu dois y passer deux jours, le pied gauche, là, très bien, puis tape le droit dans une pierre pour voir si elle tient. » Une fois sur deux, celle-ci dévalait. C'était affreux, dès que je tentais un pas, je me voyais débouler jusqu'en bas, en miettes. Tout défilait très vite dans ma tête, mes parents, mon frère, mes sœurs. « Fini à jamais tout ça... » Chaque seconde était un sursis. « Arrête, Catherine, tu es complètement givrée, reprends-toi ! » Je parvins à me raisonner et à m'en sortir pas à pas, au bout de trois heures.

Au refuge, le soir, en racontant cette aventure, ma voix tremblait encore. J'étais allée dans un endroit inaccessible à d'éventuels secours. Je me souviens encore de la macédoine en boîte que j'ai mangée pour me remettre de ces émotions ; elle avait un goût de résurrection.

Le délai autorisé par mes parents arriva très vite à expiration, la fin des vacances aussi. Après un tel été, retourner en classe ne m'enchantait guère. Je n'avais qu'une idée, repartir en montagne. Roland m'avait invitée à passer un week-end de temps en temps avec lui, pour grimper, et je prévoyais une stricte organisation de mon travail scolaire pour me libérer. Sans grande illusion, je parlai à mes parents de cette invitation, et ils réagirent comme prévu. « Tu n'y penses pas, voyons ma petite fille, c'est bien trop fatigant des week-ends en montagne... Et ta scolarité... Nous ne connaissons même pas ce guide... » Et comme prévu, je décidai de me passer de leur autorisation. Oublié le temps pas si lointain où je craignais de pleurer ! Je montai un scénario compliqué : officiellement, j'allais le week-end en forêt de Fontainebleau avec les cadets du Club alpin ; en fait, je rejoignais mon professeur-guide-ami dans les environs de Gap. Même point de départ, la gare de Lyon, mais pour un trajet beaucoup plus long – je prenais le train de nuit – et surtout plus coûteux pour mes maigres ressources. J'avais mes combines : un billet de famille nombreuse au départ, le même pendant deux mois, une partie de cache-cache avec le contrôleur (pour l'éviter, je me cachais sous les sièges ou dans les filets à bagages, nettement plus confortables) et à l'arrivée une sortie clandestine au milieu des trains de marchandises. Lorsque mon billet n'était plus valable, j'allais me le faire rembourser aux guichets de la SNCF en racontant qu'il n'avait pas servi, en achetais un autre et recommençais mon manège. C'est ainsi que j'ai pu grimper sans retenue dans le Vercors, au mont Aiguille, à Archiane, à Glandasse, en montagne également. Souvent, je faisais deux courses dans le week-end, mais pour ne pas me trahir le dimanche soir, il fallait que je n'aie pas l'air trop fatiguée. C'était excitant, mais je ne me sentais pas toujours très tranquille. Si mes parents découvraient mon manège ! Pour mettre toutes les chances de mon côté et continuer à aller « bien sagement à Fontainebleau » – ce que mes parents approuvaient pleinement – je jouais en semaine à la bonne élève studieuse. Les résultats suivaient, tout le monde était content. Ce stratagème au point, je m'offris au printemps une petite randonnée à skis. Quelle imprudence ! Je rentrai à la maison beaucoup trop bronzée et presque aveugle : j'avais skié sans lunettes et souffrais d'un début d'ophtalmie. Allez faire croire avec ça que vous revenez de Fontainebleau ! Je leur parlai de réverbération sur le sable ; mon pauvre père courut les rues le dimanche soir pour acheter du collyre... Je n'en menais pas large. Sur le coup, c'était tellement énorme qu'ils n'ont guère cherché à éplucher ma version des faits. L'incident éveilla tout de même leur méfiance et le week-end suivant ils demandèrent à ce que l'on vienne me chercher à la maison. Comment m'en sortir ? J'en parlai à une amie de classe qui avait un frère plus âgé : j'avais besoin d'un complice, ne pouvait-il pas jouer ce rôle ? Il accepta mais, à ma grande surprise, il débarqua avec un casque de moto. Ça ne collait pas, il était censé venir en voiture et ma mère se remit à douter. J'inventai quelques fumeuses explications de dernière minute et réussis *in extremis* à quitter la maison, ravie de monter pour la première fois de ma vie sur une moto. Il me déposa à la gare de Juvisy, je pris le premier train en partance pour la gare de Lyon où j'arrivai avec deux heures d'avance. Hésitant à déposer mon sac dans le train, je décidai de m'installer sur un chariot élévateur en attendant tranquillement le départ. Je m'amusais à regarder les gens passer, observais leurs allées et venues, leurs accoutrements, leurs mimiques, lorsque soudain je vis mon père s'approcher du quai. Quelle horreur ! Son visage, blanc de colère, et moi littéralement pétrifiée sur mon chariot, la tête vide et le cœur affolé. Il me fallut plusieurs secondes pour réagir et en pleine panique je sautai de mon perchoir et me précipitai sous un train postal, priant qu'on ne vienne pas me déloger ou, pire, que le train ne démarre pas ! Recroquevillée, j'apercevais mon père qui arpentait nerveusement le quai, les joues creusées, le teint de plus en plus livide, l'œil aux aguets. Il alla jusqu'à vérifier tous les wagons. Heureusement que je n'avais pas laissé traîner mon sac ! Même après le départ du train il continua à me chercher, jusqu'au dernier en partance pour Briançon : il n'était pas tombé de la dernière pluie ! Pour plus de sûreté, je patientai jusqu'à une heure du matin, blottie, attendant que la gare se vide. Puis, avec des ruses de fugitive, je me décidai à sortir de ma cachette, inspectant d'abord les alentours des guichets, puis les kiosques à journaux et les bars. Pas de père en chasse. J'avais échappé au pire, me retrouver nez à nez avec lui. Je connaissais ses colères ! Il n'était plus question de partir pour Gap et encore moins de rentrer à la maison. J'essayai de téléphoner à mon parrain, en vain. Où aller passer la nuit ? Je traînai dans la gare jusqu'à deux heures, mal à l'aise, essayant de me donner une contenance, d'avoir l'air d'attendre un train. Mais, si tard, il n'y en avait plus guère. C'est alors qu'un Africain m'aborda gentiment, il me demanda ce que je faisais là et m'avertit que le service d'ordre allait bientôt évacuer la gare : « De toute façon, ce n'est pas prudent pour toi de rester là. » J'avais bien l'impression qu'il avait raison. Il me proposa alors de venir chez lui où je serais en sécurité. Je ne le connaissais pas, mais je n'avais pas non plus envie de me faire embarquer. Je ne répondis pas, mais il insista ; il était éducateur et si je n'avais pas confiance il pouvait aussi me conduire dans un foyer de jeunes. Cela me rassura. Finalement, il était plutôt sympathique et je décidai de le suivre chez lui. Il habitait en banlieue et je me retrouvai dans un train à raconter mes problèmes à un homme qui m'écoutait. Quel soulagement après ce qui venait de m'arriver ! Chez lui, il m'offrit à manger des graines de son pays que je ne connaissais pas – c'était bon – et mit de la musique africaine. Dépaysement total. Au moment de nous coucher, il me demanda si je préférais dormir sur son lit ou ailleurs. Je décidai de coucher par terre, je le faisais souvent pour m'entraîner aux bivouacs, et à la maison je m'endurcissais sur le sol du balcon. Presque toute la nuit, j'ai parlé, encore et encore, à cet homme. Je ne m'étais jamais autant confiée, et ce n'est qu'au petit matin que nous nous sommes endormis. À mon réveil, je me retrouvai seule dans l'appartement. Un mot à côté de moi : je pouvais rester plusieurs jours si cela m'arrangeait, et si je désirais partir, il suffisait de claquer la porte derrière moi. C'était vraiment une chance inouïe de tomber sur quelqu'un d'aussi bien ! Et il n'a même pas tenté de toucher un seul de mes cheveux. Je préférai cependant passer trois ou quatre jours à Fontainebleau comme nous en étions convenus avec mes parents. Quelques heures plus tard, accablée, amorphe, me voilà dans la forêt, le moral au niveau des mousses et, sur le dos, un sac beaucoup trop lourd. Il faisait une chaleur torride et je n'avais pas une goutte d'eau dans ce fichu sac ! De Bois-le-Roi à Barbizon, je ruminais au rythme obsédant de la marche. J'en avais marre de cette vie où l'on m'interdisait de partir en montagne. Personne ne me comprenait, personne ne m'aimait, je n'étais vraiment pas aidée...

À Barbizon, j'achetai une bouteille d'eau et un paquet de biscuits, puis me dirigeai vers les gorges d'Apremont et commençai à grimper quelques rochers. Tout allait mieux, j'oubliais mes problèmes, j'oubliais tout. Absorbée par mes sensations, je me sentais infatigable, les mouvements s'enchaînaient parfaitement. Miracle de l'escalade. Tout au long de cette journée je croisai quelques grimpeurs aussi acharnés que moi. Mais, en fin d'après-midi, je me retrouvai à nouveau seule. Je n'avais pas pris garde à la curieuse attitude de deux hommes et, au bout d'un certain temps, je commençai à m'inquiéter à force de les voir visiblement à mes trousses. Seule contre eux deux, je n'étais pas de taille. Comment récupérer mon sac caché sous le rocher où je comptais dormir ? Ça ne me plaisait pas du tout : il n'y avait personne et je n'avais aucun moyen de fuir. Courir avec mon gros sac était exclu. Me cacher dans les buissons ? Jouer à cache-cache, toute la nuit peut-être, en tremblant à chaque bruit ? L'urgence donne des idées : pourquoi ne pas me réfugier sur un rocher inaccessible pour ces balourds ? Il me fallait un bloc bien confortable, sans aucun accès facile, et le numéro 1 du circuit rouge conviendrait parfaitement : il est très haut et ces deux cochons avec leurs gros ventres ne pourraient jamais m'atteindre. Je récupérai mes affaires et à toute allure fonçai jusqu'au rocher providentiel. Je n'en revenais pas d'aller aussi vite malgré le poids de mon sac, et avec une force démoniaque je grimpai sur mon havre. Il était temps, les deux zèbres rappliquaient au pas de course. Un peu dépités, ils engagèrent la conversation, me demandant ce que je pouvais bien craindre. Et moi, bravement, d'une voix posée et l'air aussi décontracté que possible : « Les bêtes. » On jouait la fable du corbeau et du renard, mais je connaissais bien l'histoire, ils n'allaient pas m'avoir ! Commencèrent les flatteries. « Vous êtes mignonne, on voudrait juste vous inviter à dîner au restaurant. » Je les regardais du haut de mon perchoir, tout en grignotant mes gâteaux secs, attendant le moment où ils allaient se risquer. On allait bien rigoler ! Cela n'a pas loupé : « Puisque tu ne veux pas nous rejoindre, on va venir te tenir compagnie... » J'étais persuadée qu'ils n'y parviendraient pas, mais en les voyant se faire la courte échelle je craignis d'avoir été trop optimiste. Ces porcs me dégoûtaient, je ne pouvais leur répondre que par la bravade. Je leur riais au nez, me moquais d'eux, ce qui eut le don de leur faire perdre le peu de force qu'ils avaient. Finalement, au bout de quelques minutes, rassurée, j'ai ri vraiment de bon cœur de cette scène si comique : deux dragueurs pataauds et ridicules, en costume de ville, rivés au sol. Vexés, ils adoptèrent un autre registre, celui des histoires horribles. Clou du spectacle : ils se déshabillèrent. Je feins de ne pas les voir se dandiner nus comme des vers au pied du bloc et fis semblant de dormir, en espérant qu'ils se calment. Mais mon indifférence ne changeait rien, et j'eus droit à une magistrale leçon d'éducation sexuelle : tous les termes techniques, toutes les vulgarités y passèrent. À treize ans, en une nuit, je suis devenue plus calée en la matière que la plupart des jeunes de mon âge ! Impossible de dormir, je me tenais prête à écraser les doigts des deux satyres au cas où ils atteindraient le sommet du rocher. Je surveillais tous leurs mouvements, finissant même par appréhender leur silence. Ils ne laissèrent tomber qu'au lever du jour... J'attendis tout de même l'arrivée d'un certain nombre de grimpeurs avant d'oser descendre. Il me restait encore trois jours à passer dans la forêt, mais je n'avais plus le cœur à grimper et allai traîner à Barbizon pour acheter quelques vivres et me changer les idées. C'était pire que tout. Je ne connaissais personne, je trouvais les gens peu aimables et me retrouvai une nouvelle fois suivie par un type en retournant dans la forêt. D'après sa tenue, c'était un ouvrier qui devait travailler dans les parages : par chance, il abandonna rapidement sa filature pour regagner son chantier. Mais c'en était trop, impossible de rester seule, il n'y avait plus qu'à chercher un endroit sûr où se terrer. J'ai tenu quarante-huit heures, et ai fini par rentrer chez moi avec un jour d'avance sur la date prévue. Mes parents paraissaient contents de me voir de retour. Ces sorties restaient en fait pour eux une véritable énigme. Ils se voulaient libéraux et mon indépendance leur convenait, aussi n'insistèrent-ils pas trop. Pendant dix ans j'ai gardé le silence sur le détail de ces activités extra-familiales.

Après ce mémorable épisode, je n'eus plus envie de raconter de mensonges. Aller grimper avec un poids sur la conscience me gâchait le plaisir. C'en fut donc fini des week-ends à la montagne. Mais les grandes vacances approchaient et de toute façon j'irais avec mes parents qui louaient presque tous les étés un chalet, cette année-là dans le Queyras. Ces vacances à la montagne seraient l'occasion de grandes balades dans les alpages. Il ne s'agissait pas d'escalade, mais marcher dans les verts pâturages au milieu des fleurs, des vaches, des ruisseaux m'a toujours comblée de bonheur.

Alors que nous roulions sur l'autoroute, j'eus soudainement une idée : pourquoi n'irais-je pas faire le tour de l'Oisans toute seule ? Mes parents trouvèrent l'idée excellente, surtout mon père, qui se déclara aussitôt prêt à m'accompagner jusqu'au départ de mon itinéraire et à venir m'y rechercher dix jours plus tard. Je n'en croyais pas mes oreilles. Bien peu de parents auraient accepté de laisser leur fille de quatorze ans partir seule, pour une longue randonnée à travers la montagne, et je leur étais reconnaissante de m'accorder cette confiance.

Une semaine plus tard, je quittai le village de La Grave. J'avais décidé de marcher en autonomie complète avec, dans mon sac à dos, une tente, un sac de couchage, de la nourriture pour plusieurs jours, quelques vêtements, etc. Les premiers jours, j'en ai un peu bavé. Qu'il était lourd ce sac ! Quelle drôle d'idée avais-je eu de ne pas vouloir dormir en refuge ! Mais j'assumai ce choix durant tout le périple.

En fait, tout au long du parcours, je n'ai jamais eu l'impression d'être seule. Ce tour de l'Oisans est fréquenté par de nombreux randonneurs et ceux-ci, assez surpris de me voir seule, m'adressaient souvent la parole. Parfois même, il m'arrivait de marcher toute une journée avec les mêmes personnes. Dix jours plus tard, j'étais au rendez-vous, à La Grave.

Les vacances terminées, le rythme des week-ends à Fontainebleau reprit. Les sorties avec les cadets ne m'intéressaient plus trop, ils n'allaient pas dans mes massifs de prédilection. Le dimanche, je partais donc seule. La routine : gare de Lyon, le train de huit heures vingt-trois, dix ou quinze kilomètres de marche décapante avant de me retrouver sur mes chers rochers. Je connaissais la forêt comme ma poche, ses innombrables sentes, ses coins les plus secrets. Il m'arrivait d'apercevoir des cerfs, des biches. Un jour, je me suis même retrouvée nez à nez avec une meute de sangliers qui retournaient tout le chemin devant moi. Le temps de me demander si c'était du lard ou du cochon, les braves bêtes ont poursuivi leur promenade sans se préoccuper davantage de moi.

Je choisissais le massif de rochers en fonction des conditions atmosphériques. Par temps humide, certains secteurs sont plus secs que d'autres ; s'il fait chaud, mieux vaut un coin ombragé. Au milieu des rochers, il est rare de grimper seul très longtemps. Parfois, je me retrouvais au pied d'un bloc avec un autre solitaire qui me conseillait et, finalement, nous faisions un bout de circuit ensemble pour souvent, en fin de journée, nous donner rendez-vous le week-end suivant. Je rencontrai ainsi de nombreux Bleausards, les spécialistes de Fontainebleau. En fin de compte, le monde des grimpeurs est très petit et nous nous connaissions tous plus ou moins de vue. Au fil des dimanches, ils me proposaient de me ramener en voiture et, bientôt, je n'eus plus besoin de prendre le train.

L'un de ces amis, Pierre Richard, particulièrement attentionné vis-à-vis de moi, faisait montre d'une patience incroyable. Je l'avais rencontré pour la première fois au Cuvier, l'endroit le plus couru de toute la forêt car s'y trouvent les blocs les plus durs. Ces blocs ont tous un nom, une histoire, ils ont été ouverts par de grandes figures comme Pierre Allain ou Robert Paragot. C'était un mythe que les grimpeurs du CAF évoquaient avec respect. Pensez donc, les blocs les plus horribles où seuls d'excellents grimpeurs osaient mettre les pieds. Un jour, je décidai quand même de m'y aventurer. Comme une souris, je me faufilai discrètement entre les rochers pour regarder ces fameux blocs et ces fameux grimpeurs.

J'observai avec beaucoup de curiosité les allées et venues de ces « bêtes » de l'escalade. Il y en avait de petits, de très grands. Mais leur seul trait commun était la minceur, pour ne pas dire la maigreur. En moi-même je me disais : « Je suis mal barrée. Si je veux réussir un jour à les égaler, il faut que je change de proportions. » Au bout d'un moment, j'allai me poster devant le numéro 1 bleu, mine de rien, attentive à la façon dont les grimpeurs le franchissaient. Enfin seule, après avoir enfilé à la hâte mes chaussures d'escalade, je m'y risquai. Après quelques essais, le rocher était franchi. Commençant à m'enhardir, je tentai le numéro 2. Un mouvement nettement plus athlétique. Presque en haut, je tombai... « Celui-là, la prochaine fois, il passera. » Les blocs suivants, pas plus de succès. Mais alors que je m'escrimais lamentablement sur le numéro 7, un grand gars blond s'approcha du rocher pour franchir ce même passage. C'était Pierre. Lui, il enchaînait le circuit bleu en courant ! Me voyant si malheureuse, il m'indiqua comment m'y prendre. Puis, gentiment, il me décrivit les gestes à accomplir, la manière d'utiliser les rares prises. J'avais honte de moi car, malgré ses explications, je n'y arrivais pas. Était-ce la force, la technique ou les deux qui me manquaient ? Je n'aurais su le dire. Toujours est-il que je butais irrémédiablement sur tous les blocs qu'il me montrait. Si j'avais été seule, j'en aurais pleuré de rage !

La technique, en escalade, est très importante pour pallier le manque de force. Pierre m'apprenait à placer mon corps par rapport au rocher, à poser mes pieds en carres externes sur des grattons, à prendre les prises en opposition, en inversé, à coincer mes poings dans les fissures, etc. À la fin de la journée, j'étais épuisée. Pour le week-end suivant, il me donna rendez-vous au même endroit.

Je rentrai à la maison ravie, mais ne le montrai pas à mes parents. Cette année-là, j'amorçais une crise d'adolescence carabinée, et je supportais de moins en moins leurs réflexions. Au lycée, je me maintenais à un niveau correct ; maths, anglais, russe, latin, bref tout ce qu'il faut pour se retrouver dans la meilleure classe avec les profs les plus vaches !

Je gardais l'impression de vivre en marge. Mes amis grimpeurs avaient tous huit ou dix ans de plus que moi et, de retour au lycée, face à des adolescents passionnés de surprises-parties, chamailleurs et inquiets, je jouais un rôle particulier : celui de la confidente. Ils venaient tous me raconter leurs petites histoires, leurs gros problèmes, et mon rôle était de les rassurer et de les encourager de mon mieux. Mais moi aussi les choses de la vie me travaillaient et je n'avais personne à qui me confier. Pour les copains d'escalade, je n'incarnais que « la petite qui grimpe bien », c'était tout. Toute l'année, mon vague à l'âme et ma morosité ne me quittèrent pas. Mon unique diversion : la flûte, dont je jouais quotidiennement. N'écoutant et ne jouant que de la musique classique, je me sentais là aussi à l'écart de mes camarades qui n'appréciaient que la pop et les tubes. Je faisais partie de l'orchestre du conservatoire de Savigny. Les répétitions avaient lieu deux fois par semaine et je ne me faisais pas prier pour y aller. Il m'arrivait par moments d'avoir envie de devenir flûtiste. J'avais commencé à pratiquer cet instrument à l'âge de huit ans car, à l'époque, dans mon imaginaire de petite fille, une vraie bergère se devait de jouer de la flûte. La flûte à bec me faisait rêver, mais le professeur du conservatoire n'enseignait que la flûte traversière et j'avais dû m'adapter...

Au bout d'un an d'escalade, un problème me tarabusta : j'avais grossi de dix kilos ! Ce fut insidieux, mais mes pantalons, devenant trop serrés, m'alertèrent. J'avais beau me raisonner, me dire qu'il ne fallait pas manger comme ça, je ne pouvais pas passer devant une boulangerie sans m'acheter un gâteau ou des bonbons. Vingt mètres avant, ma conscience me disait : « Ce coup-ci, on ne craque pas ; on passe comme si de rien n'était. » Mais une force irrésistible m'attirait dans ce lieu maudit. D'ailleurs, j'avais toujours sur moi des bonbons que je mâchais inlassablement jusqu'à épuisement du stock.

Après la classe, je m'offrais des goûters pantagruéliques. Une de mes recettes favorites consistait à faire fondre une plaquette de chocolat dans un bol de lait pour obtenir une crème bien onctueuse, puis de découper consciencieusement une baguette de pain en deux, de l'enduire de beurre, et de la tremper voluptueusement, morceau par morceau jusqu'à épuisement total. Ce n'était qu'après ce rituel reconstituant que je consentais à m'atteler à mes devoirs. Le ventre rond, l'esprit assoupi par la digestion, il m'arrivait tout de même d'éprouver quelques difficultés à me concentrer. Puis, au moment de dîner, promis juré, je décidais de faire un régime, déclarant à mes parents : « Je ne dîne pas ce soir. » Ils n'insistaient pas. Vers dix heures, une petite faim commençait à me gagner et, une demi-heure plus tard, je fonçais terminer les restes, si possible sucrés : les gâteaux, les crèmes... Périodiquement, je réagissais et m'infligeais un régime sauvage. Généralement, il débutait le lundi. Petit déjeuner : juste un thé ; midi : un œuf dur, une pomme ; le soir : une soupe, une pomme. Le lendemain *idem*, sauf que le soir je craquais, épuisée à la fois de ne pas manger et de lutter contre la tentation. Le mercredi, pour compenser l'écart de la veille, j'allais courir dans les rues de Savigny, couverte comme un oignon pour bien transpirer. Au retour, un kilo s'était envolé ! Satisfaite de ce bon résultat, je mangeais un petit peu plus le jeudi, et le vendredi c'était le délire ; je pouvais y aller puisque durant le week-end j'allais éliminer tous ces kilos superflus et inesthétiques... Effectivement, j'en perdais un ou deux en fin de semaine, que je m'empressais de reprendre avant de retomber dans un cycle infernal, pour mon moral comme pour mon entraînement. Il faut être légère pour bien grimper. Il me restait une solution : m'entraîner à la maison. Tous les soirs, je m'astreignis à une demi-heure d'abdominaux car j'avais remarqué que je n'arrivais pas à remonter mes jambes haut dans les surplombs, que mes fesses me semblaient lourdes : il fallait donc que je muscle le ventre. Après ces exercices, m'allongeant sous ma chaise de bureau, j'attrapais les bords latéraux et entamais les tractions, par séries de dix. J'avais bien une barre, mais au début je n'arrivais pas à faire plus de trois tractions de suite ; je la laissai vite tomber, estimant plus bénéfiques mes tractions sous la chaise. Ensuite, je pensai aux pompes, pour les rétablissements en haut des blocs. Je suis même allée jusqu'à me fabriquer un sauna. Je faisais couler de l'eau brûlante dans le fond de la baignoire et m'installais sur une sorte de cageot, enroulée dans une couverture de survie, et y restai une demi-heure. C'était tout à fait éprouvant. Mon cœur battait très fort et très vite, je transpirais à grosses gouttes, la tête me tournait. En sortant de là, je me retrouvais comme une loque, à la limite de l'évanouissement. Je fonçais alors sur mon lit incliné, ayant lu dans un livre qu'il fallait ensuite s'allonger, jambes en l'air, pour éviter les varices. Avec ma méthode, les progrès en escalade apparurent, mais, toujours aussi boulimique, je ne perdais pas un gramme. Ces progrès étaient aussi liés au fait que grimper tous les week-ends avec Pierre et ses amis m'avait permis de me perfectionner. Il s'agissait de types très forts, peut-être les plus forts du moment. Ils ne fréquentaient que les circuits les plus durs, et j'étais partagée entre la fierté d'être acceptée, la crainte de les gêner et la frustration de ne pas être à leur niveau. Ce n'était pas la ténacité qui me manquait : je faisais parfois une dizaine d'essais par bloc, et sur des circuits de trente blocs il m'arrivait de n'en réussir qu'un. C'était déprimant, mais j'étais sûre d'y arriver un jour puisque d'autres y parvenaient. Je n'en démordais pas. Certains week-ends, une bagarre intime et acharnée se jouait entre le rocher et moi, j'avais une hargne féroce et des colères violentes. Je tapais du pied dans le grès à m'en faire mal, je criais, pleurais de rage et, durant la semaine, redoublais d'ardeur pour travailler mes abdominaux. Certains jours, je réussissais de nouveaux blocs. Quelle satisfaction ! Mais par périodes, je stagnais, c'était à désespérer ! Ces blocages pouvaient durer un mois ou deux. Soudain, je progressais, par paliers en réalité, et, bien sûr, plus je mettais la barre haut, plus c'était ingrat.

Un jour, Pierre me proposa d'aller en falaise, à Surgy. J'avais décidément beaucoup de chance que ces forts grimpeurs s'intéressent à moi, une gamine. Évidemment il m'a fallu présenter Pierre à mes parents ; ils le trouvèrent bien sous tous rapports, l'air réfléchi, calme, intelligent. Mon visa de sortie en poche, je pouvais enfin partir sans mentir !

Situé dans l'Yonne à deux heures de Paris, Surgy, barre calcaire de trente mètres de haut, faisait partie des terrains de jeux des grimpeurs parisiens. Ainsi, au printemps, les week-ends de beau temps, nous rencontrions à peu près les mêmes personnes qu'à Fontainebleau. Nous nous retrouvions tous à camper dans le champ jouxtant la falaise !

Pierre étant beaucoup plus fort que moi, je pensais être condamnée à grimper en second. Il ne daignerait certainement pas me suivre dans les voies faciles. Mais à ma grande surprise, au pied de la falaise, il m'annonça que nous allions grimper en réversible, c'est-à-dire chacun son tour en tête. Intimidée, et au fond très contente, je ne protestai pas.

Il démarra en tête dans une voie d'échauffement assez facile. Puis ce fut mon tour : il me désigna une voie. Là aussi tout alla bien, je maîtrisais la situation. Dans la matinée nous parcourûmes six voies. C'était formidable, nous grimpions aussi vite l'un que l'autre ! L'après-midi, les choses se gâtèrent un peu. Il me proposa de faire la « Javanaise », une voie vraiment difficile. Serais-je au niveau ? Mais Pierre était là et je partis tout de même tête baissée, me disant que si ça n'allait pas il me donnerait des indications.

J'atteignis sans mal le premier piton : bon début. Le deuxième clou était haut, ma petite taille ne m'aidait pas. Mais, après plusieurs essais, je réussis à y mettre mon pied et à me dresser pour attraper le deuxième piton. Au troisième : même technique. À cette époque, c'était la méthode utilisée pour grimper en falaise : tirer sur tout ce qui pouvait aider à la progression. La suite se révéla bien plus corsée, il y avait un pas délicat à faire dans un petit surplomb pour attraper le piton suivant. Mes mains, après deux mouvements sur la roche déversante, me semblèrent s'ouvrir toutes seules. À l'agonie, je réussis tout de même à me ruer sur le clou en le mousquetonnant. Mais là, mes doigts ne pouvaient plus bouger : tétanisés, ils n'étaient capables que de s'agripper désespérément à ce mousqueton. Terrorisée par la chute, je réussis, malgré tout, dans un sursaut d'énergie à rassembler quelques forces pour me « vacher », c'est-à-dire m'accrocher au clou au moyen d'une sangle fixée au baudrier. La peur de tomber et de me donner en spectacle aux nombreux grimpeurs qui me regardaient m'avait galvanisée ; dévisser était très mal vu et nous avions l'habitude de dire qu'après trois chutes la corde était bonne à jeter.

La suite fut tout aussi difficile : me retrouvant accrochée à mon clou au beau milieu d'une dalle toute lisse, la solution pour attraper le suivant ne me sautait pas aux yeux. Multipliant les tentatives pour me redresser sur le piton sans avoir de prise de mains pour m'équilibrer, mon énergie, ainsi que ma volonté de réussir, commençaient à faiblir. En bas, Pierre sifflotait, il restait bien calme devant ce mauvais spectacle. D'ailleurs, il sifflait très bien une suite de Bach que j'étudiais justement à la flûte traversière. Là, je fus épatée qu'il en connaisse toutes les notes, et très émue qu'il aime lui aussi la musique classique, mais cela ne résolvait pas mon problème. Au bout d'un moment, il me conseilla de prendre une sangle, de l'accrocher au piton et de mettre mon pied dedans pour m'en servir comme d'une prise. On appelle ce système une « pédale ». Effectivement, je pus ainsi me redresser, mais il me manquait encore dix centimètres pour toucher le clou suivant. À force de gesticulations, d'étirements et de recherches d'équilibres fragiles, je finis quand même par trouver une méthode pour attraper le clou qui me manquait. Cette voie, c'était le niveau maximal que je pouvais atteindre et je ne crois pas en avoir autant bavé de ma vie.

Les autres grimpeurs ne cessaient de me regarder. J'étais devenue apparemment une bête curieuse, et, en rentrant le soir au camping, je vis les gens murmurer sur mon passage. Peut-être avais-je accompli un exploit ? Je n'osai pas demander si cette voie comptait vraiment parmi les plus dures. Au fond, cela m'était égal, j'étais simplement heureuse de l'avoir réussie. Ce soir-là, tellement fatiguée, j'en avais perdu mon terrible appétit. Je pensais bien dormir, mais malheureusement toute la nuit j'ai grimpé dans mes rêves cette voie qui n'en finissait pas, un vrai cauchemar.

Plusieurs week-ends se passèrent ainsi, à grimper comme des forcenés. Pas moins de dix voies par jour. Les grimpeurs n'en revenaient pas de nous voir les enchaîner en réversible et à toute vitesse. Arrivant à faire des voies de plus en plus dures, ma motivation s'en trouvait graduellement augmentée. De temps en temps, ceux qui m'avaient vu grimper en courant se décidaient à m'imiter, pensant la voie facile. Jubilation intérieure que de voir ces imbéciles s'y ruer, rassurés de passer après une fille. Un spectacle d'autant plus délicieux que ceux qui agissaient de la sorte ne possédaient pas le niveau. Ils pestaient, juraient tout ce qu'ils savaient et moi je les contemplais, hilare, du coin de l'œil. Simplement, je restais discrète et gardais mon ironie pour moi.

Mes amis parisiens rêvaient de grandes ascensions et se proposèrent de m'emmener. Serais-je à la hauteur, et surtout n'allais-je pas les encombrer, moi, une minus de seize ans parmi eux qui avaient tous entre vingt-cinq et trente ans ? Quand ils parlaient, je me faisais discrète, attentive. Quand nous grimpions, je ne me plaignais pas, ne revendiquais rien. C'est ainsi qu'en 1976-1977 j'eus le plaisir et la chance de faire en réversible les plus grandes voies du Verdon alors que je n'avais jamais planté de piton ni placé de coinceur. J'étais incapable de désigner correctement ce matériel technique : clog, stoppeur, spit, piton, mousqueton... Tout ce vocabulaire se mélangeait joyeusement.

Le Verdon, la première fois, ce fut la grande aventure. Les voies n'avaient pas été souvent répétées et l'on ne pouvait pas savoir s'il serait possible de sortir dans la journée. Il flottait dans l'air un parfum d'inconnu. Nous ne partions pas sans emporter un sac de matériel pour un éventuel bivouac en paroi ; ce maudit sac s'accrochait dans les fissures et se coinçait dans les cheminées. Après quelques jours d'exploration, faire une voie par jour ne nous suffisait plus. Si on essayait d'en enchaîner deux ? Trois ? Pierre et moi nous nous piquions au jeu, nous courions dans les voies, montre en main, cherchant à en faire toujours plus. Ce rocher magique nous rendait déchaînés. Je n'osais ni boire, ni faire pipi. Sa devise : ne pas perdre de temps ! Ma devise : ne pas se faire remarquer ! À ce point que lorsque l'envie devenait trop pressante, j'assurais Pierre d'une main et me lançais dans une gymnastique laborieuse pour me dégager du baudrier. Je faisais bien attention à choisir une longueur où il était en tête : pas question qu'il voie les traces de ma faiblesse ! En fait, ces vacances furent épuisantes. Pas un jour de repos, et, surtout, le plus pénible était les marches après l'escalade : les sorties de voies se situaient loin du parking, à dix kilomètres environ. Mais j'acceptais tout cela avec bonne humeur, sans dire un mot, ravie et très fière tout de même de faire les voies les plus réputées à une allure record. On allait tellement vite que j'oubliais certains passages ou les mélangeais dans mes souvenirs. Dans les conversations, cela compliquait nos rapports avec les autres grimpeurs : ils nous parlaient d'un passage expo, je ne m'en souvenais même pas ! Il est vrai qu'on ne s'embarrassait pas de détails : si je trouvais que poser un coinceur était trop compliqué, je laissais tomber et continuais. Sur ordre de Pierre, je devais absolument respecter une règle : protéger le relais dès que je le pouvais et ensuite j'étais libre d'agir à ma guise. Ce régime spécial me réussissait, je prenais confiance en moi, et commençais à connaître mes limites. Prise au jeu, je voulais aller de plus en plus vite, à tel point qu'en tête je sautais des relais. Lorsque je me trouvais en bout de corde, je criais « relais » et continuais à grimper en même temps que Pierre. J'ai du mal à croire qu'il ne s'en soit jamais aperçu ! Autre technique qui alimentait cette boulimie : si j'étais en second, je hurlais qu'il restait dix ou vingt mètres de corde, alors qu'il n'en restait plus beaucoup, pour pouvoir grimper en même temps que mon leader. Nous écumions le Verdon, foncions sur le Vercors, attaquions les Alpes et écharpions les Dolomites. Dans les Alpes, nous nous imposions de retrouver le même engagement que les tout premiers alpinistes, et pour cela « toujours partir du bas et ne jamais prévenir ».

Nous n'avertissions personne et privilégions les voies les moins fréquentées et les plus difficiles d'accès. Quel moral !... Le plus dur : les départs de Chamonix. Savoir qu'il y avait des téléphériques ou un petit train et partir à pied avec vingt kilos sur le dos ! La nuit, encore, c'était supportable, tout le monde dormait, et aucun train ne venait me tenter, mais en pleine journée, sous le soleil, ne pas utiliser les remontées et subir ces flots de touristes braillards qui commentaient la taille de mon trop gros sac exigeait une certaine constance. Je devais avoir l'air mauvais et l'œil tellement furibond qu'en général ils n'insistaient pas. Je me consolais en imaginant l'énorme glace promise au retour dans la vallée, la récompense de notre éthique et de notre rigoureux sens de l'économie... En fait, c'était très dur, mais je n'osais toujours pas me plaindre. Pierre m'aurait peut-être prise pour une mauviette ! Il m'arrivait parfois de pleurer de fatigue. Et d'ailleurs, encore aujourd'hui, dès que je suis épuisée, je pleure. Ce qui est assez embarrassant, parfois, car je ne peux absolument pas endiguer ce flot de larmes et mon entourage s'imagine un drame.

Ces marches d'approche si éprouvantes trouvaient leur récompense : nous installions notre camp de base en altitude et restions une semaine au même endroit à écumer toutes les voies ED (Extrêmement Difficile) du secteur, essayant même d'en faire plusieurs par jour. Je préférais nettement cette formule, on marchait moins et on grimpait plus. On ne mangeait pas grand-chose, mais la rareté ravivait le plaisir et le retour dans la vallée ressemblait à une fête. Des campings aménagés, des douches, tout à profusion et surtout la glace chèrement gagnée. Et si Pierre estimait qu'on avait bien marché, nous nous en offrions deux d'affilée ! Je ne me souviens plus bien des voies ni de leurs noms, mais je me rappelle avoir fait une dizaine de courses par semaine. À la fin de la saison, nous atteignions une moyenne de huit cents mètres d'escalade de niveau ED par jour. J'aimais surtout grimper en tête et, par gentillesse, Pierre me laissait la plupart du temps passer la première. Il ajoutait : « Si tu voles, comme tu es plus légère, on prend moins de risques. »

Un de mes grands plaisirs consistait à doubler les cordées en pleine voie, à passer comme une fusée devant ces beaux messieurs, rudes montagnards et fiers de l'être, à filer sous leur nez avec juste une protection de sécurité tous les dix mètres. Je leur adressais mon plus beau sourire et hop, doublé. Au relais, ces galants messieurs me laissaient la bonne place. Quand je ne leur trouvais pas une tête sympathique, je sautais le relais pour leur en mettre encore plus dans la vue ! J'adorais atteindre la première le sommet et, souvent, pour ne pas rater mon coup, je rusais en sautant les relais. Le sommet, c'était une jouissance. Je me préparais toujours une gâterie à manger là-haut : des crêpes, des gâteaux, du chocolat, ou mieux de la crème fraîche que je battais en chantilly pour la savourer avec de la crème de marrons. Après ces agapes, nous attaquions la descente, au sens propre. Là, nous étions les rois ! Nous nous décordions toujours ; c'était encore une loi de Pierre : il valait mieux tomber seul plutôt que d'entraîner son petit camarade dans l'abîme. Cela me convenait très bien, car je ne le trouvais pas très dégourdi avec ses longues jambes et, quand au début nous restions encordés, il râlait sans arrêt, trouvant que j'allais trop vite...

Nous avons ainsi arpenté les Alpes. J'aimais bien l'Oisans, terre d'égalité à cause de l'absence de téléphérique. Par contre, pour les glaces, rien ! Les bistrots n'étaient pas situés à proximité des terrains de camping. C'était aussi l'endroit où je me faisais les plus grandes frayeurs car le rocher de l'Oisans n'est pas des plus solides.

À Chamonix, ce qui m'exaspérait, c'était de voir la vallée. Parfois, de notre bivouac, nous pouvions apercevoir les lumières de la ville et j'imaginais les gens au chaud dans leur chalet. Ils en avaient de la chance de dormir sous une couette douillette et dans un vrai lit... Dans la journée, je me disais parfois : « Mais qu'est-ce que je fais là ? En bas, ils sont confortablement installés au bord de la piscine ou ils se promènent tranquillement dans les vertes prairies, cueillant des fleurs, mangeant même des framboises, alors que moi je dois rester vigilante en permanence. Qui sait d'ailleurs comment ça va se terminer ce coup-ci ? C'est super expo. Si je glisse, hop, tout le monde en bas. »

Les plus beaux et aussi les plus éprouvants souvenirs de cette époque sont la face nord de l'Olan par la voie Couzy-Desmaison, la face nord d'Ailefroide par la Devies-Gervasutti, et les Drus par la Directe américaine. Nous avons grimpé chacune de ces faces en sept heures en juillet 1977. Le plus dur fut le Dru. Nous sommes partis du bas. De tout en bas, Chamonix, avec nos gros sacs, pour aller bivouaquer dans les pâturages au pied de la face des Drus, juste au-dessus de la mer de Glace. Nous aurions pu prendre le petit train du Montenvers pour économiser mille mètres de dénivelé, mais non, nous étions de vrais puristes ! Notre emplacement de bivouac se trouvait être heureusement confortable, l'herbe drue formant un très bon matelas. Cependant, au petit matin, nous subîmes un léger contretemps lié à une panne de réveil. C'est avec deux heures de retard, vers huit heures du matin, que nous attaquâmes la voie. Ce n'était pas plus mal car, ce matin-là, des chutes de pierres avaient mitraillé, et les alpinistes partis avant nous avaient dû rebrousser chemin car l'un d'eux avait été blessé. Sale ambiance ! Impressionnée par cet accident, mon envie de grimper s'évanouit aussitôt. Mais

Pierre ne céda pas et à midi nous étions à mi-hauteur de la paroi, au « bloc coincé ». À cet endroit, nous fîmes une petite pause le temps de croquer un morceau de chocolat et de boire un peu, puis nous repartîmes, enchaînant à toute allure le dièdre de quatre-vingt-dix mètres, le pendule, une autre petite longueur et là, ô surprise, rattrapant et doublant une cordée qui avait bivouaqué au bloc coincé. Comme d'habitude, je passai en tête pour les doubler. Ils semblaient écœurés. Ensuite nous rattrapâmes une cordée de guides qui me firent carrément la tête. Pas aimables, les bougres ! Nous nous connaissions de vue, mais ils ne lancèrent pas même un petit bonjour. Je voyais bien que de nous voir là les secouait car, abandonnant leur petit train-train, ils passèrent à la vitesse supérieure... et, comble de malheur, s'embrouillèrent dans leurs manœuvres de cordes. Ils râlaient ferme. Pour ne pas compliquer leur délicate tâche, nous prîmes tout droit au lieu de sortir par la face nord. C'était, à mon avis, le passage le plus dur et le plus exposé. Connaissant la fréquentation de la voie, nous étions certains de trouver suffisamment de pitons en place pour nous assurer correctement et n'avions emporté que quelques coinceurs. Or, en cet endroit, il n'y avait rien, aucun clou. Après quelques frayeurs, nous atteignîmes enfin le sommet à quinze heures. J'étais épuisée d'avoir grimpé en tête depuis le bloc coincé, mes bras étaient durs et douloureux. Pour redescendre, pas de problème, nous courûmes tout du long. Les indications de notre ami Xavier Fargeas se révélèrent très claires. Xavier, grand alpiniste, venait de réaliser la première ascension solitaire hivernale du couloir nord des Drus et, d'après ce que j'avais compris, cette descente devait être très compliquée ; c'est donc avec moult détails qu'il nous avait décrit le bon itinéraire afin de nous éviter une galère. Atteignant enfin le refuge de la Charpoua, visiblement gardé car quelques alpinistes prenaient le soleil sur la terrasse, je réalisai que je crevais de soif. Je me serais bien vue m'arrêter là pour souffler un peu et surtout me réhydrater. Mais Pierre, avant que j'aie pu ouvrir la bouche, déclara, péremptoire : « Hors de question de s'arrêter, on descend tout de suite à Chamonix. » En moi-même, je pestais vraiment mais je n'avais de toute façon pas mon mot à dire. Il était mon aîné.

À vingt et une heures, nous arrivions sur la mer de Glace. Là, en essayant de récupérer nos affaires de bivouac laissées au-dessus du glacier, nous nous perdîmes. Pendant des heures, nous errâmes entre les crevasses à la recherche du gros rocher blanc, notre repère pour attaquer la montée dans la moraine. Cette nuit-là, tous les cailloux luisaient, blancs ! Finalement, à une heure du matin, en larmes, vidée, je m'assis et déclarai à Pierre : « Je ne bouge plus. » Nous avons donc dormi là, sur la glace, sans avoir rien bu ni mangé.

2

QUAND L'ESCALADE DEVIENT UN MÉTIER

> « *Rien ne remplace un long apprentissage, une accumulation d'expériences qui devient la base de l'intuition.* »
>
> **Doug Scott (alpiniste anglais)**

Qu'est-ce qui pouvait bien me pousser à escalader toutes ces grandes parois comme une folle ? La montagne, la beauté du cadre ? Mon admiration pour Pierre ? La gestuelle de l'escalade ? La joie de vaincre, les efforts récompensés ? Le bien-être du retour dans la vallée ? Les objectifs toujours différents, nouveaux, et toujours de plus en plus difficiles ? L'engagement ? Certainement un peu tout à la fois, et tout ce que je ne sais pas. En tout cas, j'aimais ça à l'époque et j'aime toujours ça. Mais plus de la même manière. Les choix de mes ascensions sont plus sélectifs et les moyens pour les réaliser adaptés aux infrastructures en place. Aujourd'hui, prendre une remontée mécanique, dormir au refuge et non à cent mètres dehors dans le froid ne me pose absolument plus de problèmes. Partir uniquement par beau temps et non dans la tourmente, et grimper sur du bon rocher font aussi partie des conditions nécessaires au plaisir d'une ascension. C'en est fini de grimper des tas de cailloux, de guetter les chutes de pierres à tout instant, de tester chaque prise, de frémir tout le long de la voie. Je choisis l'esthétique de la paroi, des lignes d'ascension. Le sommet coûte que coûte ne m'importe plus. Je m'arrête quelquefois à quelques mètres en dessous, de toute façon j'y suis déjà allée au moins une fois ! Je décide de l'ascension aussi en fonction des descentes : il me les faut tranquilles. Bref, j'aime la montagne plaisir, la difficulté et la beauté, pas la galère. Pourtant, lorsque je me remémore cette époque où j'ai tant enduré, c'est avec un peu de nostalgie. C'était excitant et cela a duré tout de même quatre ans. Quatre ans à grimper partout, dans tous les coins de France, de Belgique, d'Angleterre, de Suisse, d'Italie... Durant ces années d'escalade frénétique, il a quand même fallu que je choisisse une orientation dans mes études. J'étais assez fumiste, et surtout je n'avais pas la tête à ça et ne pensais qu'aux vacances, qu'à partir. Malgré tout, influencée par mes amis grimpeurs, brillants étudiants des grandes écoles (Centrale, Polytechnique, Mines ou Physique-Chimie), je consentais à travailler les maths et la physique : mon orientation future dépendrait de mes résultats dans ces deux matières. Cela m'amusait, et surtout, ne sachant que faire plus tard, ces matières scientifiques permettaient de suivre une section qui laissait un plus large choix pour l'avenir.

Toutes les semaines, je changeais d'idée. J'ai envisagé successivement de devenir bûcheron, menuisier, ébéniste, horticulteur, garde forestier, ingénieur des eaux et forêts, professeur de gymnastique, chercheur en biologie, flûtiste, architecte, maquettiste... Finalement, je décidai d'être kinésithérapeute. Je voulais savoir comment fonctionnaient les muscles, connaître le corps humain. En plus, c'est une profession libérale, je pourrais m'organiser comme je le voulais, et partir en vacances dès que l'envie m'en prendrait. Le rêve ! Et dernier solide argument : des études rapides et pratiques. En effet, à vingt ans je les avais achevées. C'est alors que tout bascula. J'étais libre, sans contrainte scolaire, capable de gagner facilement et rapidement de l'argent, d'aller grimper quand je voulais, où je voulais... Et je n'en avais plus le désir ! Je voulais vivre autre chose, fréquenter d'autres milieux, rencontrer d'autres gens. J'en avais assez des grimpeurs et de leurs histoires d'escalade, de ce petit monde fermé dans lequel les commérages vont bon train : « Tu as vu Machin, il a fait la voie en tant de temps... » « Oui, mais c'est parce qu'il a eu de bonnes conditions » – ou parce que je ne sais plus quoi. C'était mesquin, limité, monotone. Un univers de monomaniaques. En dehors de l'escalade, rares et pauvres étaient les sujets de conversation. Avec les années, je me suis aperçue que ce n'était pas particulier au monde des grimpeurs. Toute personne possédée par une passion a les mêmes travers.

Pour ne pas rompre complètement, j'allais une fois tous les deux mois m'oxygéner en forêt, afin de constater que je ne perdais pas vraiment. Je réussissais toujours à grimper les cinq ou six blocs durs qui me servaient de test de forme. Je faisais à peine une dizaine de rochers et, le reste du temps, je me promenais ou je courais. En fait, à cette époque-là, j'entrai dans un autre monde : le milieu du jeu. Un monde au fond pas si différent de celui de l'escalade, d'autant plus que mes partenaires de jeux étaient aussi des grimpeurs. Cette passion démarra par hasard. Un jour de pluie, alors que je patinais lamentablement sur les rochers mouillés en compagnie de quelques acharnés, une voix s'éleva pour proposer à la ronde d'aller jouer au poker. C'était Jérôme Jeancharles, un grimpeur de bloc talentueux, brillant d'esprit et un peu farfelu, qui venait de consacrer deux ans de sa vie au Rubik's Cube. Quand il nous avait déclaré qu'il voulait gagner de l'argent en devenant champion du monde, pas un de nous ne l'avait cru. Mais en manipulant ce cube jour et nuit, il finit par être vice-champion du monde de la discipline, et par écrire deux livres sur le sujet. Sa passion du moment était les statistiques au poker. Las de patauger sous la pluie, nous sommes rentrés à Paris pour aller jouer chez lui.

Ainsi, a commencé le poker : des nuits, des journées entières et encore des nuits à jouer. C'était passionnant, exténuant, prenant, angoissant. Ma vie entière se trouvait prise au piège du jeu. Je découvris une facette étonnante de ma personnalité : je ne savais pas bluffer, alors que j'avais tant menti à mes parents, inventé tant de scenarii compliqués pour expliquer mon emploi du temps ! Autour d'une table, je me trouvais incapable de mentir sans rougir ou blêmir. Et durant ces nuits enfumées, je passais par toutes les couleurs pour finalement perdre la plupart du temps. Certes, les enjeux n'étaient pas gros, tout au plus quelques francs, mais au fil des parties, à la fin de l'année cela représentait un petit budget.

À sept heures du matin, je rentrais chez moi la tête pleine de cartes et de regrets, dormais une demi-heure, juste le temps de cauchemarder encore un peu et partais retrouver mon premier patient à huit heures trente. Les heures s'égrenaient et j'étais comme un zombie. Dès que se présentait un trou dans mon emploi du temps, ne serait-ce qu'un quart d'heure, je m'allongeais sur une table de massage et plongeais immédiatement dans le sommeil. Le coup de sonnette du patient suivant me réveillait en sursaut et, sautant alors sur mes pieds, j'enchaînais comme si de rien n'était, suppliant mon corps de tenir le coup. En fin de journée, dopée par la perspective du jeu à venir, cela commençait à aller beaucoup mieux. Le soir, sur le chemin du retour, rêvant déjà de me refaire des pertes de la nuit précédente, l'excitation achevait de me réveiller et, arrivée chez moi, plus d'hésitation : je devais aller jouer, je voulais gagner. En fait, je déraillais complètement. Je n'étais plus moi-même. Le jeu m'obsédait. L'angoisse de perdre, le désir de gagner accaparaient mes pensées. Fatiguée en permanence, je n'arrivais plus à me consacrer à mes malades, à m'investir comme avant. Je me sentais mal dans ma peau, toute ramollo. Mon visage et mon corps me paraissaient engourdis et boursouflés : ils me donnaient l'impression de ne plus rien ressentir. Mes bras, mes jambes fonctionnaient, mais ils semblaient ne plus m'appartenir. Je me sentais comme une loque grasse, et plus cette sensation s'intensifiait, plus j'avais envie de manger n'importe quoi à n'importe quelle heure. C'était comme si je voulais me détruire encore plus, une sorte de vengeance, de punition pour ce que j'étais devenue. Je ne faisais même plus attention aux vêtements que j'enfilais sans coquetterie. De toute façon, plus rien ne m'allait ! J'imaginais sans cesse avoir les poumons pris dans un étau, comme s'ils n'avaient plus d'élasticité. Monter les escaliers de la clinique devenait un calvaire. Arrivée en haut, essoufflée, il me fallait un bon moment pour récupérer. Une minute de libre, et hop, je me précipitais sur une cigarette, laissant même patienter mes malades pour fumer tranquillement. J'en étais à un, voire deux paquets par jour. C'était un véritable désastre. Je me dégoûtais, mais il fallait que je joue ! Lorsque je perdais, je fonçais le soir suivant pour essayer de me refaire, et lorsque je gagnais je fonçais de plus belle pour gagner encore plus : un cercle infernal. Je ne faisais absolument rien d'autre si ce n'est m'écrouler devant la télévision après le travail avant d'aller jouer. Un jour, je me pesai : cinquante-huit kilos ! Horreur ! Je ne pouvais continuer sur cette pente. Terminé le jeu, finies les nuits blanches, régime et sport. Les premiers temps, ce fut un autre genre d'enfer. Je m'imposai d'aller tous les jours à Vincennes. J'étais dans un état physique lamentable ! Incapable de courir plus d'une ou deux minutes d'affilée, à cause de mes jambes lourdes, de mes pieds qui ne se levaient plus et rasaient le sol au risque de se prendre dans les racines. Mon corps faisait floc-floc, j'avais mal partout. Au début, je tenais péniblement dix minutes, et rentrais chez moi exténuée et en sueur. Je n'avais même plus la consolation de m'empiffrer : régime sec, ni pain, ni pâtes, ni sucres. J'étais en pleine détresse et ne voyais d'autre solution que de me battre. Une lutte intérieure permanente. Très souvent une voix au fond de moi me susurrait : « C'est trop dur, arrête donc ! » Je m'accrochais avec l'énergie du désespoir, avec ce qui me restait d'orgueil. Je demeurais encore très fatiguée, pourtant je dormais au moins neuf heures par nuit, et lentement j'émergeai. Je tenais une demi-heure à la course et au bout de trois semaines je pus y aller deux fois par jour. Le matin, vers sept heures, avant d'aller travailler, un petit footing, couverte comme un oignon pour bien transpirer pendant vingt minutes. Petit déjeuner léger, un yaourt, une biscotte, du thé sans sucre. À midi, footing à nouveau, trente à quarante minutes, mais moins couverte. Pour le déjeuner, soupe, yaourt ou œuf, salade. Le footing ne suffisait pas, je devais me remuscler, et ce n'était pas une mince affaire. Gymnastique obligatoire tous les jours pour reconstituer abdominaux, dorsaux, fessiers, bras. Tout mouvement me coûtait, je me fatiguais très vite, toujours tellement lourde et empâtée.

L'espoir revint le jour où je perdis mon troisième kilo. Enfin des résultats concrets ! Mais le chemin de croix se poursuivait et j'avais encore beaucoup à souffrir pour me retrouver réellement en forme. Le combat était moins dur et surtout j'obtenais quelques résultats ; les exercices m'épuisaient moins, la faim, ou plutôt un besoin boulimique, ne me tiraillait plus le ventre, j'entrais à nouveau dans certains pantalons. Je remontais la pente non sans une certaine fierté, celle d'avoir su ne pas répondre aux nombreux coups de téléphone de mes partenaires de jeu. J'émergeais de mon tunnel, mais il me manquait encore quelque chose pour être satisfaite de ma vie. Je travaillais, j'étais kiné, certes, mais me voyais mal exercer toujours le même métier. Je commençais à en avoir fait le tour et malgré une clientèle assez variée, la routine menaçait. C'étaient toujours les mêmes traitements, les mêmes politesses, les mêmes bavardages. Toute la journée, les patients défilaient, grincheux, fatigués, et parfois sales. La réalité professionnelle était de moins en moins enthousiasmante ! De plus, je doutais d'être efficace et j'étais découragée de voir toute l'année les mêmes personnes pour des problèmes de dos. J'avais envie de leur crier : « Mais bougez donc un peu si vous ne voulez pas avoir mal au dos ! » Les massages, pour eux, ce n'était jamais assez long, mais par contre les exercices ! Tout juste s'ils ne m'en voulaient pas de leur en faire faire. J'avais beau leur décrire tous les bienfaits d'une bonne petite gymnastique, rien à faire : « Une ou deux fois avec vous, ça suffit, à la maison, de toute façon, je n'ai pas le temps. Devant mon mari, vous n'y pensez pas ! Et j'aurais peur de tout faire de travers. »

Enfin, en tout cas, ils ne m'encourageaient pas. J'avais envie de poursuivre d'autres études, ou bien de me spécialiser dans un domaine de la kinésithérapie, le sport, ou encore de me lancer dans des études d'ostéopathie.

J'hésitais, lorsqu'un jour je reçus un coup de téléphone d'une société privée de production. Elle m'invitait à participer à un nouveau jeu télévisé intitulé « Les énigmes du bout du monde ». Il s'agissait de grimper en falaise, dans le Vercors, avec un talkie-walkie sur la tête et de répondre pendant l'escalade à des questions posées par un animateur. Cette proposition tombait à pic, je fonçai. N'ayant pas grimpé depuis presque trois ans, ça ne fut pas tout à fait une partie de plaisir, mais j'avais des restes... Cette première émission eut du succès et les producteurs me proposèrent de partir en Indonésie, à Bali, puis à Singapour. L'épreuve : courir sur une plage, s'enfoncer dans une grotte envahie de chauves-souris pour aller m'aplatir devant un sage qui me posait des questions cruciales. C'était peut-être idiot, mais ça me changeait du quotidien ! À Singapour, je dus conduire un scooter des mers et, prise en pleine tempête, je fus submergée par d'énormes vagues. J'allai m'échouer dans la vase et le matériel son rendit l'âme. Je fus éliminée mais on m'embaucha comme conseillère technique pour toutes les émissions où l'usage de cordes se montrait nécessaire. Ainsi je pus continuer à voyager et à apprendre les dessous de la télévision, les trucages, les techniques de tournage. Je découvrais des pays, des gens différents. J'aurais souhaité que cela dure un peu, mais l'émission ne rencontrait pas un grand succès et j'imaginais bien que ma chance allait tourner. Jusqu'au jour où Robert Nicod, un réalisateur, me téléphona : il voulait tourner un film d'escalade dans les gorges du Verdon avec moi, car il se souvenait que je grimpais vite. Il m'avait, paraît-il, déjà appelée un an auparavant, mais je n'y avais guère prêté attention ; je recevais régulièrement des propositions semblables qui avaient toutes tourné court. Là, c'était plus sérieux, précis : le tournage était prévu pour juin. À ce moment-là, Robert Nicod était surtout connu pour ses superbes photos d'escalade, aucun autre photographe spécialisé n'avait un tel œil à cette époque. Je pense qu'il a été le premier à réaliser un vrai travail en paroi en rendant compte du vide avec beaucoup d'émotion. C'est notamment lui qui a pris toutes les magnifiques photos de Patrick Edlinger, le célèbre « grimpeur à mains nues ». D'autre part, je savais qu'il avait aussi été cameraman pour les deux superbes films d'escalade sur Patrick Edlinger : *La Vie au bout des doigts* et *Opéra vertical*.

La proposition, attirante, demandait réflexion, car il fallait grimper dans des voies relativement dures. Il voulait du jamais vu, ce qui m'obligerait à être en grande forme. Cela tombait bien : nous étions en février, et je pouvais très bien arrêter de travailler à la fin du mois pour partir m'entraîner sur les lieux du tournage. Après avoir bien pesé le pour et le contre, je décidai de me lancer dans l'aventure. Ayant un peu d'argent d'avance, je confiai mes patients à une consœur. Le pari n'allait pas être facile à tenir car mon niveau se trouvait vraiment au plus bas et j'avais accumulé un retard technique énorme. En effet, à « mon époque », nous grimpions tous en tire-clou, mais depuis le jeu avait changé. Ce nouveau courant, « l'escalade libre », venait des États-Unis. La règle : ne plus se servir des protections en place pour progresser vers le haut, rien que le corps et le rocher. Pendant mes années de débauche, la cotation des difficultés s'était envolée vers le haut. Le 7 a, puis le 7 b avaient fait leur apparition et j'allais devoir m'adapter à ces nouvelles règles : auparavant, je me ruais sur chaque clou, m'arc-boutant dessus pour attraper le suivant. Maintenant, si je voulais être prise au sérieux et ne pas subir d'inévitables quolibets, il me faudrait adopter un « bon style ». Non seulement je devais me remuscler, retrouver des équilibres, réapprendre le vide, mais aussi corriger de mauvaises habitudes depuis trop longtemps acquises. J'avais du pain sur la planche ! Le 26 mars 1985, je partis donc, ma petite R5 rouge pleine à craquer, faire le siège dans les gorges du Verdon, m'entraîner et renaître.

Ma première épreuve fut le camping. Il faisait un froid terrible. Mal équipée, j'étais gelée en permanence et n'arrivais pas à me réchauffer. Pour mon alimentation, parant au plus pressé, je mangeais vite fait et cette diététique peu équilibrée me fatiguait. Jamais je n'allais pouvoir tenir un mois comme cela ! Désemparée, désenchantée, abandonnée, chaque matin, je me mettais en quête d'un compagnon de cordée : c'était une vraie corvée. Je préfère grimper avec des gens que je connais, en qui j'ai confiance. M'imposer à quelqu'un me gêne, par peur de déranger, d'ennuyer. Mon moral, ces premiers jours, ne pouvait être plus bas, d'autant que je grimpais vraiment mal : j'avais peur ! Je n'avais confiance en rien, les cordes me semblaient trop fines, les spits – pitons à expansion – trop éloignés les uns des autres et trop petits, le baudrier pas assez solide (je me faisais même un double encordement)... Je grimpais comme un escargot fébrile, me donnant des frayeurs à chaque mouvement. C'était un calvaire, je butais dans des 6 b ! Bloquée, pétrifiée sur mes prises, je vivais un cauchemar, et me disais : « Tu es complètement folle, qu'est-ce que tu fais là, tu vois bien que tu es nulle et ce n'est pas maintenant et à ton âge que tu vas y arriver, arrête donc ! » Ne sachant plus à quel saint me vouer, j'étais indécise et sérieusement perturbée : « Est-ce qu'avec un peu de confort je supporterais mieux ? Ça vaut peut-être le coup d'insister. »

À ce moment-là, je décidai de m'installer en demi-pension dans une chambre d'hôtel. Que c'était bon ! Un bain chaud tous les jours, un lit douillet. Et le soir, juste les pieds à glisser sous la table. La méthode se révéla bonne, je me détendis, je n'avais plus qu'à me concentrer sur l'escalade. Après tout, au diable l'avarice, je n'avais pas pris de vacances en quatre ans et j'étais là pour grimper et non pour me geler sous une petite tente. Dès lors, je réglai mon emploi du temps pour m'entraîner sérieusement : réveil à huit heures, escalade de neuf heures à seize heures, petit footing. Puis, de retour à l'hôtel, j'effectuais quelques tractions lestées à la barre ; j'avais emmené tout un matériel, une barre et des poids, pour achever l'entraînement en fin de journée. À dix-huit heures, je prenais un bain chaud en lisant ; à dix-neuf heures trente, je dînais ; à vingt heures, je plongeais dans le sommeil, effondrée. Petit à petit, les progrès apparurent. Au bout de dix jours, je réussis à faire quelques 6 c en libre, puis un 7 a cinq jours après. Je commençais à retrouver goût à la vie, à m'amuser. J'aimais à nouveau l'escalade et surtout ce nouveau jeu du « libre ». Quelques copains de Fontainebleau m'y rejoignirent tour à tour. Pour eux, cela représentait l'occasion de prendre quelques jours de congé et, pour moi, de grimper enfin en harmonie, de parler des passages d'escalade, de partager avec des amis mes émotions. Mon seul souci restait d'être ou non capable de franchir en libre le bombé de Pichenibule, coté 7 b/c, que Robert voulait absolument filmer. La première fois, je ne trouvai pas les prises, et ne compris pas un seul mouvement du passage. De plus, cet endroit était excessivement aérien et impressionnant. Comment espérer franchir ce passage avec décontraction alors que, pendue à une corde comme un saucisson, je n'arrivais même pas à déchiffrer ce rébus ? Mais je continuai à m'entraîner avec acharnement pendant un mois et demi, sans craquer, ce dont je suis d'ailleurs assez fière. Le soir, dans ma petite chambre, je me sentais parfois bien seule, il n'y avait pas grand monde dans les gorges du Verdon et je comptais souvent comme l'unique cliente de l'auberge. C'était assez sinistre de se retrouver toute seule à la table du dîner. J'étais perpétuellement inquiète, ce n'était pas gagné, je progressais mais le pari n'était-il pas trop dur ? Pour un film, il faut savoir grimper vite et enchaîner, pour l'esthétique de l'image. Robert m'avait précisé son scénario et les voies qu'il voulait filmer : le passage le plus facile était du 6 b/c ! Chaque jour, je travaillais un des passages prévus. Les jours de grand froid et de vent, c'était un rude labeur. J'y allais quand même, recommençais, persuadée qu'à force ça finirait bien par rentrer. C'est le bombé de Pichenibule qui me posa le plus de problèmes : à chaque fois je tombais. Cela m'obsédait et toutes les nuits je passais et repassais les mouvements dans ma tête, me retrouvant dans le même passage, le cauchemar. Pied gauche en externe sur le gratton, pied droit en pointe dans la fissure évasée. Main droite sur la réglette, et hop, jeté de main gauche sur l'à-plat. Puis, hop, main droite à côté, on regroupe les pieds dessous, on pousse. Tridoigt main droite et main gauche dans le trou. Ouf ! Mousquetonner et souffler. Un jour, miracle, je réussis ! Quelle joie ! Pari gagné ! Plus rien à faire ici, je rentrai à Paris le soir même. Ras le bol du Verdon, de cet hôtel, de cet emploi du temps austère, de cette tension. Durant tout le voyage je chantai. Il y avait longtemps que je ne m'étais pas sentie aussi contente, épanouie, en forme. À Paris, je courus partout chercher une tenue d'escalade. Robert voulait que je porte un maillot de bain échancré dans le dos. Ceux-ci commençaient à peine à faire leur apparition dans les rayons des magasins et le choix demeurait restreint. La corde que m'avait fournie Michel Béal était rose fluo : comment assortir ma tenue à cette couleur éclatante ! Je cherchais donc un maillot dans les tons rose bonbon. Je me demande si le plus fatigant n'a pas été la recherche du bon maillot dans tout Paris ! Rien de plus éreintant que d'enfiler une douzaine de tenues par jour, de vérifier son image autant de fois, de ne rien laisser passer. Quelque chose clochait toujours : soit des bretelles trop fines, je levais les bras et hop, les seins par-dessus le maillot ; soit le buste trop finement découpé et au bout de deux ou trois mouvements, hop, les seins sur les côtés ; ou bien le maillot m'allait parfaitement, mais les rayures étaient horizontales : mauvais pour la silhouette, etc. Et les vendeuses qui devenaient odieuses, exaspérées par cette cliente chipoteuse et gigoteuse. Enfin, j'en trouvai un qui me convenait. Tout, le haut, les bretelles, la matière, la couleur. Tout, sauf que c'était un string, une ficelle dans les fesses : un peu osé pour mon premier film ! J'en avais assez de courir les magasins, le haut était parfait, j'allais mettre un short pour cacher la petite ficelle coquine...

Le tournage approchait et toute l'équipe se réunit à Paris avant de partir pour les gorges du Verdon. Nous n'étions pas très nombreux – cinq au total – j'aimais autant ça. Il y avait Philippe, le preneur de son, Patrick, le photographe, Robert, le réalisateur cameraman, Joël, l'assistant de tout ce petit monde, et moi. Ne manquait que Monique Dalmasso, ma partenaire en escalade. Je ne l'avais jamais vue, si ce n'est en photo. Cela me chagrinait un peu, pourvu que je ne tombe pas sur une fille insupportable, et qu'elle ne se prenne pas au sérieux... Je peux avoir un sale caractère et j'ai du mal à me contrôler. À notre première rencontre, dans le Verdon, mes craintes s'envolèrent, nous devînmes rapidement complices. Les premiers jours de tournage, je découvris les uns et les autres. Philippe, chargé de prendre le son, n'avait jamais exercé ce métier : il était infirmier ; Patrick n'était jamais allé en paroi et n'avait jamais fait de photos d'escalade ; Monique n'avait pas grimpé depuis six mois et Robert, le réalisateur cameraman, n'avait finalement que deux expériences d'assistant cameraman sur des tournages d'une durée de trois jours chacun. Tout cela était un peu surprenant, voire inquiétant. Le premier jour, ils lisaient les notices d'emploi de leur matériel caméra et son ! Ça discutait ferme pour savoir comment placer le film dans la caméra... De toute façon, il n'y avait rien d'autre à faire. Il faisait mauvais temps. Nous restions donc confinés dans nos chambres, observant et tripotant tout ce matériel bizarre, caméras, objectifs, micros, pare-soleil, sac à noir... Quand chacun eut réussi à dompter ses appareils, nous abordâmes les séances pratiques. Robert Nicod avait l'habitude de travailler en paroi et il était d'une rapidité incroyable pour s'installer. C'est lui qui a inventé la « chèvre ». Au début, lorsqu'il me parlait de chèvre pour le film, je m'imaginais qu'il allait installer des biquettes sur les vires dans la paroi... La chèvre dont il me parlait est un système très ingénieux composé de deux grands mâts qui permet d'écarter la caméra de la paroi pour avoir une vue d'ensemble et ainsi obtenir une forte présence à l'image. C'était vertigineux et j'avoue que je n'aurais pas aimé être à sa place car il se trouvait vraiment en plein vide. Pour lui, pas de problème, il maîtrisait parfaitement la situation. Philippe, le preneur de son, étant lui-même grimpeur, savait s'installer tout seul. Un petit problème tout de même, il ne réussissait pas toujours à bien se placer par rapport à la caméra et le micro se retrouvait souvent dans le champ. En revanche, pour le photographe, c'était une tout autre histoire. Il fallait d'abord une bonne demi-journée pour lui enfiler le baudrier. Il ne se sentait jamais bien, les parties sensibles de Monsieur étant toujours menacées, et il fallait d'ingénieux et compliqués réglages pour l'installer. Parfois, nous entendions Patrick hurler de douleur en pleine paroi ! Ensuite nous lui avons appris à descendre en rappel en s'autoassurant, à s'attacher au relais, à remonter à l'aide de poignées autobloquantes, les jumars. Le pauvre, je crois qu'il s'en souviendra toute sa vie d'autant que pour se familiariser avec ce genre de manœuvre les gorges du Verdon ne sont pas idéales : c'est l'endroit le plus impressionnant que je connaisse. Les falaises sont lisses, verticales et tout en bas le torrent gronde. Il se donnait beaucoup de mal pour surmonter sa peur, et n'écoutait pas vraiment bien ce que nous lui disions. Il fonçait sans se préoccuper réellement de la sécurité, ou bien effectuait les bons gestes, mais pas dans le bon ordre. Plusieurs fois, en pleine prise de vue, il lança des cris de détresse : « Robert, Robert, qu'est-ce que je fais maintenant ? » Une fois, lors d'une prise, je me retrouvai à côté de lui. Effarant : il était en équilibre sur une toute petite marche sans plus aucune corde pour le retenir, les appareils photo sur le ventre (il en avait quatre et ne pouvait donc plus voir ses pieds). C'est un miracle que nous n'ayons pas vu passer notre Patrick en chute libre. Ce jour-là, je crois quand même qu'il a pris conscience du danger, et, par la suite, il nous appelait à tout bout de champ pour qu'on l'accroche, le décroche, pour qu'on vérifie ses nœuds, etc. À la fin de la journée, il était toujours le premier à déguerpir, ne reprenant des couleurs et une voix normale que le soir à l'hôtel autour de la table. En paroi, il nous épuisait... Sans arrêt des questions, ou bien les clic-clac en rafales de ses appareils. Pour le son synchrone, c'était gênant ! Robert avait prévu quinze jours de tournage, mais comme il pleuvait presque tout le temps, nous décidâmes d'arrêter et de reprendre en juin, priant le ciel de se montrer un peu plus clément. Un mois plus tard, rebelote, nous nous retrouvâmes tous au labeur. Presque tous, car notre photographe avait craqué et nous avions changé de preneur de son : l'infirmier avait des examens à passer. Merveille, il faisait beau ! Mais quel froid ! Nous ne pouvions pas tourner au soleil car il ne fallait pas voir la silhouette de la chèvre sur la paroi, or l'ombre n'arrivait qu'en fin d'après-midi. À mille mètres d'altitude, en fin d'après-midi, en maillot de bain, il faisait frais, très frais ! La pauvre Monique serrait les dents en m'assurant au relais. Il n'y avait qu'une caméra et nous étions souvent obligés de refaire la prise plusieurs fois. Au début, elle supportait ce froid sans rien dire, mais, à la longue, son abnégation s'émoussa. Elle était épuisée, et maigrissait à vue d'œil. Notre boulot « d'actrices grimpeuses » devenait de plus en plus pénible et demandait beaucoup de concentration.

À la fin du tournage, m'accordant encore quelques jours de vacances avant d'aller retrouver mes patients et mon travail, j'allai à Chamonix rejoindre mon nouvel ami, Lothar. Nous nous étions rencontrés récemment dans les gorges du Verdon. Ces quelques jours passés avec lui chamboulèrent complètement mes projets. Je comptais rentrer à Paris faire mes remplacements de kiné tout l'été et, une fois le film sorti, essayer de trouver des boulots de cascade dans des films, et peut-être même tenter l'École du cirque. Lothar ne semblait pas enthousiasmé et me conseillait de continuer à grimper et de participer à la toute première compétition d'escalade qui devait avoir lieu en Italie huit jours plus tard. Mais qu'est-ce qu'il me chantait là ! Compétition ! J'avais toujours dit que j'étais contre.

Mais il était malin et s'y prit habilement. Il m'expliqua que seuls les idiots ne changent pas d'avis, et que je ne pourrais me rendre compte qu'en essayant. Peut-être avait-il raison ? Et il ajouta : « En plus tu vas gagner, c'est un bon moyen de te faire connaître et de promouvoir le film. » Là, je n'étais pas du tout d'accord. Qu'en savait-il ? C'était bien peu probable que je gagne, il n'y avait que trois mois que j'avais repris l'escalade et je supposais que les autres filles avaient progressé ! Lothar, avec sa suggestion, me mettait quand même dans l'embarras. Je ne savais plus que penser. J'avais, de surcroît, signé deux années plus tôt un manifeste contre la compétition qui avait été publié. Quelle ironie ! L'escalade continuait d'être l'un des rares sports sans compétitions et, en signant cet article, nous avions à cœur de freiner leur apparition. Les dix-neuf signataires étaient tous des grimpeurs de haut niveau, parmi les meilleurs du moment, et je soupçonnais certains de préférer le flou des rumeurs – il paraît qu'untel, etc. – à l'indiscutable rigueur d'un classement. Si le milieu enfante des réputations, la compétition sanctionne : on a des gagnants et des perdants. Les règles de fonctionnement n'allaient plus du tout être les mêmes. Les grimpeurs allaient cesser d'être des marginaux et la course aux sponsors devenir féroce. Plus question de faire parler de soi en réalisant ou en ouvrant des voies extrêmement dures, il allait falloir gagner le jour J. Et en compétition, il n'y a qu'un vainqueur ! Notre première réaction était protectionniste : nous ne voulions pas de compétition pour préserver nos jeux et nos privilèges. Les petits paragraphes sur la surfréquentation des sites en période de compétition ne représentaient à mon avis que de faux prétextes. À force de réfléchir je m'aperçus que mon véritable argument se révélait beaucoup plus intime. J'avais peur de me confronter aux autres et je finis par me dire que si je n'y allais pas je ne serais qu'une dégonflée !

« Allez, ma vieille, ça te fera du bien de te faire secouer les plumes. Les compétitions sont nées. Si tu veux exister en escalade, il faut prendre le train en route ! » Le lendemain, je postai mon bulletin d'inscription. Ce geste me coûta, car il m'engageait. Cinq jours avant l'épreuve, je n'arrivais pas à y croire et pourtant nous étions sur la route, dans le minibus qui nous emmenait à Bardonecchia. C'était fou. Qu'est-ce qui m'avait pris ?

En Italie, l'événement avait l'air d'importance, je n'en revenais pas. Partout des affiches et des calicots annonçaient la compétition qui allait avoir lieu dans cette fameuse vallée de la Paroi des Militaires, entre l'Italie et la France. Quelle organisation ! Des banderoles pour guider les gens, des chapiteaux énormes plantés dans une prairie, des tentes numérotées tout autour, bien alignées, d'énormes camions recouverts de pubs, des bennes à ordures, et même, près du torrent, des douches et des toilettes. De grandes bandes de Scotch rouge, jaune, vert, rayaient la paroi en tous sens. Tout cela m'impressionnait. Je regardais ça d'un air complètement ahuri lorsque soudain je vis une tête passer par la vitre de ma portière, le sourire fendu jusqu'aux oreilles. « Salut Catherine ! Alors, on vient faire un tour ? Il y a longtemps qu'on ne t'avait pas vue ! » J'étais repérée, ce qui eut le don de me mettre de mauvaise humeur. Honte à moi de figurer au milieu de ce grand cirque. Très peu de gens connaissaient mon retour à l'escalade. J'avais évité les contacts, car je n'avais pas très envie de raconter où j'en étais et ce que je faisais. Il tombait donc vraiment mal celui-là ! Un grognement, une ébauche de sourire, et je suppliai Lothar de quitter ces lieux qui m'insupportaient. Tout le long du chemin, je ne croisais que des visages connus. Stupéfiant, malgré mes années d'absence les acteurs restaient les mêmes ! Je ne tenais pas à renouer les fils dans cette ambiance. Le cadre de ma rentrée officielle dans le milieu de l'escalade m'embarrassait. J'envoyai Lothar consulter les tableaux d'affichage ; je ne passais que dans quatre jours. Me voyant très mal mariner dans cette atmosphère, nous décidâmes de partir à côté de Briançon grimper un peu. En effet, je n'avais rien fait depuis plus de trois semaines et sans doute avais-je à nouveau un peu grossi. Sur la falaise du Pouit, je repris mes habitudes d'autrefois avec Pierre. D'un bout à l'autre nous avons grimpé systématiquement toutes les voies, en bon style, c'est-à-dire en libre. Cela nous prit deux jours. Chaque soir je faisais un footing de vingt à trente minutes. Ma théorie : grimper le plus possible jusqu'à épuisement total pendant deux jours, deux jours de repos et, après, la superforme. Pour l'alimentation, diète durant les deux jours de grimpe ; et le jour de repos, le plein d'énergie. La veille de la compétition, nous nous offrîmes un restaurant en Italie. J'adore les pâtes et m'en gavai littéralement avant de finir par une énorme glace. C'était si bon de pouvoir manger sans avoir de problèmes de conscience...

Nous avions repéré un endroit tranquille pour installer notre minibus, car il était hors de question d'aller se parquer entre les tentes. Je me voyais déjà installée dans une jolie clairière d'herbe verte au bord du torrent. Mais à peine le bus s'était-il engagé sur le chemin qu'à la lueur des phares nous découvrîmes avec horreur des tentes, d'énormes camping-cars serrés les uns contre les autres, des gens bivouaquant dans leurs duvets éparpillés partout. J'enrageais de m'être fourrée dans cette situation. Je n'avais qu'une envie : m'échapper. Après avoir tourné une heure dans la nuit, nous finîmes par dénicher un repaire supportable, peut-être moins discret, mais à proximité du torrent, donc de l'eau, indispensable pour moi car j'ai la manie de me laver les cheveux avant d'aller grimper. Mon entourage s'en amuse, mais si je ne le fais pas j'ai l'impression de ne pas bouger correctement, même si plonger la tête dans un torrent à sept heures du matin n'est guère plaisant. À huit heures du matin, je me retrouvai devant la tente d'accueil. À l'annonce de mon nom, tous les yeux rivés sur les paperasses se braquèrent sur moi. Je ne savais plus où me mettre, ils me dévisageaient des pieds à la tête et s'empressaient de me serrer la main tout en me remerciant chaleureusement d'être venue. Confuse, j'ai juste ébauché un sourire et bredouillé quelques mots. Ils enregistrèrent mon inscription, puis m'indiquèrent mes heures de passage et mon numéro. Surprise ! Je n'allais passer que le lendemain. Il y avait tellement peu de filles que les épreuves de qualification avaient été annulées. Je fus déçue car je m'étais préparée psychologiquement. Tant pis, j'allais suivre la compétition des garçons. Il était tôt, et il n'y avait pas encore grand monde. Nous décidâmes de nous promener au pied de la falaise. À peine avions-nous franchi les banderoles derrière lesquelles devaient se tenir les spectateurs que deux membres de l'organisation chargés de la surveillance du site nous tombèrent dessus. Il était interdit de se promener par ici car une compétition était organisée. Merci du renseignement, nous n'étions pas au courant ! Nous leur posâmes des questions sur l'organisation. Depuis quinze jours, ils surveillaient la falaise jour et nuit pour que personne n'emprunte les voies équipées pour l'occasion. Ils nous racontèrent leurs soucis : la falaise étant un peu délitée par endroits, il avait fallu la nettoyer pour éviter les chutes de pierres. Il y avait eu cinq voies ouvertes spécialement pour la manifestation, chacune présentant un certain niveau de difficulté. Filles et garçons partageraient deux voies communes : une en 6 c et une en 7 a. La voie de la finale des garçons était cotée 7 b et celle des filles 7 a. Dans le classement entraient en jeu la vitesse, le style et la difficulté. Après avoir remercié chaudement ces aimables messieurs, nous nous sommes fondus dans la foule des spectateurs qui commençaient à arriver. Je me faisais toute petite, cette ambiance de kermesse ne me mettant pas vraiment à l'aise. Heureusement, je ne m'étais pas déguisée en grimpeur branché, look aux couleurs fluo, et passais donc totalement inaperçue. Munie d'une paire de jumelles, recroquevillée contre un amas de rochers, je me mis en arrière de la foule. Pour cette première compétition internationale, tous les participants avaient le droit d'observer à leur guise la falaise et les autres concurrents en action. Quelle lourde journée d'angoisse... Au fur et à mesure du passage des candidats, je devenais de plus en plus blême, un nœud à l'estomac. À chaque passage d'un nouveau grimpeur, mon cœur accélérait subitement tant pour lui que pour moi car je me mettais à sa place. J'avais de moins en moins envie de concourir, tout ce monde qui regardait, qui applaudissait, qui jugeait ! Quelle horreur ! Allais-je encore savoir grimper avec tout ça ? Certains semblaient paniquer et grimpaient fébrilement, maladroitement. D'autres, au contraire, paraissaient très calmes et sûrs d'eux. Jusqu'à présent, presque tous les garçons avaient réussi à faire le 6 c. J'en ai même vu certains moins forts que moi passer, ce qui me remontait un peu le moral. En revanche, le 7 a représentait une tout autre paire de manches : plusieurs forts grimpeurs cherchèrent longtemps la solution, et beaucoup tombèrent tout en haut. Avec mes jumelles, j'essayais de distinguer les prises, mais rien à faire, c'était trop loin et, de toute façon, étant plus petite je ne pourrais sûrement pas faire les mêmes mouvements. Quel stress ! Et dire que demain ce serait à mon tour de faire le guignol devant ces badauds. Le dernier concurrent de la journée allait passer. Vite ! Il fallait se replier avant les autres, pour ne pas se retrouver dans la cohue et être obligée de parler à toutes les têtes connues !

Enfin, nous voilà loin de tout ça, isolés dans la montagne. Paniquée à l'idée de ce qui m'attendait le lendemain, je restai noyée dans mes pensées durant de longues heures, incapable de réagir, de prendre une quelconque initiative. Au fond, la peur de ne pas être à la hauteur et de perdre me prenait au ventre. Je me sentais ridicule de ressentir cette crainte, mais c'était plus fort que moi. Abandonner maintenant, il n'en était pas question : j'avais pris la décision de participer et ne pas y aller serait vraiment lâche. Gentiment, Lothar, sans un mot, s'affairait autour des casseroles en vue du dîner. J'essayais de me remettre de mes émotions et préparais mes affaires pour affronter l'épreuve. En fait de sac, j'avais juste le baudrier et les chaussures à prendre. D'ailleurs, quel souci ces chaussures ! Elles étaient usées jusqu'à la corde et le maigre petit bout de semelle qui restait se décollait. J'aurais pu grimper avec des chaussures neuves, mais il aurait fallu une période d'accoutumance. À ma grande surprise, la nuit fut bonne. Au matin, pétrifiée, je me présentai à la première épreuve, la vitesse. Comme un zombie, une fois le dossard épinglé, je m'encordai et, au signal, je fonçai plus que je ne grimpai. Sans réfléchir, automatiquement. Je fus tellement surprise d'arriver si vite en haut que j'en oubliai d'arrêter le chronomètre. Tout le monde hurlait. D'après les réactions, j'avais dû faire un bon temps. Épreuve suivante, la difficulté. D'abord le 6 b. Ça n'avait pas l'air sévère. Les filles qui en descendaient étaient dilatées de bonheur : ça avait marché pour elles. Pour cette épreuve, les spectateurs étaient venus par centaines. C'était impressionnant de les voir au pied des voies. Ils suivaient attentivement chaque grimpeur, l'encourageant quand celui-ci donnait des signes de faiblesse, l'applaudissant dès qu'il mousquetonnait un piton. Quand il arrivait au sommet, le délire l'emportait.

Dans deux minutes, ce serait mon tour. J'étais de plus en plus fébrile, je devais me concentrer pour coordonner mes gestes. Quelle horreur, je ne savais plus mettre mon baudrier, je le tournais dans tous les sens. Saloperie de baudrier tout emmêlé, me faire ça à moi ce jour-là, devant tout le monde ! Finalement, je parvins à enfiler les jambes dans le cuissard. Manque de chance : il était à l'envers. Vite, me disais-je, dégage-toi de ce machin-là rapidement avant que tout le monde ne s'en rende compte. Au fond de moi, je jurais tout ce que je savais. Tout en maugréant et en traitant, en mon for intérieur, le monde entier de con, je m'emberlificotai les jambes de plus belle jusqu'à ne plus pouvoir les bouger du tout et finis par m'étaler de tout mon long dans les éboulis ! Bravo. Difficile de faire mieux pour se faire remarquer. Pour ne pas perdre la face, j'adressai une ébauche de sourire aux gens qui m'entouraient, puis je respirai un bon coup pour tenter de me calmer. Sagement assise, je disposai méthodiquement ce maudit appareil sur le sol, posai chaque pied dans les trous prévus à cet effet, et finis par boucler le tout. À l'annonce de mon passage, je me relevai prudemment. Il ne restait plus qu'à m'encorder. Je tremblais tellement que je me retrouvai incapable de faire un nœud correct et c'est finalement la personne en charge de l'assurage des candidats qui me le fit en riant aux éclats. Moi, ça ne me faisait pas rire du tout. Si j'avais pu m'enfoncer deux mètres sous terre ! Le départ donné, je partis comme une flèche. C'était vraiment très facile et mon assureur m'engueulait presque, me criant : « Mais ce n'est pas une course de vitesse ! » Deuxième voie, 6 c. Malgré les avertissements, je grimpai encore trop vite et me trompai d'itinéraire ! Je dus redescendre d'un mètre, mais terminai à l'aise. Restait le 7 a de la finale. Pour le moment, aucune fille n'avait réussi. Les deux voies précédentes m'avaient calmée, me redonnant un peu d'assurance ! C'était mon tour. Je décidai de m'appliquer pour lacer mes chaussures et faire mon nœud d'encordement ; tout marcha à merveille. Top de départ. Je grimpai comme une automate, régulièrement, sans aucune hésitation. À chaque mousquetonnage, la foule était surexcitée. Je passais le bombé où beaucoup étaient tombés. Super, c'était fini. Je fis attention ensuite à bien rester concentrée pour les deux derniers mètres. Et hop, la chaîne de fin de voie. Les gens hurlaient, applaudissaient, et lorsque je redescendis tous les photographes se précipitèrent sur moi. Tout juste s'ils me laissèrent enlever mes chaussures. Celui qui m'avait assuré me dit que j'avais été la plus rapide, garçons et filles confondus. J'étais contente, mais je n'avais qu'une envie : m'en aller. Juste après moi, une Italienne réussit à son tour la voie. Nous étions les deux seules filles à l'avoir faite intégralement. Il me restait à subir encore deux épreuves : la remise des prix et les questions des journalistes qui me sautaient dessus à propos du manifeste des dix-neuf. Ma franchise leur coupa l'herbe sous le pied. Je répétai la phrase de Lothar : « Il n'y a que les imbéciles qui ne changent pas d'avis. » J'étais venue pour me faire une idée des compétitions d'escalade.

Pour cette première, j'avais rempli mon contrat et nous décidâmes de passer l'été en montagne, d'abord à Chamonix, puis dans les Dolomites. J'étais ravie de retourner à mes premières amours. Le 13 juillet, tout contents, nous étions dans le train du Montenvers, petit sac léger sur le dos, prêts à affronter la foule du refuge et les parois de l'Envers-des-Aiguilles. Au matin du 14 juillet, grand beau temps, ciel limpide, pas un nuage. À huit heures, nous quittions tranquillement le refuge à l'assaut de « Pyramide », une voie dont le départ se situe à cinq minutes de là. En très grande forme, mon envie de grimper était débordante. Aussi, tout excitée à la vue de ces parois de granite chauffées au soleil, je fonçais dans la neige pour arriver au plus vite au pied de la paroi. À cinq mètres du rocher, m'arrêtant pour admirer la face et deviner l'itinéraire, Lothar me rejoint et me dit : « Viens, nous allons changer nos chaussures un peu en contrebas. » En moi-même, je pensais : « pourquoi dans la neige alors qu'il y a une belle terrasse rocheuse au soleil, au pied de la paroi ? » Sans me poser plus de questions, je me dirigeai vers la plate-forme. Au moment d'enjamber le trou entre le glacier et le rocher, la neige s'effondra brutalement sous moi et tout se passa alors très vite. Je réalisai que j'avais fait une énorme bêtise : j'avais oublié que j'évoluais sur un glacier ! Tout le monde sait qu'entre le glacier et le rocher il y a une rimaye. C'est en fait un trou qui peut être bouché suivant la saison, ou bien atteindre jusqu'à deux cents mètres de profondeur à certains endroits. Au moment même, je me dis : « J'espère que ce n'est pas trop profond. » Je me voyais déjà en train de remonter mine de rien pour que Lothar ne se doute de rien... Malheureusement, le trou se révéla un abîme et je perdis connaissance. Je ne sais à quel moment, peut-être au moment même de la chute ou quand j'ai senti qu'elle n'en finissait pas. Ce pauvre Lothar se retrouva seul tout d'un coup. Il avait juste entendu un « wouf », car je n'avais pas crié pour qu'il ne s'aperçoive de rien. Toujours est-il qu'il comprit vite. Il appela : pas de réponse. Il regarda au fond : que du noir. Il fallait agir très vite, car un blessé dans une crevasse se refroidit rapidement. Comble de malchance, les cordes se trouvaient dans mon sac à dos, mais heureusement, une cordée se trouvait dans les parages. Ils avaient déjà gravi une longueur et redescendirent en quatrième vitesse pour aider Lothar. Pour lui, cela a dû être le moment le plus angoissant. Il descendait toujours plus bas dans ce trou si noir et j'imagine qu'au fur et à mesure il en découvrait la profondeur. Il devait me croire morte. Ce n'est qu'en atteignant le fond qu'il aperçut, mieux habitué à l'obscurité, une tache rouge dans la neige : mon pantalon. Il ne voyait que mes jambes, le reste de mon corps plongeant tout droit vers un prolongement du trou. Avec beaucoup de difficulté il essaya de me dégager. En me tirant par les jambes, il bdéclencha une douleur telle que je me réveillai. Je crois que s'il n'était pas descendu je me serais endormie pour toujours, engourdie par le froid. Mais ce n'était pas déplaisant, je rêvais et je ne me serais aperçue de rien. La mort n'est finalement peut-être pas si désagréable... Il paraît que j'ai posé plusieurs fois les mêmes questions, mais je me rappelle uniquement des dernières réponses de Lothar qui, inlassablement, me répétait les mêmes choses, et ce sont les mots « Pyramide », « escalade », « Envers-des-Aiguilles » qui me firent reprendre conscience. Maintenant que j'étais réveillée, je commençais à envisager la remontée de la rimaye. Au premier coup d'œil, cela n'avait pas l'air dur ; malgré mes douleurs et le froid, cela semblait envisageable... Mais j'avais réfléchi à tout cela avant d'avoir procédé à l'inventaire de mon corps. Lothar, lui, apparemment, voulait en savoir plus sur mon état. Il me dit que quelqu'un avait appelé les secours et qu'ils n'allaient pas tarder à arriver. L'idée que l'hélicoptère vienne me chercher me soulageait. Habituée dès le début de ma pratique de la montagne à ne pas envisager l'aide de l'hélicoptère, j'en avais complètement oublié l'existence.

Dès lors, je passai en revue mon corps, d'abord les mains : les ongles arrachés et le petit doigt de la main droite bien ouvert, mais pas de problème mécanique grave. Les bras, les coudes, les épaules, tout allait bien. Les jambes bougeaient, donc aucune paralysie, la colonne n'avait peut-être pas été touchée. La cuisse droite me faisait très mal, je tentai de la lever... Ça bougeait, ce n'était pas cassé. Ouf ! Autrement, pas question de poser le pied par terre pendant trois ou quatre mois. Par contre, le bassin me semblait abîmé. Je sentais une immense douleur à chaque fois que j'essayais de pousser sur ma jambe droite pour me redresser un peu. Cela aurait pu être pire, je m'en sortais bien. Pour le bassin, si ce n'était pas déplacé, j'en avais pour trois à quatre semaines. Quel temps gâché bêtement. Je m'en voulais ! S'esquinter de cette façon ! Mon été était fichu et celui de Lothar aussi par-dessus le marché. Mais m'accuser ne changeait rien à l'affaire. C'est vrai que si j'avais suivi ses conseils, je n'en serais pas là. Les douleurs, le froid me ramenèrent à la réalité. À présent que j'avais constaté les dégâts et l'irréversibilité de la chose, la température commençait à me préoccuper sérieusement. Malgré les deux pulls que Lothar m'avait enfilés, je grelottais et ces tremblements déclenchaient des douleurs. Je n'avais qu'une envie, que l'hélicoptère vienne pour m'emmener à l'hôpital. Les secours arrivèrent enfin. Un moustachu est descendu accroché au bout d'une corde, et après de rapides salutations, il a fait lui aussi l'inventaire de mes fractures. Il soupçonnait la colonne. Je rouspétai un peu : « Mais non, ça va. » De toute façon, il ne m'écoutait pas et fit demander un matelas-coquille. Au fond de moi, je priais pour que ma colonne soit intacte. Sinon, cela devenait une tout autre histoire, longue, et les douleurs seraient là à vie. Il demanda aussi une minerve. Là, je trouvais qu'il exagérait franchement. Ça faisait une heure que je bougeais la tête dans tous les sens sans douleur. Mais mon opinion comptait pour du beurre et je me trouvai empaquetée vite fait bien fait. Le câble arriva et je fus enfin hissée au grand jour avec mon sauveteur à moustache. Lothar était encore au fond, et il a dû grelotter de froid encore un bon petit moment avant d'être remonté. Bonheur de retrouver la lumière, le soleil bien chaud. La première chose que je vis en sortant, c'était le beau granite et ses lignes pures. J'avais encore envie de grimper, mais je me sentais vraiment faible. Il y avait beaucoup de monde autour de moi et, parmi eux, des têtes aperçues au refuge la veille. Ils faisaient une drôle de mine : ils avaient dû me croire morte car le câble du treuil indiquait trente-cinq mètres, l'équivalent d'un immeuble de douze étages... À leur air contrit, je sentais qu'ils ne donnaient pas cher de ma peau. Avant de me hisser dans l'hélicoptère, on me proposa une piqûre de morphine. Je refusai car je voulais rester consciente. Dans l'hélicoptère, je pensais à Lothar, tout seul avec deux sacs à porter pour revenir dans la vallée et mort d'inquiétude à mon sujet. Je ne le connaissais pas encore très bien et j'étais très contrariée de lui causer tant de soucis. Tout était arrivé à cause de ma précipitation, de ma négligence. Si seulement je l'avais écouté ! Maintenant, il allait falloir guérir et récupérer vite. Mais que j'avais froid ! Vite qu'on arrive ! L'hélicoptère se posa, deux blouses blanches s'emparèrent de mon brancard et le hissèrent dans une camionnette. L'hôpital enfin, et les moments les plus douloureux de cet accident. Ils m'installèrent sur un chariot roulant très inconfortable, puis on me déshabilla pour m'emmener en salle de radiologie. Chaque mouvement était insupportable. J'avais déjà froid, mais là, ce fut bien pire. Nue sur la table, j'attendais dans l'angoisse les résultats de la radio : je leur avais confié que j'étais kinésithérapeute. Quelques minutes plus tard, le verdict tombait : double fracture du bassin. Je demandai si la colonne était touchée. On me répondit que j'avais une vieille fracture de la première lombaire. Bizarre ! Une fracture à la colonne sans que je m'en sois aperçue ? Après tout, pourquoi pas, avec toutes les chutes que j'avais faites à Fontainebleau, c'était peut-être possible. La cheville gauche qui me faisait mal n'avait rien non plus. Je m'en sortais plutôt bien. Il ne restait plus qu'à me recoudre le crâne et le petit doigt : seize points de suture pour la tête, trois pour le doigt, et hop, au lit en salle de réanimation. Ma température était descendue très bas, 35 °C. Les infirmières, aux petits soins pour moi, me couvraient d'une multitude de couvertures et disposaient des tas de bouillottes chaudes autour de moi. Par contre, j'appréciai moins la perfusion car j'ai horreur des piqûres. Deux ou trois heures plus tard, j'allais déjà beaucoup mieux, ma température était redevenue normale et Lothar arriva. Comme on dit dans la vallée, « il avait reçu ». Son visage était marqué par l'inquiétude et la fatigue, il n'avait pas eu le temps de se changer, son tee-shirt était couvert de sang. Pour le rassurer, je lui parlai de mes fractures et lui dis qu'en principe je serai de nouveau opérationnelle dans un mois. Malgré mon assurance, il semblait douter, et me répondit gentiment en souriant : « On verra. » Un problème se posait : fallait-il appeler mes parents tout de suite ou un peu plus tard, lorsque je serai plus présentable ? J'avais peur qu'ils ne l'apprennent par les journaux et décidai donc de les prévenir moi-même par téléphone. Après avoir parlé du temps, un peu embarrassée pour annoncer la chose, je finis par leur dire que j'avais eu un petit accident en montagne et que je les appelais de l'hôpital, mais que tout allait bien, ce n'était pas grave, etc. Maman voulait venir et j'essayai de lui expliquer que cela ne servirait à rien, que j'étais bien soignée et qu'un ami s'occupait de moi (ils ne connaissaient pas encore Lothar). Je ne réussis à retarder leur visite que d'un jour. Le lendemain, ils débarquèrent, pâles et décomposés. Mon œil au beurre noir et mon visage tout éraflé les frappèrent, mais ils me trouvèrent plutôt en bonne forme : j'étais en train de me battre comme une furie pour manger des petits pois avec une fourchette, allongée au fond de mon lit ! Les petits pois roulaient partout, sauf dans ma bouche. J'étais furieuse car j'avais une faim de loup ! De me voir râler de la sorte les rassura pleinement sur mon état ! Mais cela n'empêcha pas ma mère de tomber malade dès son retour à Paris. C'était le contrecoup. Je suis restée deux semaines à l'hôpital, à la fin desquelles on m'a découvert une fracture de côte supplémentaire. Ces deux semaines se passèrent plutôt bien. J'étais comme un pacha, tout Chamonix défilait dans ma chambre, on venait même me faire la cour ! J'étais gâtée, trop même et j'avais peur de prendre du poids. Tout le monde m'offrait des gâteaux et des bonbons, et je comptais bien reprendre l'escalade au plus vite ! Seul Lothar m'apportait du fromage et des yaourts, suisses s'il vous plaît, pour que je calcifie plus rapidement. Deux jours avant ma sortie, je commençais à béquiller. À dire vrai, je n'écoutais plus tellement les médecins ; ils émettaient tous des avis différents et je préférais me fier à mon expérience de kinésithérapeute pour débuter ma rééducation. C'est après ma sortie de l'hôpital que je pris vraiment conscience des dégâts. Je n'avais plus de force dans les jambes et j'étais raide comme un passe-lacet, incapable d'enfiler des chaussettes ou un pantalon toute seule. Mes jambes ressemblaient à des piquets. Le soir de ma sortie, nous allâmes au restaurant et le calvaire commença. Impossible de tenir assise plus de deux ou trois minutes, une douleur sourde dans le dos m'obligeait, pour le soulager, à appuyer de tout mon poids les coudes sur la table. À la fin du repas, je n'arrivais presque plus à dégager un coude pour pouvoir manger. Lothar me demandait sans arrêt : « Ça va ? » Il était si content que je sois sortie, et dans le même temps malheureux de me voir en si piteux état. Je lui répondais : « Ça va aller mieux. »

Un mois plus tard, je me retrouvais de nouveau sur le rocher. C'était de toute façon la meilleure chose à faire pour me rééduquer. Un bassin cassé : temps de consolidation trois semaines. La reprise de mes activités s'avérait donc possible.

Pour être tout à fait franche, je n'étais pas flambante et mon dos me faisait toujours horriblement mal. Ma volonté n'y changeait rien, il était impossible d'ignorer cette souffrance. Un jour, prenant mon courage à deux mains, j'allai passer une radiologie du dos. J'avais bien une fracture de la colonne vertébrale, mais récente. On pouvait même voir un petit fragment d'os qui se retrouvait à l'avant du corps d'une vertèbre. L'hôpital de Chamonix n'avait franchement pas assuré ! Maintenant, il était trop tard pour y faire quoi que ce soit car j'étais debout depuis plus d'un mois. Je décidai donc de passer directement à la phase de rééducation, c'est-à-dire musculation. Pendant ce temps, des articles sur moi florissaient dans la presse. J'en étais gênée.

Suite à la compétition de Bardonecchia et à la sortie d'*E pericoloso sporgesi*, le film tourné dans les gorges du Verdon, les journalistes, passant outre cet accident, me déclaraient toujours meilleure grimpeuse du monde. Quelle dérision ! Je ne pouvais plus bouger. Vis-à-vis de la gent alpiniste, c'était bien pire : ils me voyaient à l'œuvre ! Mon seul recours était de fuir les falaises trop fréquentées pour m'entraîner seule dans mon coin et tenter de recouvrer peu à peu mes forces, mon assurance, ma souplesse. Cette année-là, mon objectif fut de gagner une autre compétition. J'avais besoin de courir après l'image que les journalistes donnaient de moi. J'étais également gênée par rapport à toutes les photos parues sur moi.

Pourquoi autant ? Pour mon physique ou pour mes capacités ?

Durant cette période, des fabricants de matériel, de vêtements sont venus m'offrir quelques échantillons de leur production : chaussons d'escalade, baudrier... C'était épatant. J'étais ravie, mais un peu étonnée de recevoir autant de cadeaux. « Tu veux un pantalon, tu veux un pull ? » Je répondais : « Non, non, c'est trop. » Ils insistaient, je n'osais plus dire non, j'acceptais maladroitement en me confondant en remerciements. Mais un jour, Lothar, redoutable homme d'affaires ayant lui-même créé une ligne de vêtements, *Lothar's*, au succès retentissant dans les années 1960, est venu avec moi chez l'un de ces fabricants. Lorsque celui-ci a voulu m'offrir une paire de chaussures d'escalade, Lothar lui a demandé : « Vous lui donnez combien pour qu'elle les porte ? » Quelle horreur, je ne savais plus où me mettre, je ne voulais plus le connaître, j'aurais souhaité disparaître ! Moi qui osais à peine accepter ! Visiblement, son interlocuteur ne s'attendait pas vraiment à ça. Il eut un petit mouvement de surprise, mais il se reprit très vite : « Effectivement, nous pouvons étudier ça. » Je n'en croyais ni mes yeux ni mes oreilles. Me donner de l'argent pour que je grimpe avec leurs chaussures ! Cela devait se faire puisqu'il envisageait la chose. Jamais je n'oublierai cette conversation où ils ont parlé d'argent une bonne heure durant. Chacun de son côté tâtait le terrain, sondait l'autre, puis au bout d'un moment, Lothar annonça : « J'estime que ça vaut tant. » Ce jour-là, j'étais vraiment trop surprise pour articuler quoi que ce soit. J'eus juste un brusque mouvement de tête en direction de Lothar. Non, il ne blaguait pas et l'autre ne protestait que mollement. Pour moi, cette discussion devenait extravagante. Je ne comprenais pas encore qu'à chaque article de presse je leur servais de support publicitaire et qu'étant très médiatisée je représentais un bon produit. Malgré tout, j'avais du mal à m'y habituer. Il m'était interdit d'ouvrir la bouche lorsque Lothar négociait un contrat. Une fois, lorsqu'il a annoncé un prix je n'ai pu m'empêcher d'éclater de rire. Une autre fois, outrée, je déclarai : « Mais Lothar, c'est trop ! » J'aime autant vous dire que nos interlocuteurs jubilaient et que le pauvre eut du mal à rattraper le coup. Donc, chacun son rôle. Je choisissais parmi les sponsors éventuels les produits qui me plaisaient et les fabricants avec lesquels j'avais envie de collaborer. Lorsque j'en avais repéré un, j'allais carrément leur proposer de travailler avec eux. Ainsi, je prenais réellement plaisir à les représenter, à leur donner des conseils pour leurs produits. Lothar, lui, ne s'occupait que du côté financier de la chose. Mais c'est un cercle vicieux. Le sponsoring c'est bien joli, cependant après il faut assurer. J'étais devenue une professionnelle de l'escalade. Les sponsors avaient misé sur moi pour des parutions dans la presse, mais celles-ci n'arrivent que si vous restez au meilleur niveau. Or, j'estime qu'à l'époque où tout cela s'est déclenché je ne le méritais pas, ou plus. Après la chute dans la crevasse, je reprenais tout juste l'escalade et mon niveau restait fort médiocre. Je n'étais même pas sûre de pouvoir regrimper et refaire du sport comme avant. Et malgré tout, les gens, les journalistes m'estimaient la meilleure seulement parce que j'avais fait un film et gagné une compétition.

En fait, je profitais de la renommée de Patrick Edlinger. Grâce à lui, les médias et le grand public avaient découvert l'escalade. On m'assimilait à lui mais au féminin. Quelle aubaine pour les journaux ! Une fille qui grimpe à mains nues, pensez donc, et qui plus est, pas trop vilaine, eh oui, ça compte !

Pour assumer tout ça, je me lançai donc à fond dans

l'entraînement afin de retrouver un bon niveau. À nouveau la musculation, l'escalade, la course à pied, les assouplissements. Beaucoup de travail mais pas beaucoup de joies ni de recul, pas d'émotions, pas de lecture, plus de musique : je devenais une machine. Au début, j'étais incapable de grimper des voies qui me servaient d'échauffement avant l'accident. Littéralement pétrifiée, alors que je les avais faites en solo, je ne pouvais grimper un ou deux mètres correctement, je tremblais comme une feuille et avais peur de tomber. Certes, il valait mieux ne pas chuter car j'étais encore fragile. Par moments, je devais même mettre une sangle sur un point d'assurance pour pouvoir attraper le suivant. Tétanisée de peur, je pleurais de désespoir. Un jour, je rencontrai un copain qui avait eu le même genre d'accident trois ans auparavant et qui, depuis, n'avait pu regrimper comme avant. J'étais effondrée, mais je ne voulais pas le croire et j'étais décidée à me battre. Effectivement, petit à petit, cela revenait. Ce n'est que fin mars de l'année suivante que je recommençai à grimper en falaise sans appréhension. Pour le bloc, ce fut plus long, il m'a fallu deux ans, et encore il m'arrive d'avoir peur sur certains rochers. Mais, dans l'ensemble, je ne m'en tirais pas trop mal. Cela a été dur et je crois que mes connaissances en kinésithérapie m'ont aidée à m'en sortir.

L'été suivant, j'allai me présenter à la deuxième compétition internationale de Bardonecchia. J'étais stressée, bien sûr, mais plus déterminée car j'avais des choses à me prouver et à prouver aux autres. J'étais attendue. Bien qu'en assez bonne forme je savais que la partie ne serait pas gagnée d'avance car, cette fois-là, les plus forts grimpeurs, venant du monde entier, seraient présents, et notamment l'Américaine Lynn Hill. J'avais entendu dire qu'elle était la première femme à avoir grimpé un 7 c et qu'elle était une redoutable compétitrice. Cela m'impressionna mais ne me déstabilisa pas trop. Ayant lu le règlement attentivement, je savais que la voie la plus dure ne serait que du 7 a+ et que nous avions droit à trois essais pour la réussir. D'autre part, si nous étions plusieurs à atteindre le haut, nous serions départagées par la vitesse. Du 7 a+, c'était en principe sans problème pour moi. J'allais donc miser sur la vitesse, mon point fort.

De fait, c'est ce qui me permit de gagner. J'étais désolée vis-à-vis de Lynn, elle avait fait les mêmes voies que moi et, sur la dernière, j'étais tombée deux fois avant d'y arriver car je voulais aller trop vite, mais je mis néanmoins beaucoup moins de temps qu'elle. Ce règlement vraiment étrange ne reflétait absolument pas notre pratique de l'escalade libre. Gagner de cette façon ne me rendait pas fière, mais c'était comme ça, je m'étais juste pliée aux règles d'une compétition. Si Lynn n'avait pas lu ce règlement, elle a sûrement dû ressentir une profonde injustice. J'aurais aimé lui parler, mais mon anglais était à l'époque plus que limité et elle ne parlait pas à ce moment-là un mot de français.

De retour de la compétition, je réalisai une voie en 8 a, un degré de difficulté qu'aucune fille n'avait encore jamais gravi. Mais, devenue une professionnelle de l'escalade, il n'était pas toujours facile d'aller grimper quand je voulais. Il me fallait jongler avec les rendez-vous des journalistes de la presse écrite, de la télévision, de la radio, les soirées où il fallait présenter le film, les petits cocktails mondains, les week-ends show-biz où je me devais d'être présente pour défendre mes sponsors et mon image de marque. Sans compter toutes les propositions auxquelles je devais longuement réfléchir avant de m'engager, et qui m'empêchaient de me concentrer sur l'entraînement. Cela me stressait au point que je ne progressais plus. Dès que je me déplaçais en falaise, non seulement j'étais mal dans ma peau, mais, en plus, une flopée de curieux me suivait pour voir la Destivelle en action ! (Ils me suivent toujours, mais cela ne me touche plus !)

Ah, j'oubliais les séances photo ! C'était très sérieux et contraignant : il fallait faire attention aux vêtements, que mes sponsors soient bien mis en valeur et le produit bien présenté, que la marque se voie, et que le tout soit le plus harmonieux possible. Cela voulait dire coudre les marques sur tous les angles visibles, sans ressembler à une femme-sandwich. Ensuite, trouver un beau terrain, de belles structures, et surtout avoir la bonne lumière, sans compter les exigences de certains journaux. Une fois, en plein hiver, ils ont voulu des photos d'été : pas question de reprendre d'anciens clichés, d'une part à cause des sponsors, et d'autre part pour avoir des images inédites. J'ai donc dû me badigeonner d'une crème autobronzante puante. Pour clore le tout, il fallait une lumière d'été. À la première séance, tout nous semblait parfait, sauf les arbres en arrière-plan qui n'avaient plus de feuilles. Il fallut tout recommencer.

Malgré tout, au fond de moi, je me disais : je ne mérite pas ce qui m'arrive. Dès que j'allais grimper quelque part, reportages et photos s'étalaient sur les magazines. Même si j'acceptais ce genre d'exhibition – car cela faisait partie de mon travail –, je me sentais en porte-à-faux vis-à-vis du milieu de l'escalade, donc je me devais de gagner encore des compétitions. Puis, comme je demeurais insatisfaite, jamais contente de moi, je ressentais le besoin de surenchérir, ne serait-ce que pour justifier l'argent qu'on me versait. Je décidai de participer aux compétitions les plus importantes et, pour commencer, celles de Grenoble et de Bercy. À Grenoble, l'affiche qui annonçait l'épreuve exhibait ma photo. Tout le monde m'attendait... Oui, j'étais prête, je voulais gagner.

Malheureusement, dès la première voie, je mis le pied en dehors de la ligne. Éliminée. Tant pis. J'étais un peu déçue, mais je préférais que cela me soit arrivé au début de la compétition plutôt qu'à la fin, ce qui m'aurait fortement déplu.

Pas une seconde les organisateurs n'avaient imaginé que je puisse me faire éliminer au premier tour. Qu'était-il convenu avec leur plus gros partenaire, la ville de Grenoble ? Je ne sais pas. Toujours est-il que le maire les somma d'intervenir afin que je puisse continuer : le public venant en grande partie pour me voir, il fallait « sauver l'événement ».

Suppliants, les organisateurs m'ont donc prié de bien vouloir continuer. « Nous sommes dans le pétrin vis-à-vis de la mairie, il faut que tu continues. Nous changeons le règlement exceptionnellement pour cette fois. » J'étais stupéfiée qu'ils osent me demander ça. Que faisaient-ils de l'éthique du sport ? La pression exercée sur eux devait être forte.

Ils me mettaient dans l'embarras en me demandant de revenir en compétition. Vis-à-vis des autres concurrents, c'était injuste, et je me faisais encore remarquer. D'autre part, plus égoïstement, je n'étais pas absolument certaine qu'ils modifient le règlement jusqu'au bout : et s'il y avait égalité en finale avec une autre concurrente ? Le règlement stipulait qu'un concurrent ne pouvait participer à la superfinale que s'il n'avait pas commis de faute avant l'épreuve de finale. Or, si je continuais, ce n'était pas pour faire de la figuration mais pour essayer de gagner. Leur réponse fut bien évidemment qu'ils ne tiendraient pas compte de cette faute.

Malgré mes hésitations, je finis par accepter. Pour prendre cette décision, je fus très influencée par Jeff Lemoine, le directeur technique de la Fédération française de la montagne et de l'escalade, un copain de longue date. J'avais confiance en lui et les arguments qu'il m'avançait me semblaient honorables. Je décidai donc de continuer pour soutenir mon sport, pour l'avenir des compétitions et des compétiteurs. Grenoble était la première grande compétition internationale organisée en France. Tous les médias s'étaient déplacés : télévisions, radios, presse écrite, il était donc important que tout se déroule au mieux. Mais, pour moi, cette décision se révélait terrible, car le fait d'accepter me coupait définitivement des autres grimpeurs.

Arriva la finale. Égalité. Nous étions trois à avoir fait la voie : Lynn Hill l'Américaine, une Allemande, Andrea Eisenhut, et moi. Les organisateurs m'annoncèrent : « Catherine, nous sommes désolés, mais tu n'as pas le droit de continuer. » « Comment ça ? Vous m'aviez dit que... » L'Allemande, qui avait tout intérêt à m'éliminer, refusait ma participation, au contraire de Lynn qui, je n'en fus pas surprise, souhaitait m'affronter car elle voulait me battre officiellement. Que de mensonges ! Roulée dans la farine, la Destivelle ! Ils s'étaient servis de moi, j'étais vraiment écœurée. À leurs yeux, je n'étais qu'un pion. J'en pleurais de rage. Au lieu d'avoir confiance, j'aurais dû refuser dès le départ. Pourquoi avoir été si faible ? Je ne décolérais pas, estimant aussi que Jeff avait été malhonnête avec moi. C'était à lui de faire respecter le règlement de la compétition et non aux organisateurs. Il ménageait son statut d'officiel ! Lothar me consola ; il trouvait la situation stupide mais voulait éviter l'esclandre. Quand il se bat, il est pourtant capable d'être méchant et d'aller jusqu'au bout. Mais Jeff était son ami, et je pense qu'il ne souhaitait pas le mettre en cause. Son attitude m'arrangeait. Je n'aurais pas aimé qu'il se mêlât de cette histoire.

La compétition de Bercy se tenait trois semaines plus tard. Je n'avais pas envie d'y participer, mais ma conscience professionnelle fit que je m'y rendis. En finale, je grimpai sans prendre le temps de respirer et arrivai aux deux tiers du mur, asphyxiée par une crise d'asthme. Lynn Hill me battit.

En fait, après Grenoble, l'escalade ne représentait plus pour moi qu'un métier, et impliquait que je fasse preuve d'honnêteté vis-à-vis de mes sponsors. Par la suite, j'ai gagné, j'ai perdu. Peu m'importait. L'escalade était devenue une obligation et je n'éprouvais plus de plaisir. Cette trahison à Grenoble avait brisé mes ambitions. Malgré tout, quand je me retrouvais dans ce terrain d'aventure où j'avais évolué gamine, le plaisir revenait. « Regarde-toi, me disais-je, tu ne vas pas faire de la compétition toute ta vie ! » Mon désir profond était de retrouver les rêves d'avant.

Les deux dernières compétitions auxquelles je participai se déroulèrent aux États-Unis, à Snowbird. La première se tint en 1989, dans un endroit étonnant, sur la façade extérieure d'un immense hôtel situé à 3 000 mètres d'altitude qui appartenait à un milliardaire passionné de montagne : Dick Bass. Un collectionneur de sommets, et paraît-il un redoutable homme d'affaires, dont le plus beau record a été de gravir l'Everest à soixante ans. À l'époque, il était le plus âgé à avoir foulé le plus haut sommet du monde. Record enviable, comment serai-je à cet âge-là ?

Cette compétition était née à l'initiative de Jeff Lowe, alpiniste célèbre pour ses ascensions osées en glace, et ses nombreuses ouvertures de voies en escalade artificielle. L'organisation en était remarquable. Dès notre arrivée, on nous remettait en échange de nos formulaires d'inscription le règlement de la compétition et l'emploi du temps des jours à venir. Organisation à l'américaine, efficace et rassurante ! Les compétiteurs étaient reçus comme des rois. Jamais encore je n'avais vu de chambres d'hôtel aussi belles et spacieuses. À travers les baies vitrées s'offrait une vue imprenable sur les montagnes environnantes, et même dans la baignoire j'avais l'impression d'avoir le nez dehors.

L'élite de l'escalade internationale était représentée, y compris Patrick Edlinger. Celui-ci se trouvait dans la même position que moi, un peu jalousé, médiatisé, et donc « l'homme à battre ». Sa présence me mettait du baume au cœur. Toutefois, je trouvais sa position encore plus difficile que la mienne car il n'avait fait que de rares apparitions en compétition et cela devait le stresser énormément.

Les voies étaient tracées sur l'unique façade aveugle de l'immeuble. Étroite et très haute – quinze étages –, elle était affublée de protubérances en forme de nez pour donner un peu de relief. Ce n'était pas franchement laid, en tout cas moins que la hideuse structure bariolée de Grenoble.

Comme à Grenoble, l'événement devait marquer l'avenir des compétitions aux États-Unis, car c'était la première jamais organisée dans ce pays. Les médias étaient là, et de ce fait de gros sponsors soutenaient la compétition.

Je fus éliminée en demi-finale pour avoir posé une main en dehors de la ligne délimitant la voie. À croire que je le faisais exprès ! Mais après cette élimination, je me sentis toute légère. J'allais pour une fois assister à la finale en spectateur.

Le soir même, en compagnie de quelques amis, éliminés eux aussi, je pus profiter pleinement de ce superbe hôtel et veiller un peu plus tard que d'habitude. Nous avons bien ri, la compétition était déjà loin pour nous et les aventures personnelles des trois jours précédents refaisaient surface. Je me trouvais assise à côté de Claudine Trécourt, une bonne grimpeuse de mon gabarit, lorsque soudain la conversation s'engagea sur les batteries de tests que les médecins américains nous avaient fait subir. Y figurait la mesure du pli graisseux, c'est-à-dire la mesure du pli de la peau à l'arrière du bras. Grand éclat de rire : Claudine et moi avions quelque peu fait bouger la moyenne. Nous étions de loin les deux plus rondes du circuit !

Au petit déjeuner, alors que je me gobergeais consciencieusement de Muffins, arriva l'un des organisateurs de la compétition :

— Catherine, tu dois participer à la finale. Pendant la nuit, en étudiant les vidéos, nous nous sommes aperçus que tu as mis la main en dehors de la ligne au-dessus de Mari qui, elle, est qualifiée pour la finale, tu fais donc partie du quota de filles retenues pour la finale et Mari est éliminée.

Sur le coup, je ne les crus pas

— C'est une blague, n'est-ce pas ?

— Si tu veux, tu peux aller parler à Jeff Lowe.

Je n'en croyais pas mes oreilles. Voilà que ce genre de problème m'arrivait encore, à moi ! J'étais complètement abattue. Tout le monde allait croire que les organisateurs avaient manigancé mon retour à la compétition. Le copain de Lynn Hill était bien évidemment furieux, ainsi que beaucoup de ses amis qui voyaient Lynn gagner à coup sûr cette grande compétition américaine.

Jeff Lowe fut catégorique, et balaya toutes les objections : la vidéo ne permettait pas le moindre doute.

Mon plantureux petit déjeuner sur l'estomac, je réclamai un délai pour digérer et à onze heures trente ce fut mon tour. Je gagnai la compétition, mais de cette victoire je garde encore un goût amer. Je suis plus grande que Lynn, ce qui m'avait permis d'attraper du bout des doigts une prise qu'elle ne pouvait atteindre. Les ouvreurs de cette compétition avaient fait fort. Pour cette finale, nous n'avons pu nous élever que de quatre mètres, puis fini : nous ne touchions plus les prises. J'étais honteuse de l'avoir emporté de cette façon. Patrick Edlinger, en revanche, gagna en toute beauté. Lui seul est arrivé au sommet de la voie.

Ce nouvel épisode malheureux me convainquit d'arrêter. Tout cela ne voulait rien dire. J'avais envie d'autre chose, de nouveautés, d'émotions, d'aventures, de liberté, de grands espaces. De m'exprimer librement, d'être autonome, d'avoir des projets à moi, d'être moi, de ne plus me sentir manipulée par les médias, par ma prétendue carrière de sportive professionnelle, par la demande de certains sponsors pour paraître la meilleure.

Ce désir s'était trouvé renforcé par les émotions éprouvées en visitant les sites d'escalade américains. En effet, ce voyage m'avait révélé mes aspirations. Je m'étais rendu compte que j'aimais profondément être dans la nature et les grands espaces, grimper dans des endroits sauvages, dormir dehors, être loin de tout, pouvoir ainsi rêver à une tout autre vie.

J'avais redécouvert ce qu'était être enfin seule confrontée au rocher brut, seule avec ma tête et mes bras, tous les sens forcément en éveil. Le jeu changeait, il fallait grimper tout en assurant sa protection, c'est-à-dire placer soi-même ses points d'assurance. Les yeux qui fouillent chaque recoin, le corps qui exploite chaque position de repos, la tête qui doit étudier toutes les solutions de protection. Un jeu très excitant. Toutes les sensations que j'avais éprouvées lors de mon adolescence m'étaient revenues, intactes. C'était vraiment extraordinaire ! Malheureusement, mon corps ne réagissait plus de la même façon. Je n'étais plus une grimpeuse « naturelle ». Seul mon esprit pouvait gambader librement dans les fissures, les surplombs, les faces. Mon corps, gainé dans un schéma d'escalade sportive, conditionné par la compétition, ne suivait plus. J'étais incapable de m'adapter. Ce jeu qui m'avait attirée au début, je ne savais plus le pratiquer. Grimper des parois en mettant moi-même mes protections m'effrayait. Je n'avais plus confiance en elles, j'avais l'impression de grimper en solo. Quelle horreur ! À chaque mouvement, j'imaginais la chute fatale. Mais quelle joie d'essayer d'apprivoiser le rocher, d'y accorder mon corps.

Cette virée aux États-Unis dont le but était de faire des photos avait dû être un calvaire pour mes compagnons de voyage : Lothar, Gérard Kosciki, le photographe, et sa petite amie Marina. En effet, mon être tout entier se révoltait, il voulait courir, marcher, grimper où bon lui semblait sans arrière-pensées de photos, d'entraînement, de médias... La réalité fut différente car le photographe n'était pas là pour rien. Chaque matin, je devais enfiler mon « déguisement », choisir une voie en fonction de l'esthétisme, de la lumière, de la couleur du rocher. Je le faisais, mais pas vraiment de bonne grâce ! Un jour, dans le Wyoming, nous nous trouvions au pied de Devil's Tower, superbe montagne ! La légende raconte qu'un Indien poursuivi par un ours s'est réfugié au sommet et que l'ours, cherchant à l'atteindre, a strié la roche avec ses griffes, d'où l'aspect étonnant de cette tour. Il avait été décidé, toujours pour les photos, que je devais grimper avec Lothar plusieurs petits bouts de voie. Il fallait d'ailleurs faire vite car nous ne devions rester qu'un seul jour dans ce magnifique site. Nous voilà donc partis à l'assaut d'un superbe dièdre. Une longueur, deux longueurs... Tiens, le sommet n'est pas loin !.. Lothar, qu'en penses-tu ? Si on allait voir ce qu'il y a là-haut. Tu n'as pas envie ? Ça n'a pas l'air très loin, on va faire vite ! Oubliant Gérard, notre pauvre photographe, nous nous engageâmes tête baissée dans les deux dernières longueurs. Malheureusement, l'opération se révéla plus longue que prévue. Je me retrouvai à ramper dans une énorme fissure remplie de fientes d'oiseaux, sur un rocher totalement délité. Pas moyen de mettre une protection ! Quelle peur et quelle puanteur ! J'avançais centimètre par centimètre, tout en pensant à Gérard qui devait s'énerver en nous attendant. Mais cela faisait si longtemps que je n'avais pu éprouver une telle liberté ! Nous finîmes par atteindre, sales, hirsutes et... déçus, ce qui n'était qu'un tas de cailloux ! C'est vrai, j'avais oublié que les sommets ne sont souvent que caillasses ; la seule jouissance, c'est la vue et la satisfaction d'être là. Peut-être m'attendais-je à voir un Indien venu m'accueillir ?

Au parking, l'accueil de Gérard fut plutôt frais. Je le comprenais : il avait programmé beaucoup de mises en scène : moi en grand écart dans la fissure à gauche, moi la tête en bas dans l'angle à droite, moi écartelée au milieu de la paroi. De quoi faire vibrer le public... Pourtant, cette escapade avait été riche en émotions, en sensations. J'avais redécouvert l'improvisation, l'incertitude, le risque, ce qu'on appelle l'aventure. À partir de ce jour-là, je n'eus plus du tout envie de faire des photos. J'éprouvais un vaste ras-le-bol de tout ce cirque. Et surtout l'envie de vivre, pas pour les autres, pas pour les médias, pas pour la reconnaissance, juste grimper, comme avant, de grandes voies, aller voir les sommets, enchaîner les parois les unes après les autres. Mais je n'ai pas pu mettre en œuvre ces désirs immédiatement et j'ai navigué entre deux eaux durant presque une année me demandant ce que diable j'allais faire de ma vie. Cette lutte morale n'a pas été facile, et mon entourage ne m'aidait pas beaucoup.

Un jour, cependant, je décidai de suivre mon instinct. La compétition de Snowbird, l'été suivant, serait pour moi la dernière. J'avais choisi Snowbird parce que j'aime bien ce cadre, et aussi j'allais pouvoir discuter avec Jeff Lowe qui voulait m'inviter en expédition aux tours de Trango, dans le massif du Baltoro, au Pakistan. L'objectif était de gravir, en libre, la voie des Yougoslaves sur la Tour Sans Nom, un sommet culminant à 6 200 mètres. Il m'invitait car David Breashers, alpiniste de renom et cinéaste, souhaitait filmer l'ascension. Avoir un membre d'expédition européen, connu du grand public et de surcroît féminin, lui permettrait de trouver plus facilement des fonds. Pour moi, c'était évidemment une superbe opportunité de découvrir la haute montagne avec des gens aussi expérimentés.

À cette compétition, j'arrivai troisième. Je ne m'attendais guère à l'emporter. Pour moi, tout cela n'avait plus d'importance. Une page se tournait. À partir de ce moment, je me consacrai à ma passion : la montagne, l'escalade naturelle, l'aventure.

3

RETOUR À LA MONTAGNE : LES TOURS DE TRANGO ET LE PILIER BONATTI

« La passion de la montagne, chez un homme, c'est d'abord son enfance en lui qui ne veut pas mourir. »

François Mauriac

En attendant l'expédition au Pakistan prévue un an plus tard, et pour commencer ma nouvelle activité, j'avais décidé de mettre à profit la forme physique acquise durant ces années de compétitions, de réaliser de belles ascensions en libre sur de grandes parois. Grimper, pour moi, représente vraiment un formidable jeu tactique. J'aime le rocher ; je le considère comme un matériau vivant que je dois essayer de maîtriser. Chaque passage a une âme, avec ses secrets et ses ruses, chaque roche possède son caractère propre. Le calcaire est ravagé, plein d'embrouillaminis, de reliefs désordonnés, le gneiss un peu moins, le grès est différent, plus compact, plus rond. Le granite, lui, est simple, franc, sans détours. Sa matière pure, belle, agréable au toucher est aussi accueillante par ses couleurs généralement chaudes, dans les ocres et les rouges. Ses lignes sont souvent pures, élancées. C'est vraiment lui qui a ma préférence. À son contact, mon corps n'est plus vraiment maître de lui-même. Comme attiré par un aimant, il ne pense qu'à s'y confronter, qu'à le toucher, puis à chercher une faille ou une faiblesse pour pouvoir jouer avec lui, le deviner. Quoi que je fasse, quelle que soit la façon dont je grimperai les faces et les pics, le roc sera toujours égal à lui-même, aussi fort, aussi puissant. Je serai toujours obligée de me plier à ses exigences, à ses ruses. Et si je veux rester en vie, je dois m'en méfier et le respecter. Lorsque je pense au rocher en général, c'est une image de granite brillant au soleil qui me vient aussitôt à l'esprit. Je m'imagine alors le toucher, le caresser ! Tout mon corps se trouve réchauffé par la réverbération du soleil sur la roche. Mes mains se promènent doucement sur la surface granuleuse du rocher. Puis mon corps se met à grimper. Tout est facile, les mouvements s'enchaînent aisément, je grimpe, je grimpe... Un vrai rêve ! C'est pour parvenir à ce degré de liberté physique, ce sentiment d'aisance, de légèreté, que j'ai décidé de regrimper en solo car je savais que ce serait la seule façon de revivre cette osmose parfaite avec le rocher, de retrouver cette grimpe instinctive, presque animale. Je ne voulais pas n'importe quoi. Il me fallait en tout premier lieu un pic, une forme presque parfaite, la flèche que les enfants dessinent pour désigner une montagne. Pour moi, les Drus la symbolisaient, cette pointe qui m'avait pourtant déçue lorsque j'en avais fait l'ascension, un jour, à dix-sept ans. Que d'entraînements avais-je subis, que de parois avais-je escaladées pour un jour oser m'y attaquer ! Et quelle déception ! Je n'avais même pas eu le temps de l'apprécier : sept heures d'escalade jusqu'au sommet, et fini, pas une seconde pour savourer. Ce jour-là, je m'étais promis d'y retourner ! J'avais à l'époque escaladé la Directe américaine. Pour le solo que j'envisageais maintenant, cette voie ne me disait rien. Ayant été témoin d'une chute de pierres le jour où je l'avais gravie, je n'avais franchement pas envie de courir un risque inutile. De plus, je voulais quelque chose de plus aérien, de plus esthétique. Le pilier Bonatti me semblait tout désigné. Jamais encore je ne l'avais grimpé, et c'est donc avec grand plaisir, en compagnie d'un ami, que je le gravis la toute première fois afin de vérifier que cette escalade me convenait. Tout était parfait, à part un passage : la fissure des Autrichiens.

Cette fine fissure ne pouvait pas se grimper en libre. J'allais donc devoir me tirer sur les pitons déjà en place pour la franchir. Or, je n'avais qu'à moitié confiance dans ces ancrages vieux et qui avaient une sale tête. En solo, je ne peux avoir confiance qu'en moi-même, en mes mains, en ma force et dans le rocher. Car qui me dit que le piton ne va pas partir lorsqu'il devra supporter mon poids ? Mais ce n'était qu'un détail, le reste me plaisait vraiment. Pour la fissure, je trouverais bien une solution pour ne pas prendre de risque. Nous verrions bien... Je pourrai toujours utiliser un bout de corde pour m'auto-assurer. Je m'y voyais très bien, mais la réalité allait être tout autre chose. Dix ans sans solo ou si peu ! En serais-je capable ? N'allais-je pas rester coincée par la peur dans les passages clés ? Ces dernières années de compétitions d'escalade surprotégée, aseptisée, n'avaient-elles pas enrayé la machine ?

Nous étions en août, je pensais m'y lancer en septembre, période où la montagne est beaucoup moins fréquentée. Les Drus dans un petit coin de la tête, me voilà donc partie m'entraîner. Je n'avais au fond qu'une chose à faire, grimper en granite, grimper en tout-terrain, et surtout garder un niveau correct en escalade. Donc tout ce mois d'été fut consacré à mon entraînement. Là, je pris à nouveau conscience qu'en montagne il ne suffit pas d'être bon techniquement. Pour faire de l'alpinisme, il faut aussi être capable de sentir la montagne et de l'évaluer : choisir un itinéraire sûr, soupeser les risques de chute de pierres ou d'avalanche, prévoir le temps et décider de continuer ou d'abandonner, toutes décisions basées sur le feeling, l'intuition. Mais cette compétence ne naît pas ainsi. Il faut fréquenter la montagne, l'observer, accumuler de l'expérience, écouter ou lire les récits d'aventures d'autres alpinistes. Ainsi, dans une situation nouvelle ou délicate, une histoire, un sentiment de déjà-vu peut aider à prendre rapidement une décision vitale. Cette période de remise en forme me conforta vraiment dans mon désir de revenir à la montagne. J'aimais cette prise de risques calculée.

Septembre : je vivais au rythme des bulletins météorologiques, dont les prévisions n'étaient guère brillantes, voire même épouvantables. Au fil des jours, au fil des semaines, pas d'amélioration. Le Dru devenait de plus en plus blanc, les températures de plus en plus froides, mon moral de plus en plus bas. Et quant à ma motivation... Le 15 octobre, je décidai de jeter l'éponge, de quitter Chamonix et de passer à autre chose.

Durant tout l'hiver qui a suivi, je n'ai pensé qu'aux Drus. J'étais frustrée et le désir me minait. Ce pic devenait une obsession. La nuit, en m'endormant, je le grimpais en imagination, dessinant les mouvements, déformant certains passages. Au fil de ma rêverie, les fissures changeaient peu à peu de forme, devenaient plus larges, plus dures, les vires se remplissaient de neige, les dièdres s'ouvraient, les prises m'échappaient. Un vrai cauchemar.

Au printemps, cette obsession me quitta progressivement. Je me préparais à l'expédition aux tours de Trango avec Jeff Lowe. La voie des Yougoslaves avait été ouverte en 1985 par une équipe de quatre grimpeurs, dans la face sud-est de la Tour Sans Nom. Suivant tout un jeu de fissures jusqu'au sommet, l'itinéraire naturel et logique emprunté par ces ouvreurs se prêtait bien à une escalade libre. Wolfgang Gullich, le célèbre grimpeur allemand, en avait réalisé la première en 1989 et avait annoncé une cotation de 7 b en libre. À cette époque-là, personne ne grimpait en altitude à un tel niveau de difficulté et la magnifique performance de Wolfgang avait été saluée par toute la presse spécialisée. Pour notre projet, la nouveauté serait de filmer l'ascension d'une voie aussi difficile et, qui plus est, par une cordée mixte de deux grimpeurs.

Nous étions neuf, car, outre les grimpeurs acteurs, Jeff Lowe et moi-même, il y avait une équipe de tournage, des alpinistes qui assureraient l'aide technique pour les prises de vue en paroi, et des assistants divers.

David Breashers, le réalisateur, tenait aussi la caméra. L'idée de filmer cette ascension venait de lui. Excellent grimpeur et alpiniste lui-même, il est devenu réalisateur de film de montagne pour faire partager sa passion au grand public. Cette volonté de filmer des alpinistes en conditions extrêmes l'a conduit à monter quatre fois au sommet de l'Everest caméra au poing, la dernière fois pour la réalisation d'un film en IMAX qui retrace la terrible tragédie qui s'y déroula en 1996. Ce film reçut d'ailleurs bon nombre de prix dans les festivals.

David, dans cette équipe d'Américains, se montrait le plus ouvert à la culture européenne. Curieux par nature, il avait appris à apprécier nos fromages et nos vins et, à mon grand plaisir, pour le camp de base, il avait glissé dix kilos de fromages dans ses bagages !

David était assisté d'un deuxième opérateur. Celui-ci ne grimpait pas du tout. Il était chargé de faire des images de paysage, d'animaux, du camp de base, etc. Type un peu étrange, il passait des heures à pratiquer la méditation, les yeux fixes grands ouverts, assis en tailleur devant sa tente, les paumes des mains tournées vers le ciel. La première fois que je le surpris dans cette attitude, il me flanqua vraiment la trouille, je le croyais mort !

Jim, le preneur de son, ne grimpait pas non plus. Comme toutes les personnes que j'ai connues exerçant ce métier, c'était un calme, vivant un peu dans son monde. Le seul reproche que toute l'équipe lui faisait était de ronfler très fort.

Les assistants en paroi, l'Américain Jim Bridwell et le Suisse, Lucien Abbe, avaient deux personnalités si différentes que la cohabitation entre les deux hommes fut délicate. Jim Bridwell, grand athlète aux cheveux poivre et sel, à la moustache tombante, et au visage tanné est une star de l'escalade. Ancien hippie qui eut ses heures de gloire dans les années 1970, il s'est illustré en ouvrant et en libérant de grandes voies au Yosemite, au tout début de l'escalade libre aux USA. À ce moment-là, les friends et les coinceurs n'existaient pas, les grimpeurs s'assuraient à l'aide de pitons qu'ils plantaient souvent en position précaire, en se tenant au rocher d'une seule main. Cette technique, tellement éprouvante, les obligeait à en placer le moins possible et ils prenaient ainsi de grands risques pour grimper en libre. Admiré pour son audace, Jim a régné et règne encore en roi de l'escalade au Yosemite.

Jim, dès le début de notre expédition, sembla ignorer Lucien Abbe. Il faut dire, à sa décharge, qu'ils ne pouvaient pas communiquer entre eux car aucun des deux ne parlait la langue de l'autre. J'étais désolée de cette situation car Lucien s'était déplacé sur ma suggestion. Je l'avais rencontré à l'hôpital de Chamonix, après ma chute dans la crevasse. Il avait lu l'histoire de mon accident dans les journaux et, gentiment, sans me connaître, était venu presque tous les jours de son petit village en Suisse, juste au-dessus de Martigny, m'apporter des fraises de son jardin. Lucien, « Lulu » pour ses amis, est beaucoup moins connu que Jim, mais c'est aussi un grimpeur exceptionnel qui a ouvert de nombreux itinéraires très engagés tout autour de chez lui. J'avais eu l'occasion de le voir à l'œuvre lors d'un tournage de film d'escalade au Mali dont j'étais l'actrice principale. Il s'occupait de la sécurité de l'équipe technique. Son agilité sur la roche m'avait vraiment impressionnée : jamais je n'avais vu quelqu'un se déplacer et installer des cordes fixes aussi rapidement sur un terrain si peu solide. Ce grand barbu, aux yeux rieurs, avait galvanisé, par ses prouesses en paroi, toute l'équipe de tournage. J'avais donc trouvé tout naturel de penser à lui.

Pour Lulu, comme pour moi, c'était la première expédition en Himalaya. Il se sentait un peu inquiet, car il ne savait pas comment son corps réagirait à l'altitude. Mais le voyant débarquer pieds nus à Paris, avec pour tout paquetage une vague besace en toile qui ne compterait même pas comme un bagage, je trouvais qu'il y allait tout de même le cœur léger. Il me fit remarquer que l'équipement de montagne serait fourni par la production du film. C'était vrai, mais en moi-même je pensais qu'il n'allait pas changer souvent de sous-vêtements, d'autant plus que dans son petit sac il avait aussi emmené, en bon Valaisan, du chocolat, de quoi faire une fondue et un morceau de viande des Grisons !

L équipe d'assistants en tout genre était composée de Véronique, la petite amie de David, et de Kim Lowe, le frère de Jeff. Ils étaient chargés de s'occuper de la nourriture et de diriger le cuisinier et ses aides.

Véronique était très autoritaire, mais de compagnie agréable. D'origine parisienne par sa mère, elle parle couramment le français. À ce moment-là, la langue de Shakespeare ne m'était pas du tout familière, et pour être franche je ne comprenais pas tout ce qui se disait autour de moi. Véronique me traduisait de temps à autre.

Kim, lui, s'occupait de l'intendance, notamment des denrées en provenance des États-Unis, pour la plupart les vivres de paroi et les céréales des petits déjeuners. Peu sportif, petit dernier d'une famille de huit enfants avec un père, semble-t-il, assez écrasant par sa culture et son dynamisme, il avait beaucoup de mal à trouver sa voie et, devenu dépressif, s'évadait dans l'alcool. Jeff avait pensé lui rendre service en lui confiant ce job. Malheureusement, livré à lui-même, il commit quelques erreurs comme le choix des céréales : du riz soufflé, rien que du riz soufflé ! Peu de poids pour un grand volume. Au camp de base, il ne se sentait pas à sa place et repartit très vite aux États-Unis.

Dès le début de cette expédition, il y eut quelques problèmes. Jeff Lowe, ayant des soucis financiers liés à l'organisation de sa dernière compétition à Berkeley, n'avait pas pu partir en même temps que nous. Nous dûmes patienter un mois sur place. Ce mois fut d'ailleurs bien employé à préparer le terrain pour pouvoir filmer dès sa venue. Nous avions installé le camp de base avancé, c'est-à-dire monté des tentes et des réchauds au pied de la face, puis nous avions équipé un couloir en cordes fixes pour franchir un socle en haut duquel démarrait la voie des Yougoslaves.

Jeff finit par arriver, mais il venait avec une mauvaise nouvelle : il avait englouti tout le budget destiné au film dans la compétition. Sur ces paroles, David blêmit car, en attendant Jeff, il avait avancé l'argent pour tous les frais inhérents à l'expédition : hôtel, nourriture pour quatorze personnes pendant deux mois, location de véhicules, payes des soixante porteurs, etc. Avec mon pauvre anglais, je ne saisissais pas tout ce qu'ils se disaient, mais il semblait que David était fort mécontent.

Malgré cet important problème d'argent, l'expédition continua, et deux jours seulement après l'arrivée de Jeff, nous remontions les cordes fixées auparavant. Elles étaient installées dans un étroit couloir de glace. Dans cette gorge, nous frôlâmes la catastrophe. À mi-hauteur du couloir, je crus ma dernière heure venue. Nous n'avions pas démarré très tôt et le soleil chauffait le haut des parois surplombant cette gorge, faisant fondre la neige et la glace et libérant des pierres. Celles-ci nous tombaient droit dessus. Nous étions pris au piège comme dans une souricière, sans moyen de repli ou de protection. J'étais terrorisée. David et Jeff, très énervés, passèrent la vitesse supérieure pour se sauver de là. Moi, je ne pouvais les suivre car cette grande frayeur me déclencha une crise d'asthme. Je faisais ce que je pouvais pour avancer, mais les vingt kilos que j'avais sur le dos semblaient me clouer sur place. Je n'en pouvais plus, c'était comme si mon instinct de survie pourtant bien développé m'abandonnait. Fataliste, je priais juste pour être épargnée par les rafales de pierres tout en continuant lentement ma progression. Finalement, il y eut plus de peur que de mal, et nous nous en sommes tirés avec quelques ecchymoses.

À la sortie du couloir, je retrouvai David et Jeff en grande discussion. Il me sembla comprendre que Jeff était mécontent de l'itinéraire d'approche choisi par Jim Bridwell pour atteindre cette épaule, et son nom fut prononcé plusieurs fois accolé à des mots d'argot.

Les trois jours suivants furent donc employés à rééquiper un autre accès et nous étions enfin prêts pour l'ascension quand Jeff tomba malade : fièvre, maux de gorge. Après quatre jours de repos forcé au camp de base, nous étions à nouveau sur l'épaule. Là, nous avions monté assez de vivres pour une bonne semaine. Toute l'équipe se trouvait là, sauf Jim : il avait mal au cou et, surtout, je pense qu'il était démotivé. L'expédition s'étirait un peu en longueur et l'ambiance au sein de notre équipe était tendue. L'argent ayant disparu, chacun se demandait s'il serait payé pour son travail. L'abandon de Jim n'était pas vraiment grave, Lucien était là. Et s'il n'avait pas la renommée de Jim, dans ce terrain il était bien plus fort et plus rapide que nous tous et allait pouvoir s'exprimer en toute liberté.

Nous attaquâmes enfin la voie sur quelques longueurs, Lucien fixant des cordes pour que David puisse filmer du haut, en plongée. L'action nous remonta le moral, mais cela ne dura pas : le mauvais temps nous bloqua une semaine sur l'épaule, une semaine à ne rien faire, juste attendre. Je n'étais pas très optimiste quant au bon déroulement de la suite des opérations, mais gardais le moral. Après tout, sur cette épaule, nous n'étions pas plus mal qu'ailleurs. Nous avions de bonnes tentes, de bons sacs de couchage, de la nourriture, et nous étions à l'abri des chutes de pierres. Que demander de plus ? J'étais très admirative de l'attitude de mes deux compagnons, David et Jeff. Ils ne bronchaient pas : ils attendaient. Notre patience fut récompensée par l'arrivée du beau temps et, contre toute espérance, la paroi sécha en une matinée. En deux longues journées, grimpant alternativement en tête, nous gravîmes la voie. Le premier jour, avec l'aide de Lucien, David filma en plongée. À mi-hauteur de la paroi, nous installâmes un bivouac. Dormir dans une nacelle suspendue dans le vide était une première pour moi. J'étais ravie d'expérimenter ce système de plate-forme pliable : c'est beaucoup plus confortable que les vires en rocher qui ne sont jamais parfaitement plates. Depuis que nous étions en altitude, j'étais réveillée toutes les nuits par une crise d'asthme. Des médecins m'avaient affirmé que j'étais asthmatique, mais je pensais qu'ils déliraient un peu car ce problème respiratoire, à part lors de la compétition de Bercy, ne m'avait jamais gênée. Ce soir-là, pour passer une bonne nuit réparatrice, j'acceptai de prendre le même médicament que Jeff, asthmatique lui aussi. Et, miracle de la médecine, je dormis d'un trait jusqu'au matin.

Le lendemain, le temps sembla se dégrader, des cirrus commençaient à se former à l'horizon, il fallait avancer vite pour avoir une chance de réussir l'ascension. Nous décidâmes de continuer à trois, David, Jeff et moi. Les images seraient moins riches qu'avec notre plan initial incluant Lulu, mais nous n'avions pas le choix : c'était cette solution ou pas de film du tout car, sans le sommet, l'histoire de cette expédition serait sans intérêt pour la télévision américaine. Il fallait revenir en vainqueur ! David filma à partir de la corde statique que le leader fixait au relais.

Nous atteignîmes le sommet à la nuit tombante. Il neigeait. Regroupés tous les trois, dix mètres sous le sommet, David sortit sa caméra pour graver à jamais notre victoire sur la pellicule.

— Ça tourne ! nous dit-il.

Jeff et moi avançâmes alors l'un derrière l'autre vers le sommet. Encore deux mètres et nous allions y être. Mais soudain nous entendîmes David crier sur un ton désespéré.

— Stop, la caméra vient de se coincer !

Grand silence. À deux mètres du sommet ! La réparer semblait improbable et la nuit tombait. Je suggérai alors que l'on prenne des photos avant qu'il ne fasse complètement noir. Et c'est les bras levés en V de victoire que nous immortalisâmes en photo notre succès. Grandiose !

Une fois les photos faites, Jeff appela le camp de base par radio. Autre instant dont je me souviendrai toujours. D'un ton monocorde, il annonça :

— Je suis heureux de vous dire que nous sommes au sommet.

Il était sûrement heureux mais sa joie ne transparaissait pas vraiment dans sa voix !

Le camp de base lui demanda alors ce qu'il pensait du mauvais temps qui s'annonçait pour la nuit.

De la même voix il répondit :

— Eh bien, je pense que nous allons entamer tranquillement notre descente en rappel.

Pour ma part, je n'en menais pas large, cette descente en rappel dans la nuit m'impressionnait. Seule l'attitude de Jeff me tranquillisait. David, lui, semblait nerveux et se lançait dans des causeries à n'en plus finir.

Sa tension, probablement, se relâchait car le film était dans la boîte. Il exprimait enfin sa rancœur vis-à-vis de Jeff qui, lui, n'en était pas le moins du monde perturbé. Il prit la direction des opérations et nous entamâmes tranquillement la descente de cette paroi de mille mètres. Nous n'étions pas très rapides, mais ce petit rythme, comparé à l'allure soutenue que nous avions dû maintenir pour arriver avant la nuit au sommet, nous convenait. J'avais enfin du temps pour regarder tout autour de moi.

À un moment, mon regard fut accroché par des lueurs sur le glacier du Baltoro, comme celles d'une ville qu'on survole. C'était extraordinaire. En tout premier lieu, je pensais à un camp de base, mais ce n'était pas possible : il y en avait trop et surtout, le K 2, deuxième plus haute montagne du monde, qui aurait pu attirer autant de personnes, ne se situait pas là.

Cela me plaisait qu'il y ait du monde pas trop loin. Cette situation me rappelait mes bivouacs à Chamonix, isolée dans mon duvet, loin au-dessus de la cité et de ses lumières. Intriguée tout de même par ce spectacle, je montrai à Jeff tous ces campements sur le glacier. Il resta perplexe, étonné tout comme moi par cette vision étrange. C'est David qui nous révéla l'origine de ces scintillements : des plantes ou de petites bêtes ayant emmagasiné les rayons du soleil diffusaient cette lumière, et tous ces lumignons se reflétaient dans le glacier. « D'ailleurs, nous dit-il, elles ne vont pas tarder à s'éteindre. » Effectivement, l'un des « campements » commençait à s'effacer. Je ne connaissais pas ce phénomène et malgré l'explication cohérente, je me sentis un peu déçue. La vision magique s'évanouit comme neige au soleil, et nous nous retrouvâmes à nouveau seuls dans la nuit.

Pour cette descente, nous n'avons sûrement pas battu des records de vitesse mais l'ambiance était sereine, jamais un mot plus haut que l'autre, pas un instant de panique : chacun faisait ce qu'il avait à faire et surveillait l'autre pour que tout se passe bien.

À notre retour au camp base nous fûmes accueillis par un grand festin. Il émanait de toute l'équipe un sentiment de bien-être. Les tensions et la nervosité affichée par certains semblaient s'être évaporées. L'expédition était un succès et, avec le sentiment du devoir accompli, tous se mirent très rapidement au travail pour plier bagages, chacun ayant hâte de rentrer chez lui. Un mois de camping sur une moraine, c'est long, surtout si l'on ne participe pas à l'ascension. Moi, je n'étais pas pressée, tout m'était nouveau dans cette expédition, et de me trouver dans ces montagnes, si loin de la civilisation, me convenait. J'avais rempli mon contrat aussi avais-je envie, hors de toutes contraintes, de goûter simplement ce temps qui m'était offert.

C'était la première fois que j'abordais de telles difficultés techniques en haute altitude et sur une aussi grande paroi. Cette expérience, grâce à Jeff Lowe et David Breashers, a été riche d'enseignements, notamment l'organisation des bivouacs en paroi, les techniques de remontée sur cordes fixes, le choix du matériel et des vêtements. Mais ce qui m'a le plus impressionnée chez Jeff et David, c'est leur détermination. Il leur en aurait fallu beaucoup pour les faire renoncer au projet. À aucun moment, même durant cette attente sur l'épaule dans le mauvais temps, je ne les ai vus pessimistes. Pour eux, il ne faisait aucun doute qu'il fallait juste être patient. Ils en avaient vu d'autres. J'ai eu, du reste, droit à une multitude de récits, sur leurs ascensions et celles d'autres alpinistes, parfois poignants et qui m'ont stimulée, voire inspirée dans ma vie d'alpiniste. Ils m'ont donné l'envie de gravir de grandes parois, de visiter le Népal, l'Alaska, les Rocheuses, et de vivre d'aussi belles aventures.

De retour en France, je me consacrai à mon projet d'ascension en solo du pilier Bonatti dans les Drus. Au cours de cette expédition au Pakistan, nous n'avions été en contact du rocher que cinq ou six jours et il me fallait retrouver un meilleur niveau. Lorsque je grimpe sans corde, j'ai besoin d'avoir une bonne marge de sécurité pour me sentir bien, sinon la peur gâche mon plaisir.

Durant cette remise en forme, j'expérimentai ce que peut être la pression d'un cinéaste. Au printemps, juste avant de partir au Paskistan, invitée à un festival de films de montagne, je rencontrai Bernard Choquet, le réalisateur du film *Gaspard de la Meije*. Tout excité par mon projet de gravir le pilier Bonatti en solo, il me demanda s'il pourrait filmer cette ascension. Je n'y vis aucun problème et même, pour être tout à fait franche, cela me sembla une très bonne idée. Gagnant ma vie grâce aux sponsors, un film ne pouvait que m'aider à vivre de ma passion.

J'étais à peine rentrée du Pakistan que Bernard me rappela et je lui expliquai qu'il me fallait un peu de temps pour bien sentir le projet. Cela nécessitait une bonne forme physique et morale, que la paroi soit en bonnes conditions et qu'il fasse grand beau.

Plutôt que d'attendre un signal de ma part, il venait aux nouvelles tous les trois jours. Ces appels me devenaient pénibles. J'avais l'impression qu'il me volait une partie de cette aventure que je voulais mener comme bon me semblait, à mon rythme, sans subir de pression. Les compétitions m'en avaient déjà fait assez voir. Pour autant, son insistance ne me fit pas accélérer ma préparation mais gâcha le plaisir que j'y prenais.

Un jour, pourtant, je fus prête. Bernard aussi était fin prêt. Il ne lui restait qu'à effectuer un repérage de l'itinéraire et, la veille de monter au bivouac, il me proposa de l'accompagner dans cette reconnaissance. Hormis le jour de ma chute en crevasse, je n'étais jamais remontée en hélicoptère. J'acceptai malgré ma crainte. Quelle erreur ! Le pilier m'impressionna vraiment : ce n'était plus qu'une paroi noire, abrupte et sans relief, une véritable horreur. Ne reconnaissant plus la voie que j'allais emprunter, je montrai alors à Bernard de façon très approximative une vague ligne sur le fil du pilier. De retour dans la vallée, le doute m'envahit : vu sous cet angle, le pilier me terrorisait et je ne pouvais plus imaginer le grimper en solo. Je regrettai alors amèrement ce tour d'hélicoptère. Il me fallut un bon moment pour me remettre de ces émotions et avoir enfin une vision plus positive de mon projet. J'y arrivai en me recentrant sur le souvenir que j'en avais gardé lors de ma dernière ascension. Je me remémorai chaque passage et tous paraissaient raisonnables. Je me focalisai ainsi jusqu'à effacer les images angoissantes.

Le 10 octobre 1990, j'arrivai au bivouac des Flammes de Pierre. Pour accéder à la base du pilier Bonatti, il y a deux possibilités : soit par le bas en remontant un couloir très exposé aux chutes de pierres, soit par le haut à partir des Flammes de Pierre, en descendant en quelques rappels puis en traversant rapidement le couloir. Je préférais ne pas prendre de risques et choisis l'accès par le haut. Un ami, Pierre d'Alboy, m'avait gentiment proposé de m'accompagner jusqu'à l'attaque de la voie. Je lui en étais reconnaissante car je redoutais la traversée du couloir de glace. Sur des crampons, je n'étais pas encore à mon aise, et une petite corde d'assurance serait bienvenue pour soutenir mon moral.

L'équipe de tournage nous rejoignit au bivouac en hélicoptère. J'aurais bien évidemment préféré être seule, mais Bernard trouvait intéressant de voir dans quel état d'esprit je me trouvais avant cette ascension.

Il avait probablement raison, c'était sûrement bien pour le film. Pourtant, partager mes sentiments avec lui à ce moment-là ne faisait pas partie de mes priorités. Ce n'était pas très professionnel, je le savais, mais je n'arrivais pas à faire un effort. Ces coups de téléphone durant les mois précédents ne m'avaient pas rendu le personnage très sympathique et je ne fus donc pas très loquace. Je me sentais juste parfaitement et égoïstement bien. Mon rêve allait enfin se réaliser. Il n'y avait rien à dire de plus. J'admirai le magnifique coucher de soleil et m'installai tranquillement pour la nuit.

Bernard se sentait déçu. La psychologie le passionnait, et il voulait connaître les motivations profondes qui me poussaient à grimper en solo.

Cette nuit-là, je dormis comme d'habitude, c'est-à-dire très bien. Avant de m'endormir, mes pensées allèrent évidemment à ce qu'allait être le lendemain, mais sans aucune appréhension. J'étais prête. À mon réveil, je ne me pressai pas. En octobre, le pilier ne passe pas au soleil avant midi et les températures matinales sont plutôt fraîches ; je ne tenais pas à avoir froid aux doigts. À dix heures du matin j'étais parée. Il faisait beau. Juste avant mon départ Bernard souhaita faire une dernière interview. Ses questions concernaient la mort. Je n'en croyais pas mes oreilles ! À nouveau il osait me parler de ça et juste à ce moment-là ! Je ne pus que laisser éclater ma colère et le traitai de morbide voyeur. Ce ne sont pas tant ces questions sur la mort, mais plutôt le fait qu'il ait pu penser que j'étais suicidaire qui me rendait furieuse, comme si les six mois de discussions que nous avions eus n'avaient servi à rien. Il ne démordait pas de cette idée qu'il faut être dépressif pour grimper sans corde.

Onze heures, je fus au pied de la voie, enivrée par l'odeur du granite, prête à passer enfin à l'action. Assise sur un bout de rocher émergeant de la glace pour lacer soigneusement mes chaussons d'escalade, j'écoutais et respirais la montagne. Ma colère n'avait absolument pas affecté mon état d'esprit. J'étais restée tout à fait calme et déterminée.

Puis j'attaquai enfin le rocher. Concentrée à bloc, je grimpais comme un automate. Chacun de mes gestes était calculé, pesé. Je ne bougeais pas un pied ou une main sans m'assurer que l'un ou l'autre était parfaitement posé ou solidement agrippé. Rien n'existait plus en dehors du rocher et des gestes de l'escalade. Mon champ de vision était restreint à mes prises de mains et de pieds. Sans aucun problème, je franchis les passages délicats et ma progression sur la paroi s'accélérait.

Parfois, parvenue sur une petite plate-forme, je me disais que je devrais boire un peu mais je n'en éprouvais pas le besoin, alors je continuais. Quel plaisir ! Ce granite était vraiment magnifique ! Bernard devait probablement filmer, mais je ne fus dérangée qu'une fois par le bruit de l'hélicoptère. Le vacarme m'avait obligée à m'arrêter. Pour être sûre de mes prises de pieds, j'ai besoin de sentir et en même temps d'écouter la gomme de mes chaussons d'escalade quand ils se posent sur le rocher. Un petit grain de sable sous les semelles se manifeste par un léger crissement qui signale le risque de dérapage. C'est d'ailleurs à cette occasion que je pris conscience du rôle essentiel de l'ouïe en escalade.

Aux deux tiers de la voie, légèrement sous la fissure des Autrichiens, je décidai de m'arrêter pour me restaurer d'une pâte de fruits et boire, puis je repartis jusqu'au pied de la fissure tant redoutée. Là, je sortis un bout de corde et quelques mousquetons. Ne tenant absolument pas à mettre ma vie en jeu en me tirant sur un seul piton, j'avais décidé de gravir ce passage en m'assurant, la corde me permettant de mousquetonner plusieurs points à la fois.

Je franchis aisément le mur. Les pitons en place étaient parfaits. Les difficultés se trouvaient désormais derrière moi, il ne me restait plus que quelques ressauts à passer pour atteindre le sommet. Pour cette dernière partie, je me suis encore plus réjouie d'être en solo. Encordée avec un compagnon, les dernières longueurs semblent toujours interminables car, malgré un terrain plus facile, nous sommes obligés de nous assurer correctement. Mais là, j'étais libre ! Pas de corde, j'avançais à mon rythme. Sous le sommet, dans une faille horizontale, je trouvai un magnifique quartz posé là, juste à côté de ma main droite. Je commençais à me laisser distraire. Je décidai tout de même de le prendre en souvenir des

Drus et redoublai de vigilance. Encore quelques mètres d'attention. Alors que j'allais atteindre le sommet, des voix me parvinrent. L'équipe de tournage, certainement. Finalement, cela me fit assez plaisir. Débouchant enfin sur la plate-forme sommitale, je découvris les cinéastes, la caméra au poing. Pierre D'Alboy était là, lui aussi, tout excité. Se précipitant sur moi pour m'embrasser, il m'annonça : « Quatre heures ! Tu as mis quatre heures pour grimper le pilier ! Bravo, c'est super. »

Il semblait aussi content que moi qui venais de réaliser mon rêve. Mais le temps passé dans la paroi n'avait pas d'importance, ce n'était pas une course de vitesse. J'avais simplement voulu gravir toute seule ce pilier.

Les autres paraissaient tendus, ils auraient bien aimé recueillir mes impressions. Malheureusement, je ne leur offris que des banalités comme : « Cette escalade a été sans surprise. Tout s'est déroulé comme prévu et à aucun moment je ne me suis fait peur. Je me suis fait plaisir tout du long et c'était magnifique. » Un peu court, certes, et Bernard ne fut pas satisfait. Je me sentis stupide, mais je n'arrivai pas à faire un effort et à raconter autre chose.

Finalement, il décida de reprendre plus tard l'interview, sur le plancher des vaches, et repartit en hélicoptère avec son équipe, tandis que je redescendais en rappel en compagnie de Pierre.

La presse, les jours suivant l'ascension, ne tarit pas d'éloges à mon égard.

« Après quatre heures d'efforts et de défi permanent à la mort, Catherine effectue son ultime traction pour se hisser au sommet du monolithe du Dru. Ses doigts, écorchés, ont doublé de volume. Pour réaliser le même exploit, Walter Bonatti, équipé de trente kilos de matériel, avait souffert pendant six jours. Aujourd'hui, Catherine triomphe sans corde ni pitons, mais en solo pur avec, dans son minuscule sac à dos, une simple bouteille d'eau et un pull. »[1] Ou encore : « En escaladant en six jours l'invulnérable paroi du Dru, Walter Bonatti entrait dans la légende... Destivelle, la Française, pulvérise l'exploit. En quatre heures ! »[2]

C'était profondément injuste envers le célèbre alpiniste italien. Ces deux ascensions n'étaient en rien comparables. En 1956, vaincre le Dru représentait un défi incroyable, presque incompréhensible. Jamais une voie d'une telle difficulté, exigeant une telle continuité dans l'effort et un tel engagement, n'avait encore été gravie. La face ouest du Dru fut conquise pour la première fois par une grosse équipe : Lucien Bérardini, Guido Magnone et leurs compagnons. Pour réussir, ils durent s'y prendre à deux fois. Bonatti, lui, était seul et la voie choisie plus raide, plus continue ; l'accès en était aussi plus délicat et surtout, une fois engagé dans l'ascension, il se révélait presque impossible de revenir en arrière.

Pour gravir ce pilier, il lui fallut maîtriser la technique toute neuve de l'escalade artificielle, c'est-à-dire planter piton après piton pour forcer le passage là où les prises ne permettaient pas de grimper naturellement. Cela impliquait un matériel imposant et lourd (pitons, coins de bois, mousquetons, étriers) et de complexes manœuvres de corde. Et à l'époque on ne savait pas jusqu'où cette technique pouvait être appliquée dans ce granite chamoniard.

De plus, pour un solitaire, les difficultés redoublent : il faut gravir la longueur de corde en plantant ses pitons, avec de délicats autoassurages, puis redescendre en rappel, remonter en déséquipant la paroi pour récupérer pitons et mousquetons, et enfin hisser son sac. Au total, l'itinéraire est parcouru trois fois : deux fois à la montée, une fois à la descente. Pour un pilier de six cents mètres,

1. Jean-François Chaigneau, *Paris Match*, 25 octobre 1990.
2. *Idem.*

cela signifie plusieurs jours en paroi : il faut donc prévoir de quoi bivouaquer et s'alimenter. Bonatti y a passé six jours. On n'avait jamais vu ça, même dans les parois ensoleillées du Yosemite aux États-Unis. Là, c'était aux Drus, sur l'un des sommets des Alpes les plus exposés aux orages et aux tempêtes, à plus de 3 000 mètres d'altitude.

Mon ascension était d'une tout autre nature. Je connaissais la voie et bénéficiais de trente-cinq années de progrès dans la technique de l'escalade. D'autre part, contrairement à ce qu'affirmaient les journalistes, je n'étais pas la première personne à avoir gravi ce pilier en solo. Éric Escoffier et Alain Ghersen, deux excellents grimpeurs des années quatre-vingt, l'avaient déjà fait deux ou trois ans avant moi. Je n'étais que la première fille à réaliser cette ascension en solo.

Je jugeais tous ces commentaires inexacts et injustes. Et c'est à partir de là que j'ai commencé à me dire que j'aimerais moi aussi tenter l'expérience d'ouvrir une voie en solitaire.

4

LES DRUS : UNE PREMIÈRE

« Le réel, dans tous ces efforts, est qu'on monte pour monter. »

Jules Michelet (1798-1874)

Au début, ce ne fut qu'une idée, une sorte de rêve. Puis, en décembre, Jeff Lowe est arrivé en France. Depuis notre expédition aux tours de Trango nous étions devenus très complices. Ses déboires financiers étaient terribles et il venait se changer les idées, profitant d'un voyage payé par une société d'équipements de montagne avec laquelle il allait peut-être travailler. Aux États-Unis, il ne lui restait plus rien si ce n'est la honte d'avoir fait faillite et de devoir de l'argent à beaucoup de gens. Là-bas, ce genre de chose est très mal vu. Il voulait rester quelque temps en Europe pour prendre des contacts avec d'autres entreprises et grimper. Il avait en fait un grand projet : ouvrir une voie en solitaire et en hiver dans la face nord de l'Eiger. Impressionnée, mais stimulée, je lui parlai aussitôt de mon désir similaire. L'idée ne lui parut pas saugrenue et aussitôt nous nous mîmes d'accord pour que chacun aide l'autre à réaliser son but. Mon rêve allait peut-être devenir réalité un jour...

L'ascension de Jeff était prévue pour février 1991, deux mois plus tard. Contrairement à moi, et bien qu'il ne soit jamais allé au pied de l'Eiger, il savait exactement quel itinéraire il voulait ouvrir : une directissime en plein milieu de la face nord, là où personne n'avait jamais osé s'aventurer.

L'« Eigerwand » est une face mythique que tout alpiniste rêve de gravir un jour, un mur lugubre de 1 800 mètres de haut composé de barres de rocher de qualité souvent médiocre et de bandes de neige et de glace. C'est la plus grande face mixte d'Europe, mais aussi la plus meurtrière car les chutes de pierres y sont fréquentes et les tempêtes redoutables, d'où son surnom : « Mordwand », le mur de la mort. Dominant Grindelwald dans l'Oberland bernois, elle a souvent été le théâtre de tragédies suivies en direct par des journalistes en quête de scoops et cela a donné à l'Eiger sa renommée. Les alpinistes du monde entier connaissent ces histoires, et tous ont envie d'aller s'y frotter : soit en répétant une voie, soit en signant un nouvel itinéraire. Jeff voulait ouvrir sa voie juste à droite de l'itinéraire des Japonais, en solitaire et sans piton à expansion. Les Japonais en avaient placé deux cent cinquante. Jeff restait persuadé qu'il avait la capacité technique de se passer de ces artifices en utilisant ses qualités de glaciériste et de grimpeur en technique artificielle. Ce projet semblait, pour bon nombre d'alpinistes, une folie furieuse et tous se demandaient s'il n'était pas devenu, suite à ses déboires financiers, suicidaire.

Mais si Jeff se trouvait au fond d'un gouffre, il ne se sentait absolument pas dépressif. Cette ascension, cela faisait des années qu'il avait envie de la faire. Et la réaliser à ce moment précis représentait pour lui une renaissance. Il allait retrouver de la force en accomplissant ce qu'il savait faire mieux que tout le monde, et ainsi se prouver qu'il était encore capable d'accomplir de belles choses.

Moi, j'avais confiance en lui. J'étais convaincue que s'il avait eu cette idée, c'est qu'il savait où il mettait les pieds. Des faces mixtes délicates, il en avait déjà à son actif et peut-être même de plus redoutables que l'Eiger. Je le savais raisonnable et capable de redescendre si cela se révélait vraiment trop dangereux.

Flairant le drame, un grand magazine américain, *Men's Journal* lui acheta l'exclusivité du reportage. C'était toujours ça de pris ! Deux journalistes alpinistes, connus pour leurs récits de montagne, allaient être dépêchés sur les lieux pour suivre l'événement : David Roberts, qui m'avait déjà interviewée, et Jon Krakauer, photographe et écrivain, devenu célèbre quelques années plus tard avec son livre *Tragédie à l'Everest*[1].

Contre toute attente, durant le mois de janvier, Jeff ne s'entraîna absolument pas. Pour son matériel d'escalade, même chose. Ce n'est qu'au dernier moment qu'il commença à s'en préoccuper et à s'apercevoir qu'il n'avait pratiquement rien. Il devait compter sur moi, car effectivement j'avais tout ce dont il pouvait avoir besoin : réchaud, duvet, sac de bivouac, pitons, mousquetons... Le tout rassemblé dans un énorme sac, nous filâmes le 11 février sur Grindelwald, puis à l'hôtel Kleine Scheidegg situé au pied même de la face nord de l'Eiger, endroit stratégique pour suivre à la longue-vue la progression des alpinistes. Nous devions y retrouver les deux journalistes, soi-disant amis de Jeff, mais qui me donnaient plutôt l'impression, quelle que serait l'is-

1. Presses de la Cité, 1998.

sue de cette ascension, de vouloir faire un coup médiatique, doublé d'une bonne opération financière. Je les trouvais fouineurs, avides de détails qui ne les regardaient pas. Ils posaient des tas de questions à Jeff sur ses soucis financiers, sur ses relations avec sa femme dont il s'était séparé depuis peu, ses rapports avec moi, ses motivations pour cette ascension...

J'avais décidé de rester jusqu'à ce que Jeff parte dans la face, et nous cohabitâmes sept jours qui furent consacrés à faire des photos, en action, sur des petites cascades de glace aux environs de Grindelwald, à préparer plus en détail son équipement et ses vivres. Le matériel manquant fut emprunté à Jon Krakauer : lampe frontale, trousse de secours, paire de poignées autobloquantes. Jon et David trouvaient que pour un alpiniste de ce calibre, Jeff se montrait lamentablement désorganisé. Je m'étonnais aussi qu'il s'engage dans cette terrible face sans connaître son matériel, mais qu'on le fasse remarquer m'agaçait. Je savais Jeff conscient de ce qu'il faisait et, le moment venu, il serait prêt. Après tout, il avait une telle expérience des équipements de montagne qu'il n'avait probablement pas besoin de les essayer.

Le 19 février au matin, avec Krakauer nous l'avons accompagné au pied de la face. Comme tout grimpeur en solo, il était chargé comme une mule car il avait besoin du même équipement qu'une cordée de deux : réchaud, tente, cordes, pitons... Malgré tout, je lui trouvai une énergie étonnante pour faire la trace dans la neige profonde. Ne portant que quelques bricoles pour l'aider, je ne le suivais qu'avec peine !

Au pied de sa voie, nous nous dîmes au revoir. Puis, ne lui étant plus d'aucun secours, et ne tenant pas à attendre à l'hôtel avec les reporters aux aguets, je rentrai aussitôt à Chamonix.

Quatre jours plus tard, prenant de ses nouvelles, j'appris qu'il redescendait : la lame de son piolet s'était desserrée et il avait oublié la petite clef permettant de la refixer. En outre, il avait besoin d'un plus grand choix de coinceurs et de pitons. En possession des pièces manquantes, je repartis donc aussitôt à Grindelwald.

Jeff ne paraissait pas désappointé. Cette incursion dans la face lui permettrait de réajuster son équipement. Deux jours plus tard, je me retirais, le laissant se concentrer pour l'assaut final.

Le lendemain matin, à la première heure, le 23 février, il se lança dans la face. Je n'étais pas là, mais je sus qu'il dut sortir ses tripes pour s'élever centimètre par centimètre. Dans la nuit du 27, la tempête se déchaîna. Toute la nuit les avalanches lui passèrent dessus. Un véritable enfer : ses vêtements, son sac de couchage furent trempés, et toute la nuit il souffrit du froid. Le lendemain, malgré tout, il poursuivit son ascension. Le 1er mars, il attaqua ce qu'il considérait comme le passage clé de sa voie.

Récit de David Roberts : « Suivant Jeff au télescope, je réalisai à quel point la pente de la paroi était forte lorsque je le vis dégager des paquets de neige qui tombèrent d'une dizaine de mètres avant de retomber sur le rocher. À un certain moment, il lui fallut plus d'une heure pour gagner huit mètres. La roche était devenue délitée et pourrie : des tours de pierres, comme des gargouilles, prêtes à se désintégrer sous la pression d'un pas, des pitons qui, au lieu de sonner franchement en les enfonçant, faisaient voler en éclats le calcaire feuilleté et refusaient de tenir. Quand il dut fixer un point de rappel pour descendre récupérer son matériel, son anxiété était à son paroxysme. Pour cet ancrage branlant, il fixa entre eux, par un réseau de sangles répartissant les forces, huit pitons et coinceurs aussi douteux les uns que les autres. »[1]

Pour avoir grimpé avec lui, je sais que dans ces moments de fortes tensions, Jeff est très, très fort. La moindre erreur pouvait arracher son assurage, le projetant dans le vide, mais, dans ces situations-là, il ne stresse pas et sait rester calme et concentré.

Pour ceux qui observaient son ascension, Jeff donnait l'impression de grimper lentement, alors qu'il battait un record de vitesse. En effet, la voie jouxtant celle de Jeff avait demandé aux six Japonais trente jours de dur labeur. Non loin de là, l'itinéraire tchèque fut ouvert en quarante et un jours par quatre alpinistes.

Le neuvième jour, à cent mètres du sommet, Jeff sortit *in extremis* de la face avant la tempête annoncée. Faisant preuve de grande virtuosité et de sang-froid, il ouvrit son itinéraire dans cette terrible face en un total de treize jours !

Les meilleurs alpinistes du moment saluèrent bien évidemment sa superbe performance. Malheureusement, nos magazines de montagne ne purent en faire la une, car il leur fut impossible de se procurer des photos de Jeff en action. Jon refusa de lui en donner ne serait-ce qu'une seule, prétextant qu'il avait signé une exclusivité du reportage. Je trouvai cette attitude lamentable. Il savait que Jeff avait vraiment besoin de rétablir son image dans notre milieu, et vis-à-vis des fabricants de matériel de montagne. Ce n'était tout de même pas une parution dans des magazines spécialisés de montagne en Europe qui allait faire chuter les ventes de *Men's Journal* ! Ce n'était sans doute pas mon affaire, mais je trouvai cela dommage.

Quoi qu'il en soit, Jeff put néanmoins signer quelques contrats avec des entreprises liées à la montagne et, quelques semaines plus tard, il repartit aux États-Unis.

1. *Échappatoires*, éditions Guérin, 2001.

C'était maintenant à mon tour d'entrer en action. Au départ, je pensais aller au Canada dans les Boogaboos, un magnifique massif granitique où j'étais sûre de trouver de très belles lignes à ouvrir. Mais la logistique n'était pas des plus simples...

Ayant les Drus tous les jours sous les yeux, je me surpris à observer la face sud-ouest plus attentivement. Beaucoup de lignes y avaient déjà été tracées, mais j'y découvris un secteur vierge. En l'observant à la longue-vue, j'y discernai un jour une fine fissure coupant à la verticale le grand mur compact inexploré. Il devait être possible de la gravir en artificielle. Cette technique ne m'était pas familière, mais plus je pensais à cette ligne, plus je la trouvais excitante. Puis, apprendre une nouvelle technique me stimulait.

Je décidai donc d'ouvrir ma voie sur les Drus. Ce magnifique pic, pointu à souhait, m'offrait mille mètres de paroi à gravir et avait l'avantage d'être là, à portée de main. L'objectif, pour moi, était de taille, mais j'étais prête à mettre toutes les chances de mon côté : étudier le matériel et les vêtements les plus adaptés, réfléchir à une tactique et, dans un premier temps, aller rejoindre Jeff aux États-Unis pour qu'il m'enseigne les techniques d'escalade artificielle.

Nous allâmes en Utah, dans ces grandes parois de grès rouge que l'on voit dans les westerns. Nous y grimpâmes plusieurs itinéraires déjà ouverts. Mes premières longueurs en tête furent mémorables ! Me hisser sur les ancrages que je plaçais moi-même me terrorisait. De ma vie, je ne pense avoir jamais eu la bouche aussi sèche !

Au bout d'une ou deux semaines, je commençai à avoir une plus grande confiance en mes points de progression. En principe, la règle du jeu est de ne jamais se servir de pitons à expansion. Ceux-ci sont composés d'une cheville métallique qu'on enfonce dans la roche à l'aide d'un tamponnoir et d'une vis qui permet d'y fixer une plaquette trouée afin d'y passer un mousqueton. Ce genre d'ancrage est extrêmement sûr lorsque la roche est solide, mais il présente un énorme défaut : il ne peut s'enlever. Jeff, lui, n'en utilise jamais. À la rigueur, il s'autorise à en planter un ou deux à un relais afin de le renforcer s'il n'est pas possible de faire autrement. Entre ces points, la progression ne s'effectue qu'au moyen d'artifices amovibles : coinceurs, pitons, etc. Comme pour l'escalade libre, il existe une échelle de cotations comprenant cinq niveaux : A 1 jusqu'à A 5. La cotation augmente à mesure que les points de progression deviennent précaires. Ce n'est pas vraiment une escalade physique, mais surtout du bricolage, des astuces, des combines pour fixer des ancrages qui, parfois, ne peuvent supporter que le poids du grimpeur, et encore, à condition de se hisser délicatement. Un jeu épuisant nerveusement. Jamais je n'avais ressenti une telle fatigue après une longueur de trente ou quarante mètres.

Dans ce genre d'ascension, l'organisation prime. Pendu à un point d'ancrage précaire, vous n'avez pas vraiment envie de remuer de façon intempestive. Trouver le bon piton ou le bon coinceur sans contorsion est donc appréciable et un rangement efficace du matériel évite de se faire peur et de perdre du temps. Jeff, avant une ascension, devient maniaque. Il n'hésite pas à prendre du temps pour être sûr que chaque chose se trouve bien à sa place. Par contre, une fois lancé sur le rocher, quelle efficacité ! Naturellement assez désordonnée, je dus faire vraiment beaucoup d'efforts pour ranger correctement mon matériel, mais c'était le prix à payer pour progresser dans cette nouvelle activité.

Pour mon projet, je devais aussi expérimenter le bivouac pendu en paroi. Mon itinéraire allait monter droit dans une immense dalle verticale, haute de plusieurs centaines de mètres. Trouver une plate-forme dans ce pan de roche compact serait impossible et comme je savais que cette ascension me prendrait plusieurs jours, il me fallait trouver un système pour dormir confortablement en paroi. Utiliser un « Portaledge », une plate-forme pliable comme les Américains, là résidait la solution.

Ma première nuit sur cette civière suspendue, je la passai sur Moses Tower, une tour en plein désert. Nous l'installâmes à la sortie d'un énorme toit. Pour le vide, on ne pouvait trouver mieux ! Lorsque j'arrivai au relais, à la lèvre de l'énorme surplomb de douze mètres d'avancée, Jeff me déclara : « Nous allons dormir là. » Je ne pouvais le croire. J'étais vraiment très impressionnée par ce vide qui nous entourait. Je me cramponnais comme une perdue au piton sur lequel j'étais suspendue, me disant : on ne va tout de même pas dormir là ! Ce n'est pas possible ! Il y a sûrement un endroit plus sympathique. Je regardai les pitons que Jeff avait plantés. Imaginer qu'ils puissent ne pas être solidement ancrés me glaçait le sang. Ces sinistres pensés me terrorisèrent encore plus.

Sans s'appesantir sur mon sort, Jeff commença à installer la plate-forme. Désespérément agrippée à mon piton, je l'aidai d'une main, ce qui ne me rendait pas franchement très efficace. Il me fallut un peu de temps pour m'habituer à la situation. Pendant ce temps, Jeff s'arc-boutait en toute confiance sur le relais pour emboîter les tubes formant le cadre du brancard. C'était quand même très pratique à monter. Le concepteur avait fait du bon travail. Les pièces de la nacelle étaient reliées entre elles par un élastique, impossible donc d'en faire tomber un morceau.

La plate-forme installée, je me sentis tout de suite beaucoup mieux. Je pus enfin poser mes pieds et m'asseoir sur quelque chose de plat. Quel confort ! Je compris mieux que les grimpeurs utilisent ce type de matériel dans les grandes voies rocheuses.

De notre plate-forme suspendue, nous assistâmes à un superbe coucher de soleil. Les lumières rasantes nous firent découvrir à perte de vue les canyons découpant en sillons le plateau. La tour sur laquelle nous étions perchés me semblait immensément grande. Rarement j'eus l'impression de voir aussi loin. De tous mes voyages, ce n'est qu'aux États-Unis que j'ai pu contempler des paysages aussi grandioses. Ces canyons, ces vallons, ces cours d'eau asséchés offrent des dégradés de rouge et de vert exceptionnels. Vivre quelques jours dans ce décor magnifique m'enchantait littéralement. Les grands espaces ont toujours un effet stimulant sur moi : ils dopent mon imagination qui bâtit fréquemment à leur contact de grands projets, rêves bien souvent un peu fous...

Je dormis merveilleusement bien. Un bivouac pendu de la sorte demande un minimum d'ordre et d'organisation. Tout le matériel (réchaud, sac de nourriture jusqu'à la cuillère) doit pouvoir s'accrocher si vous ne tenez pas à le voir prendre la voie des airs. Dans le lieu où nous nous trouvions, perdre une gamelle ou toute autre pièce, n'était pas trop contrariant. Nous pouvions y faire face pour une nuit. Mais en montagne, la perte du moindre objet peut devenir dramatique. Par exemple, celle du briquet empêche de faire fondre de la neige et de la glace pour avoir de l'eau. Et sans eau, on ne va pas loin.

Pour les Drus, j'allais utiliser un Portaledge. En revanche, celui que nous avions là était un biplace, un peu trop lourd. John Middendorf allait m'en fabriquer un plus petit avec des tubes aluminium et j'allais me construire une sorte de tente venant s'adapter sur la

1996. Au sommet du « pic sans nom » en Antarctique, juste avant la chute.

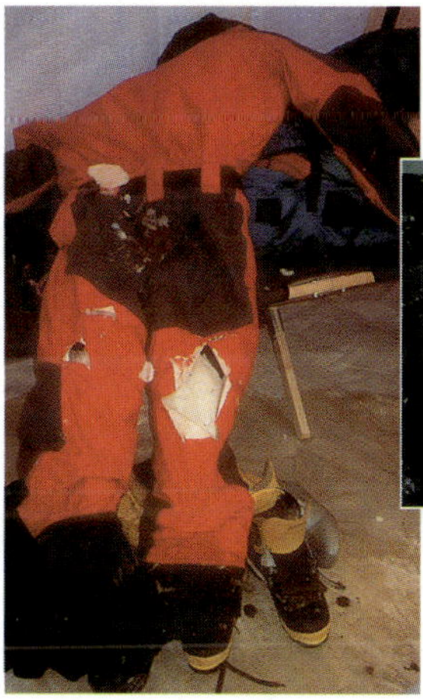

Dans l'attente que la tempête cesse, et que les secours arrivent.

Mes premiers pas
sur les rochers à Fontainebleau.

Avec mes sœurs en Suisse.

1987. Compétition de Grenoble.
En salle d'isolement.

En compagnie de Lynn Hill,
ma rivale préférée !

1986. Deuxième compétition internationale
de Bardonecchia.

1990. Baltoro, Tours de Tango.
Escalade en libre de la voie des Yougoslaves, avec Jeff Lowe, sur la Tour sans nom.

1990. Escalade en solo du pilier Bonatti, dans les Drus.

États-Unis.
Devils's Tower,
dans le Whyoming,
en compagnie
de Lothar.

1990. États-Unis. Bivouac sur Moses Tower, en Utah, avec Jeff Lowe. Entraînement pour les Drus.

1991. Ouverture d'une voie dans les Drus.

Lames de rasoir et becs d'oiseau m'ont permis de gravir 100 mètres de fines fissures.

Mes mains après onze jours de paroi. Bien douloureuses !

Cinquième jour en paroi.
Fin du mauvais temps !

1992. Face nord de l'Eiger,
en hiver et en solitaire.

Dans la fissure de sortie.

1993. Népal. Ma mère m'accompagne
pour la première fois.

Rencontre avec Erik Decamp.

1993. Face nord
des Grandes Jorasses.

1993. Cervin. Heureux d'être de retour dans la vallée après quatre jours d'ascension.

Au pied de la voie Bonatti.

Au sommet du Cervin...

plate-forme pour me protéger des intempéries. Suite à mon expérience en Himalaya, je ne voulais pas de Nylon, je préférais utiliser une toile imperméable et respirante. En effet, sur la Tour sans nom, au Pakistan, nous étions restés bloqués six jours par le mauvais temps à 5 000 mètres d'altitude dans une tente en toile Nylon ; cela avait été insupportable, nous avions eu en permanence trois ou quatre millimètres de givre sur la toile intérieure. Du même coup, les sacs de couchage, les vêtements en étaient recouverts. Mon ascension dans les Drus allait durer plusieurs jours, il était fort possible que je me retrouve dans des conditions peu clémentes et je ne voulais pas perdre le moral à cause de ce genre de désagréments. Également pour garder ma bonne humeur, je désirais une toile de couleur vive : rouge ou jaune. Il n'y a rien de plus déprimant que de se retrouver coincé dans un abri verdâtre ou grisâtre.

À la fin du séjour, nous ouvrîmes une voie dans le Parc national de Zion, dans le Nevada. Jeff connaissait bien les lieux et les grimpeurs locaux pour y avoir séjourné plusieurs fois. Il y avait déjà tracé différents itinéraires. Pour l'occasion, suivant ses conseils, je décidai de mettre des chaussures conçues spécialement pour l'artificielle : semelles rigides, petit talon à l'arrière du pied, bout renforcé à l'avant pour tenir plus confortablement sur les étriers. Ces chaussures sont effectivement très adaptées pour ce type d'usage mais sur le rocher, c'est un véritable cauchemar. Je pestai tout le long de la voie. Parfois, nous y rencontrions des sections grimpables en escalade libre, mais ces semelles lisses me rendaient tout à fait incapable de m'y lancer, elles me donnaient l'impression d'avoir des sabots aux pieds. Quelle frustration pour une grimpeuse de libre que d'être obligée d'avancer en plantant des clous alors qu'il aurait été plus rapide de grimper naturellement ! Quoi qu'il en soit, sortie de là, je maîtrisais l'art de planter tout ce qui pouvait servir à m'élever dans une paroi et savais que je ne devais pas utiliser ces chaussures dans les Drus ! Comme aux tours de Trango, j'allais me servir de chaussons d'escalade classiques, molletonnés pour ne pas avoir froid aux pieds.

De retour en France, forte de mes nouvelles expériences, je me consacrai à la préparation de l'ascension. C'est toujours une période très excitante. Chaque détail est pensé et repensé pour mettre toutes les chances de réussite de son côté. Je ne suis pas du genre à crier mes projets sur tous les toits, craignant ensuite de partir malgré moi, poussée par les encouragements ou les questions du genre : « Alors, c'est pour quand ? » J'ai peur que mon orgueil ne me joue des tours. Pour les Drus, il fallut tout de même que je demande quelques avis ou conseils auprès de personnes expérimentées. Pour commencer, j'allai voir André Finot, chef du bureau d'étude de Lafuma à l'époque. Homme d'une soixantaine d'années, sportif, les yeux vifs, il avait trente ans de métier dans les tentes et les sacs à dos. Il n'avait pas besoin qu'on lui explique deux fois les choses pour comprendre.

Avec lui, je mis au point ma tente de paroi, rouge, car il n'avait que ce tissu-là en stock. Il partageait mon avis pour l'utilisation de couleurs chaudes ; malheureusement, dans le commerce personne n'en veut, les gens préfèrent une teinte sombre pour mieux dormir.

Pour permettre de cuisiner à l'intérieur, nous créâmes des ventilations à la base et au sommet de la tente. Dans un petit abri comme celui-là, sans circulation d'air, on se heurte à plusieurs problèmes : par manque d'oxygène, le réchaud ne marche pas très bien et le risque de mourir asphyxié existe ; de plus, les vapeurs d'eau s'accumulent sur la toile et tout devient humide, même avec une toile respirante.

Pour hisser mon matériel le long de la paroi, j'avais besoin d'un sac de hissage : une sorte de sac marin, d'une toile très résistante à l'abrasion, tout au long duquel sont cousues des sangles plates afin de bien arrimer la charge en bout de corde et d'éviter qu'elle ne se bloque sur chaque relief. Ces sacs ne sont pas fréquemment utilisés en France, ils ne sont d'ailleurs pas commercialisés. Aux États-Unis c'est une denrée courante bien que je les trouve trop lourds. Pour les Drus, j'allais avoir du matériel, mais tout de même pas de quoi remplir ces énormes volumes où je pourrais presque entrer tout entière ! André en avait déjà cousu pour d'autres alpinistes français avec un litrage tout à fait raisonnable et je n'avais qu'une ou deux modifications à y apporter pour qu'ils soient parfaits.

Pour mes vêtements, j'allais utiliser à peu près le même principe que celui que j'avais adopté aux tours de Trango. Le meilleur isolant, c'est encore l'air. Les alpinistes l'ont compris depuis longtemps : pour avoir un bon matelas d'air, on multiplie les couches, ce qui permet de s'adapter aux différents froids. Chaque couche est en fibres synthétiques, qui isolent mieux du froid que les matières naturelles comme le coton et la laine. En effet, le coton porté à même la peau absorbe et garde l'humidité due à la transpiration, alors que les fibres creuses (Coolmax, Thermax...) évacuent l'humidité vers l'extérieur par capillarité. L'évaporation ou les mouvements de convection dans l'atmosphère se chargent du reste. Le vêtement absorbe d'autant mieux la transpiration qu'il colle à la peau. Nous préférons donc que les premières couches comportent aussi des fibres élastiques pour mouler parfaitement le corps et ne pas entraver les mouvements.

Lafuma se lançait cette année-là dans le vêtement, mais n'était pas encore à même de me fournir exactement ce que je voulais. J'allai donc faire mes courses au Vieux Campeur.

Pour la couche extérieure, c'est Lafuma qui la réalisa suivant mes dessins. Il fallait qu'elle soit étanche, respirante et adaptée aux mouvements. La veste comportait des emmanchures près du corps, deux poches de poitrine accessibles de l'extérieur pour y caser barres énergétiques, couteau, gants, une poche accessible de l'intérieur pour les choses fragiles, un col remontant assez haut, doublé de fourrure polaire pour le contact du cou. Ce col pouvait se fermer à l'aide d'un élastique à l'arrière pour éviter que la neige ou la pluie ne s'y engouffre. Une capuche amovible épousait mouvements de la tête et s'adaptait au port du casque. Pas de poches basses, car placées sous le baudrier elles auraient été inutilisables. Pour le pantalon, les genoux étaient préformés et renforcés. Des renforts existaient aussi aux fesses. Évidemment, ce pantalon s'ouvrait complètement pour que je puisse l'enfiler dans n'importe quelle situation.

Question vêtements j'étais parée. Je n'avais plus qu'à y ajouter le joker pour la chaleur : la petite veste en duvet.

Pensant attaquer les Drus en mai ou juin, j'eus quelques hésitations sur le choix de mon sac de couchage. Je choisis finalement la formule lourde en fibres synthétiques car, à cette période de l'année, s'il faisait mauvais temps j'allais recevoir essentiellement de la pluie. Le duvet mouillé perd ses qualités calorifiques et ne sèche pas facilement contrairement à un couchage synthétique.

Pour la quincaillerie (pitons, coinceurs, friends, copper heads, etc.), je décidai d'utiliser plus ou moins ce que j'avais dans le désert de l'Utah avec Jeff Lowe. Tout mon matériel, à quelques exceptions près, avait été fabriqué aux États-Unis. Le matériel américain était, me semblait-il, plutôt mieux fini, plus solide et mieux adapté pour ce type d'ascension. Par exemple, les pitons pour une même forme et même longueur pouvaient avoir plusieurs épaisseurs de lames. En Europe, ce choix n'existait pas. Les « friends », sortes de pinces à sucre que l'on place dans les fissures, étaient eux aussi plus pratiques et plus stables une fois installés que ceux fabriqués en France ou en Italie. Je ne pris que cinq pitons à expansion.

Je m'adressai à Michel Béal pour les cordes. À seize ans, il m'avait offert ma première corde ! Il me suggéra tout de suite d'utiliser une corde comportant une gaine tressée plus serrée, et donc un peu plus résistante à l'abrasion. Il n'en fabrique pas pour la commercialisation car ces cordes, rigides, ne sont pas très agréables à manier. Mais pour ce projet en solitaire, ce serait parfait. Une corde peu souple ferait moins de nœuds.

Lors de cette ascension, à l'inverse du pilier Bonatti, il me fallait un système d'autoassurage. Mon choix se porta aussi sur un engin américain, pas tout à fait idéal car il n'autorisait pas la chute tête en bas ; si cela arrivait, il ne bloquait plus rien du tout, mais c'était mieux que d'utiliser un système de nœuds autobloquants. À vrai dire, il n'existait rien de plus pratique. Pour pallier cet inconvénient, j'envisageai de faire un nœud sur ma corde tous les cinq mètres, ainsi la hauteur de ma chute, si mes ancrages tenaient, n'excéderait pas ces cinq mètres.

Les gens me demandent souvent comment je fais, lorsque je passe une nuit en paroi pour aller soulager ma vessie. C'est une bonne question car, en pleine nuit ou dans la tempête, alors qu'on est confortablement installé dans une nacelle accrochée au-dessus d'un abîme de plusieurs centaines de mètres, ce n'est ni pratique ni agréable. En fait, j'utilise un petit récipient hermétique comme pot de chambre ainsi que le faisaient il n'y a pas si longtemps nos grands-parents. Que de fois me suis-je félicitée d'avoir pensé à emporter ce merveilleux petit pot ! Pour déféquer, en revanche, il n'y a pas d'autre choix que l'extérieur. Mieux vaut donc le faire dans la journée.

Tout en réglant les détails matériels, je devais aussi mettre au point ma tactique. L'eau allait être une des choses les plus importantes. C'était presque la clef pour réussir. Il était hors de question de porter de l'eau pour huit ou neuf jours, car il faut bien un minimum de deux litres et demi de liquide par jour pour se réhydrater et manger. La meilleure solution était bien sûr de faire fondre la neige ou la glace récoltée sur les vires. Pour être sûre d'en trouver, le printemps me semblait être la meilleure période. J'avais une autre bonne raison d'attaquer à ce moment-là : plus tard, en plein été, la probabilité d'orages est plus importante et les Drus sont connus pour attirer la foudre.

Pour le cas où je me retrouverais prise dans un orage, j'allai demander conseil auprès des gendarmes chargés des secours en montagne. Ils me dirent que je devais absolument éviter de pendre ma tente dans une fissure car l'eau suit ces failles humides et conduit l'électricité. De plus, il fallait faire attention à rester sèche dans ma tente. Autre point important : ne pas garder sur moi le matériel métallique et le pendre le plus loin possible de moi.

Afin de connaître les prévisions météorologiques et anticiper ainsi la venue d'un orage, je pris un talkie-walkie et restait en contact avec la vallée, c'est-à-dire Lothar et son ami Schmello qui habitait Chamonix à un emplacement stratégique : ses fenêtres donnaient sur les Drus.

Au fur et à mesure que je sollicitais l'aide de ces personnes compétentes, je prenais confiance en moi. À la veille de mon départ, je ne voyais aucune raison de ne pas réussir. Être patiente était la dernière chose importante à se rappeler tout au long de cette ascension. Me connaissant, Jeff m'avait mise en garde là-dessus, me disant qu'il me serait impossible d'aller vite dans cette paroi.

Mi-mai, j'étais prête à partir et j'avais à ce moment-là une idée assez précise de l'itinéraire à suivre et des difficultés qui m'attendaient. Ma voie allait présenter trois sections. La partie du bas, je l'imaginais relativement facile car la roche y était fracturée ; celle du milieu serait probablement le passage clef de la voie car la paroi serait raide et très lisse. Cette section démarrait à environ deux cents mètres du pied de la voie et se terminait à la base d'une immense arche trois cents mètres plus haut. Une fine fissure verticale me permettrait de m'y élever, mais je n'étais pas absolument certaine que cette petite faille soit encore présente dans la partie supérieure.

La dernière et troisième section ne serait pas trop problématique car, à nouveau, il y avait du relief. Par contre, je ne savais pas si ma voie allait sortir à gauche ou à droite de la grande arche. Ma décision dépendrait de la qualité du rocher.

J'attendis un mois et demi, période durant laquelle le temps fut épouvantable, sans le moindre anticyclone en vue.

En professionnelle de l'escalade, j'en profitai pour organiser le suivi photographique et filmique de cette ascension. Ayant confiance en moi, je pouvais maintenant en parler. Cette fois, tirant les leçons de mon ascension en solo du pilier Bonatti et de celle de Jeff sur l'Eiger, je tenais à choisir moi-même les protagonistes du reportage : des amis connaissant la montagne. Mais, avant tout, il fallait trouver de l'argent pour payer l'hélicoptère qui leur donnerait les moyens de réaliser ce travail. Dany Sebright, directrice de la très belle marque de vêtements « Poivre Blanc » qu'elle avait créée, me soutenait financièrement dans mes projets, cependant cela ne me permettait pas de couvrir tous les frais d'un tournage. Peut-être aurait-elle accepté d'augmenter la somme, mais ne sachant pas quelles retombées elle pourrait en retirer, je n'osai pas le lui demander. Comme en escalade nos mains sont soumises à rude épreuve, j'eus d'abord l'idée de contacter un laboratoire pharmaceutique, fabricant de crèmes pour les mains. Plutôt que de leur demander de l'argent en échange d'un sticker apposé sur mes vêtements, j'utilisai mon diplôme de kinésithérapeute pour proposer des conférences sur la traumatologie de la main en escalade. Ils trouvèrent l'idée excellente et me donnèrent immédiatement un peu d'argent. Ce n'était pas une somme énorme, mais m'y prenant à la dernière minute, je ne pouvais espérer décrocher plus. Ensuite, comme j'aime bien porter des vêtements élastiques, je contactai le département Lycra chez Dupont de Nemours. Une demi-heure de rencontre et j'obtins encore une petite partie du budget : l'échange était le sticker sur mes vêtements et une photo. Puis, sur ma lancée, j'appelai Volvic dont j'avais déjà rencontré le directeur commercial. Celui-ci, un peu ennuyé que mon ascension se déroule sur du rocher hésita – l'univers minéral ne reflétant pas du tout leur image – il finit quand même par accepter. Il appréciait la montagne et il m'aimait bien : je repartis avec des autocollants. La chance était avec moi, j'avais presque bouclé mon budget.

Puis, quelques jours plus tard, Gérard Bourgoin me téléphona. C'était le plus gros producteur de poulets en France, et je l'avais connu lors d'un dîner chez le père

Jaouen, bien connu pour son action auprès des jeunes drogués en voie de guérison. Pour quelle raison avais-je atterri là, je ne m'en souviens plus. Dans cette petite réception d'une vingtaine de personnes, je n'étais pas très à mon aise parmi ces marginaux. Aussi, très vite, j'essayai de dénicher une âme sœur à qui parler. J'aperçus alors un grand gaillard en costume cravate qui semblait encore plus perdu que moi. Il vit que je me trouvais dans la même situation que lui et vint à ma rencontre. Gérard Bourgoin était là pour offrir deux cents kilos de poulets à l'association.

Par la suite, nous nous revîmes plusieurs fois. Lors de ses déplacements sur Paris, il m'appelait parfois pour m'inviter à dîner. Mes récits de montagne le fascinaient et le faisaient s'échapper de son univers ; quant à moi, je trouvais son franc-parler amusant, et ses histoires de business plutôt intéressantes. Un jour, nous promenant dans le quartier des Halles, il m'avait fait découvrir les endroits qu'il avait connus dans les années soixante alors qu'il était commis boucher. À l'âge de quinze ans, il livrait les volailles de son père, petit éleveur dans l'Yonne. Il me montra le café où les livreurs bouchers se retrouvaient à quatre heures du matin pour boire leur petit noir. Le troquet n'avait pas beaucoup changé. Une rue plus loin, un gars le héla pour lui commander une palette (sous-entendu une palette de poulets). Voilà trente ans qu'ils ne s'étaient vus ; l'un avait transformé l'élevage de son père en une entreprise qui pesait à l'époque quatre milliards de francs, l'autre n'avait pas évolué mais leur relation restait la même. Gérard, malgré sa réussite, demeurait le même vis-à-vis de ses anciens compagnons. J'étais touchée par son comportement. Lorsqu'il me téléphona ce jour-là, c'était juste pour me dire un petit bonjour. Je lui racontai tout naturellement mon projet.

— Lors de ta grimpette, me dit-il, accepterais-tu de porter sur toi une marque de poulets ? Nous lançons une nouvelle marque « Chaillotine » et nous avons besoin de jumeler la campagne de publicité institutionnelle avec une opération de sponsoring pour personnaliser le slogan et stimuler les retombées presse.

Surprise, je lui répondis avec une pointe d'hésitation :

— Je n'y avais pas pensé, mais pourquoi pas... Je vais y réfléchir.

— C'est comme si c'était fait : je paierai la note d'hélicoptère.

Et il raccrocha. Je mis un moment à me remettre de cette conversation.

Sa proposition était certes généreuse, mais m'associer à une marque de poulets me mettait mal à l'aise. D'autre part, j'hésitais à mélanger l'amitié et les affaires. Avant de prendre une décision définitive, je résolus d'en parler à quelques amis. Eux aussi trouvèrent l'association un peu étrange, mais ils me firent remarquer que personne ne connaissant cette marque, il y avait peu de risque qu'on me prenne pour une volaille ! D'autant plus qu'il ne s'agissait pas de poulets à proprement parler, mais de plats cuisinés. J'acceptai donc son offre et contactai mes amis, Sylvie Chappaz, photographe, Gilles et Nelly Sourice, producteurs, pour leur annoncer la nouvelle.

Tout était maintenant bien organisé, il ne restait plus qu'à attendre le beau temps. Les jours suivants furent employés à acheminer une partie de mon matériel sur la moraine au pied de la face ouest des Drus. L'attaque se situant beaucoup plus bas que celle du pilier Bonatti, j'avais décidé d'atteindre le pied de ma voie en remontant le couloir réputé dangereux pour ses chutes de pierres et comptais sur la neige fraîche pour ralentir ou même stopper les projectiles.

Le 23 juin, le bulletin météo, excellent, annonçait une semaine de grand beau sans perturbation particulière en vue. Avec mes amis, je montai dormir au pied des Drus. Quatre d'entre eux, Michel Pellé, Lothar, David Ravanel et Dédé Rhem allaient m'aider au petit matin à monter mon matériel au pied de la voie en portant chacun un sac relativement léger pour avancer le plus vite possible dans cet abominable couloir. Tandis que Gilles Sourice allait filmer, Sylvie Chappaz prendrait les photos. Il régna ce soir-là au pied des Drus comme une ambiance de fête. Tous avaient l'air très heureux d'être là. En tout cas, moi je l'étais. Je partais enfin ! Cette ascension je la voyais comme un grand voyage, me disant qu'en y mettant le temps, j'y arriverais.

Le 24 juin à quatre heures du matin nous remontions le couloir. La qualité de la neige était idéale, ni trop dure, ni trop molle, et mon moral était au plus haut. Je me sentais forte et déterminée.

À cinq heures, mes amis me laissèrent seule avec mes sacs au pied du rocher. Je fus assez émue de les voir partir, mais je me repris très vite. J'éprouvais même un sentiment de libération : enfin, j'y étais. Cela devenait réalité. Le temps de m'organiser un peu et je me lançai dans la première longueur. À partir de ce moment, je me sentis comme un robot, d'une extrême précision. Rien n'existait en dehors du rocher, des points d'assurance et de la technique d'escalade. Cette première longueur était parfaite pour me chauffer et roder gentiment ma technique d'autoassurance.

Mon premier relais fut excellent. Plutôt que de hisser le matériel tout de suite, je décidai de continuer ma progression et de choisir plus tard l'emplacement de bivouac. Je pensais, en fait, l'installer au pied de la paroi, là où étaient déjà posés tous mes sacs.

Au-dessus de ce relais, la paroi se révéla absolument lisse, donc impossible à grimper. Une traversée de quinze mètres sur la gauche s'imposait pour rejoindre un bon système de fissures. Mais le pan de rocher que je devais traverser se trouvait être lisse lui aussi, à l'exception d'une marche horizontale assez étroite coupant le mur dans toute sa largeur. J'étais assez perplexe quant à la façon de franchir ce passage dépourvu de toute faille permettant de poser la moindre protection naturelle. À mon grand regret, je ne voyais d'autre solution que de placer un piton à expansion au milieu de la traversée pour m'assurer, car il était hors de question de prendre des risques inutiles. Les mains agrippées à la petite vire, je m'élançai donc dans la traversée, pensant pouvoir aisément franchir six ou sept mètres de mur, puis sortir tranquillement mes étriers pour planter un spit.

Mais c'était compter sans le poids du matériel, car très rapidement, après seulement trois ou quatre mètres de progression, je me sentis brutalement à bout de forces. Pendue par les mains à la marche, j'avais la désagréable sensation que mes doigts s'ouvraient. Fébrile, je pédalai désespérément sur la paroi, les pointes de pieds à la recherche de petites prises afin de soulager mes mains de tout ce poids qui pesait sur elles, mais en vain. Il me fallut imaginer rapidement une autre solution pour éviter une terrible chute dans le dièdre. Avec l'énergie du désespoir, je parvins à libérer une main et réussis à saisir sur mon baudrier un crochet muni d'un étrier. *In extremis*, j'arrivai à le poser sur le rebord de la marche et à monter dessus délicatement. En équilibre sur mes petites échelles de sangle, quelques minutes de repos furent nécessaires pour reprendre mon souffle et me remettre de mes émotions. Enfin calmée, je commençai à planter un piton à expansion. À peine avais-je tapé trois coups de marteau sur le tamponnoir que celui-ci se cassa net à la base. J'étais atterrée et ahurie qu'un outil flambant neuf ait pu se briser de la sorte. Passé cet instant de stupeur et sans chercher plus loin une explication qui ne me rendrait pas mon précieux ustensile, j'essayai alors de trouver une solution raisonnable pour traverser ces quinze mètres sans assurance.

Passer à la force des bras, pendue par les mains sur cette vire tenait de la pure folie, je venais d'en faire l'expérience. En revanche, continuer sur la strate à l'aide de mes petits crochets me semblait le plus sûr. Sur les cinq mètres suivants, la progression s'avéra effectivement facile, la marche franche, presque crochetante. Mais ensuite, l'opération devint plus délicate car la vire, après dix mètres, s'inclinait légèrement vers le bas et mes crochets ne tenaient plus que grâce aux minuscules cristaux affleurant à la surface du granite. Le moindre geste intempestif risquait de les arracher et de m'envoyer m'écraser dans un dièdre dix mètres plus bas. Et plus j'avançais, plus la chute serait terrible. Ma vie ne dépendait que de mon habileté à poser correctement ces crochets et à les charger délicatement de tout mon poids. Par moments, je ne savais plus très bien quelle décision prendre, continuer ou faire demi-tour, craignant que mes jambes tremblantes de peur ne provoquent le dévissage. Malgré tout, étant près du but, je pris celle de poursuivre et grignotai lentement de la distance en essayant d'évacuer toute émotion afin de préserver ma concentration. Deux heures et demie plus tard, épuisée par le stress, j'atteignis enfin le bout de la vire.

La suite fut ce que j'avais imaginé : aisée en comparaison de ce que je venais de franchir. Je remontai rapidement une fissure sur une trentaine de mètres puis fixai mon deuxième relais. Il était quatorze heures. Il me restait encore un peu de temps pour gravir une troisième longueur et atteindre une sorte de petite plate-forme au niveau de laquelle un autre système de fissures repartait en légère oblique à gauche. Cette troisième longueur, de quarante-cinq mètres environ, prit du temps, mais le rocher était franc et les points d'assurance ne manquèrent pas.

À seize heures, je fixai mon troisième relais et choisis de ne pas en faire plus. C'en était assez des émotions fortes. Je souhaitais avoir du temps avant la nuit pour organiser mon premier bivouac car dormir au pied de la voie ne m'enchantait guère. D'une part, je voulais avoir l'impression de m'élever un peu et, d'autre part, si un éboulement se produisait dans le couloir, je n'étais pas absolument certaine de me trouver à l'abri des projections de pierres. Dans le doute, je préférai jouer la sécurité, c'est-à-dire redescendre récupérer mon matériel, remonter aux jumars sur la corde, tirer mes sacs, déplier ma plate-forme, ranger mon matériel, etc.

Vingt heures ! Cette première journée avait été nerveusement très éprouvante et ce fut avec bonheur que je m'allongeai dans ma nacelle. Il était temps car il commençait à pleuvoir. Les météorologues me décevaient, ce n'était pas du tout ce qu'ils avaient prévu. J'étais tout de même très contente d'être là, dans la paroi. Malgré tout, entendre la pluie tambouriner sur la toile de tente ne me déplaisait pas, au contraire cela me relaxait... Mon duvet remonté jusqu'aux oreilles, j'appelai tout de même la vallée afin de connaître l'évolution du temps : orage à partir de vingt et une heures, accalmie demain matin puis à nouveau des pluies dans l'après-midi. Ces prévisions ne me bouleversèrent pas, même si elles ne correspondaient pas aux miennes. Je n'y pouvais rien. L'ascension serait plus délicate que prévue, mais pas impossible. En fait, psychologiquement j'étais préparée à l'imprévu et vraiment prête à prendre le temps qu'il fallait pour réussir.

À vingt et une heures, je plongeai dans un sommeil profond.

Au petit matin, vers trois ou quatre heures, le fracas d'une énorme chute de pierres me réveilla brutalement. En regardant par le manchon d'aération, j'aperçus des blocs gros comme des tables tomber en ricochant sur les côtés du couloir où l'éboulement venait de se produire. Certains explosaient tout près de l'endroit où j'avais posé mes sacs, au pied de la voie. En cet instant, je me félicitai de ne pas y avoir installé mon bivouac. En me penchant un peu plus, je pus apercevoir la bande de neige criblée de pierres.

Huit heures. Je passai la tête en dehors de la tente. La pluie s'était transformée en grêle et l'ambiance virait plutôt sinistre : l'eau ruisselait sur le rocher et les petites vires étaient recouvertes de grêlons verdâtres. La montagne, prise dans les nuages, semblait fumer, je ne voyais pas à plus de trois mètres. Ce n'était pas la peine de m'exciter, j'allais prendre mon temps avant d'envisager une sortie.

Huit heures trente : vacation radio. Le mauvais temps va persister mais une éclaircie fera peut-être une apparition en milieu de journée. Le météorologue ne s'améliorait pas dans ses prévisions... Mais mon moral n'en était pas affecté. J'étais bien équipée et ne manquais de rien.

Vers dix heures, je me décidai tout de même à sortir pour progresser un peu vers le haut. Dans une ambiance hivernale, je grimpai en nettoyant les prises des grêlons.

L'escalade, comme je l'avais prévu, n'était pas très difficile à ce niveau-là. De bonnes fissures me permettaient de m'élever en coinçant pieds et mains. Ce jour-là, malgré une pluie battante, je gravis une centaine de mètres.

À quinze heures, j'étais de retour dans ma tente, trempée jusqu'aux os.

La fin de journée se passa bien au chaud dans mon duvet. La tempête redoublait de vigueur. La grêle, le vent et les grondements de l'orage provoquaient un vacarme infernal, mais je n'étais toujours pas inquiète. Là où j'étais, je ne risquais rien et je me trouvais encore bien trop bas dans la paroi pour recevoir la foudre.

Dix-neuf heures, vacation radio : pas d'amélioration franche en vue, ni pour aujourd'hui, ni pour demain.

Le troisième jour, 26 juin : brouillard à couper au couteau et léger crachin. Des conditions atmosphériques peu enthousiasmantes, mais ce n'était pas méchant ; je décidai donc de sortir, très excitée par la ligne choisie qui me semblait excellente.

C'est donc sans me forcer, sans appréhension que je repartis sur mes jumars rejoindre le dernier point atteint la veille au pied d'un immense mur compact légèrement déversant : le passage clé de ma voie. La fissure que j'avais repérée à la longue-vue était bien là, juste à quatre mètres à ma droite, montant droit vers le ciel. De la petite plate-forme où je me tenais, il m'était impossible de l'atteindre, un pan de roche lisse m'en séparait. Il n'y avait pas d'autre solution que de descendre en rappel sur une vingtaine de mètres et de courir sur la paroi, main droite équipée d'un crochet pour tenter de l'attraper. Après deux essais, la manœuvre réussit et je plantai mon premier piton dans l'étroite fente. L'endroit était vraiment très impressionnant, le vide m'entourait, ce mur étant légèrement surplombant : la corde, dix mètres en contrebas, ne touchait plus la roche. À ce moment-là, accrochée à mon clou, l'étroitesse de la fissure (huit à dix millimètres de large tout au plus) me fit douter de son existence sur toute la hauteur du mur et cette perspective me contraria profondément. J'avais misé sur sa présence, c'était elle qui devait rendre cette voie esthétique : cent cinquante mètres de fines fissures, cela ne se rencontre pas tous les jours.

Pourtant, lors de mes repérages à la longue-vue, il me semblait bien qu'elle remontait assez haut. Ne sachant que penser, je me décidai tout de même à l'emprunter et tant pis si cela s'avérait être une erreur. À ce moment-là, deux pans de ma personnalité s'affrontèrent en moi. L'un rageait de ne plus avoir de spits en sa possession ; avec eux, ces questions ne se seraient pas posées. L'autre n'était au fond pas mécontent qu'il en soit ainsi : cette attitude n'aurait pas été digne d'un pur grimpeur d'artificielle, ce n'était pas ce que m'avait enseigné Jeff. Mais jouer à la puriste était maintenant facile, j'y avais été contrainte par la casse de mon tamponnoir et non par une décision courageuse. Il n'y avait pas de quoi pavoiser.

À quatorze heures, la grêle tomba de plus en plus fort. Je n'avais gravi que trente mètres mais décidai de m'arrêter là et de rejoindre en rappel la petite vire de laquelle j'étais partie avant d'attraper la fissure. Je n'en menais vraiment pas large, accrochée à mes pitons. Impressionnée par tout ce vide et paralysée par la hantise de chuter en arrachant un de mes points d'ancrage, je n'avançais pas.

À quinze heures je fus à nouveau dans mon duvet, trempée !

Ce jour-là, j'avais pensé remonter mon bivouac sur la vire à gauche de la fissure afin d'être à pied d'œuvre pour la partie cruciale de ma voie, mais les giboulées de grêle m'y firent renoncer.

Le quatrième jour, je me réveillai à nouveau sous la pluie.

Profitant vers dix heures d'une petite éclaircie, je remontai mon bivouac au pied de la fissure.

Le cinquième jour, à six heures du matin, je me réveillai dans un silence absolu. Un coup d'œil au travers de ma lucarne me fit découvrir un paysage nappé de blanc. Dix centimètres de neige recouvraient le relief et elle tombait toujours ! La situation se révélait plutôt comique. J'avais plus l'impression de me retrouver à faire du camping en paroi que de grimper.

Huit heures, vacation radio : pas d'amélioration en vue.

Commentaires sur le petit carnet tenu par mon équipe de soutien dans la vallée pour cette journée : *Le 28 juin, cinquième jour : réveil sous quarante centimètres de neige. Catherine plaisante, mange et se recouche.*

Mais à midi, j'étais à nouveau pendue dans mes étriers. J'avais pris mon parti de ces conditions franchement peu agréables. Indifférente à celles-ci, je grignotais de la hauteur mètre par mètre. Une progression nerveusement éprouvante. Mes pitons n'étaient parfois enfoncés que de cinq millimètres dans la fissure, et à tout instant je m'attendais à ce que l'un d'eux lâche. La chute ne serait pas dangereuse car ce serait plein vide, sans même toucher la paroi. Malgré tout, je n'avais pas du tout envie de tomber.

À quatorze heures, je n'avais progressé que de quinze mètres mais décidai de m'arrêter là. L'eau commençait à s'infiltrer dans mes vêtements, et, de plus, je tenais à préserver mes mains, protégées seulement par des mitaines qui laissaient libres les bouts des doigts. Ceux-ci travaillaient donc en contact direct avec l'eau, la glace et le rocher. Dans ces conditions extrêmes, les doigts gonflent et la peau éclate près des ongles, pour former ce qu'on appelle des crevasses. C'est horriblement douloureux et très long à cicatriser. Je tenais à retarder le moment où, inévitablement, il s'en formerait. Dans tous les récits relatant des ascensions de ce type, ce problème est évoqué. Je me souviens d'une anecdote concernant l'ascension de Bonatti dans les Drus : « De retour au refuge de la Charpoua, celui-ci est accueilli en héros par les alpinistes qui se trouvent là. Ses doigts sont si abîmés qu'il faut l'aider pour ouvrir sa braguette ! »

Quinze heures : de retour dans mon abri avec à nouveau tous mes habits humides. Je m'installai bien vite dans mon sac de couchage et me réchauffai avec une soupe. La chaleur de mon corps sécherait mes vêtements. J'étais plutôt satisfaite d'avoir opté pour le sac de couchage synthétique. Un duvet classique aurait déjà perdu de son efficacité.

À l'heure du thé, vacation radio : refroidissement des températures mais pas d'amélioration.

À part ce bulletin météorologique peu réjouissant, c'était plutôt sympathique de bavarder avec mes amis dans la vallée. Ils semblaient légèrement inquiets de me savoir dans cette tourmente, et je n'avais pas grand-chose à leur dire à part que tout allait bien. Rien d'autre à faire que de prendre mon mal en patience. Pour me changer les idées, je leur demandai ce qu'ils faisaient mais n'osai pas prolonger la conversation pour préserver mes batteries.

En expédition, lorsqu'il fait mauvais temps, j'adore lire et oublier ainsi le cadre quelque peu hostile qui m'entoure. Pourtant, cette fois-ci, je n'arrivai pas à m'intéresser à *La Fée Carabine* de Daniel Pennac. Je rêvassais, imaginant la suite de l'ascension, et la tempête tonitruante qui sévissait au-dehors ne m'aidait pas non plus à me concentrer, d'autant que le vent avait redoublé d'intensité.

À dix-neuf heures, enfouie dans mon duvet, je n'avais aucune envie de préparer un repas. La raison me fit plier, il me fallait être en bonne forme pour la suite. Je m'octroyai un bon dîner : soupe, viande séchée, purée, fromage et fruits secs.

Le 29 juin, sixième jour : grêle jusqu'à midi, puis beau dans la vallée, le brouillard encapuchonne les Drus, on ne la voit plus. Treize heures, le brouillard se déchire. Elle attaque la grande fissure au milieu de la dalle surplombante vers trois mille deux cents mètres. Difficulté A 3 + A 4, elle progresse de cinquante mètres, passe une bonne nuit dans son « tipi » suspendu.

Le 30 juin, il faisait grand beau mais très froid. Je me sentais plutôt en forme et espérais en finir ce jour-là avec ce grand mur.

À sept heures trente, j'étais déjà au dernier relais et me préparais à poursuivre ma lente progression dans la fissure dont je ne voyais toujours pas le bout.

Deux heures plus tard, j'avais gravi vingt mètres supplémentaires. Mes craintes se confirmaient : la fissure se refermait de plus en plus et s'évanouissait irrémédiablement dans la roche. Je ne progressais plus qu'à l'aide de pitons gros comme des lames de rasoir et de petites ancres dont la pointe était aussi mince qu'une dent de fourchette. Ces ancrages pouvaient tout juste soutenir mon poids. L'angoisse au ventre, je me hissais délicatement sur chacun de ces points. Si un seul venait à lâcher, ce serait le grand plongeon. Je ne préférais pas y penser et grignotai ainsi encore quelques mètres. Il ne me restait que dix mètres de fissure bouchée à gravir. Si j'arrivais à franchir ce dernier tronçon, c'était gagné, j'aurais réussi ce qui me semblait être le passage clé de ma voie.

Pleine d'espérance, je me concentrai de nouveau sur mes ancrages.

À onze heures, alors que je venais de charger de tout mon poids une petite ancre et que je m'apprêtais, les deux bras dressés, à en placer une autre juste au-dessus, un crissement attira mon attention. Réalisant brutalement que ce bruit venait du point sur lequel je me tenais, mon sang ne fit qu'un tour. Impuissante et terrorisée, je regardai alors fixement la pièce en priant très fort pour qu'elle ne bouge plus. Mais à peine avais-je eu le temps de comprendre la précarité de ma situation que je me sentis brutalement projetée dans le vide et me retrouvai tête en bas pendue à la corde, douze mètres en dessous. L'autoassurance avait tenu. Contente de m'en sortir avec juste une bonne frayeur, je constatai avec étonnement que cet incident m'avait fait du bien, le stress m'ayant quittée pour laisser place à de la colère : six points d'ancrage avaient lâché, c'étaient deux heures de travail perdues ! Mais, très vite, cette fureur se transforma en anxiété. J'avais l'impression d'être arrivée dans une impasse et ne voyais pas bien comment m'en sortir. Continuer tout droit comme je l'avais fait était stupide. D'ailleurs, pourquoi m'étais-je entêtée dans ce choix ? Probablement l'envie d'y croire, car il paraissait évident que quelques mètres plus haut le rocher était compact et infranchissable avec mes seuls pitons. Décidément, mes pitons à expansion me manquaient, trois auraient suffi à me sortir de là...

Je regardai à gauche, à droite, essayant désespérément de trouver une solution pour me sortir de cette impasse. Il était absolument hors de question de m'arrêter là. Même si cela devait me prendre quelques jours de plus, je ne doutais pas une seconde de réussir. Au début de mes réflexions, exaspérée par la situation, il me vint l'idée de creuser des encoches dans la roche à l'aide de mon marteau pour y poser mes crochets. Solution de brute qui n'était, bien sûr, pas du tout réaliste, et cela m'aurait fait mal au cœur d'abîmer le rocher de cette façon. Ensuite, j'eus l'idée de descendre une trentaine de mètres en rappel et de courir sur la paroi afin d'attraper l'angle de droite du mur. D'où j'étais, je ne voyais pas ce qu'il y avait derrière, mais je pensais y trouver une fissure. Cependant, redescendre ces quelques mètres chèrement acquis ne m'emballait pas, sans compter que ce n'était pas la ligne imaginée. Cette issue conviendrait peut-être en dernier recours. Puis, observant la roche plus attentivement autour de moi, j'entrevis une autre solution. Là, à ma gauche, il y avait une sorte d'écaille collée à la paroi, d'environ cinq mètres de diamètre avec à sa base une minuscule fissure qui semblait suivre son pourtour. Avec un peu de chance, j'allais pouvoir y faire tenir un piton extraplat et, en la suivant, j'arriverais probablement à contourner la section impitonnable. Ragaillardie par cette perspective, je choisis le piton le plus mince de ma collection ; il s'enfonça à peine de la moitié de sa longueur et avait plutôt une sale mine, planté la tête en bas. Lorsque j'allais tirer dessus, la force exercée s'appliquerait directement dans le sens de l'arrachement. De toute façon, je n'avais pas le choix : il fallait tenter le coup ! C'est donc le cœur battant que je me pendis de tout mon poids à ce précaire point d'attache. Rien ne se produisit. Décidément, il ne faut pas grand-chose pour tenir cinquante-cinq kilos ! Animée alors d'un moral à toute épreuve, j'entamai mon lent travail de bricolage.

Deux heures plus tard et trois mètres plus loin, alors que je plantai un piton, je fus brutalement déséquilibrée. L'ancrage sur lequel était fixé mon étrier de pied gauche venait soudainement de lâcher : l'écaille se décollait ! Prise de panique pendant quelques secondes, je n'osai plus bouger. Que faire ? D'abord le vide dans ma tête pour tenter de me ressaisir ; l'état de stress se dissipa et je pus analyser la situation plus calmement. Je n'avais pas le choix, il me fallait poursuivre ma progression. L'écaille était énorme, mes petits pitons ne la feraient pas tomber. Il me faudrait juste les enfoncer plus délicatement. Puis un éclair de génie me traversa l'esprit : afin de soulager les pitons, je pourrais essayer de poser mes pieds sur le rocher. Cela pouvait être techniquement réalisable si je trouvais des prises. En scrutant méticuleusement la roche, je découvris alors quelques grattons. Ils n'étaient pas bien gros, mais suffisants. À partir de là, je progressai précautionneusement en répartissant mon poids entre pitons et prises de pieds. L'exercice était pénible. Mes mollets furent très vite en feu et, dans ma tête, la tempête se déchaînait. Je luttais intérieurement pour ne pas perdre ma concentration que ces six heures d'émotion et de stress avaient soumise à rude épreuve.

J'atteignis ainsi l'extrémité gauche de l'écaille dont le bord était un peu délité. Un petit trou entre cette écaille et la paroi me permit de placer un friend. Il était excellent. Mais alors que je me hissai dessus afin de soulager mes mollets, un curieux cliquetis se fit entendre en dessous de moi. D'un regard entre mes jambes, je constatai avec effroi que les cinq derniers points avaient lâché et pendaient maintenant lamentablement sur ma corde. Sous la pression du friend l'écaille s'était écartée à nouveau. J'avais l'impression de vivre un cauchemar. Nerveusement épuisée, les yeux embués de larmes, je regardai au-dessus de moi : il ne me restait plus que trois mètres à gravir pour me sortir de là. Me lamentant sur mon sort, j'observai désespérément le rocher autour de moi, gris et délité. N'osant plus bouger, je restai là, hébétée et prostrée. Au bout d'un moment, m'habituant progressivement à la situation périlleuse dans laquelle je me trouvais, je réussis enfin à me ressaisir et à observer à nouveau la roche de façon constructive. Une seule solution se dessina, je décidai d'avoir recours à un artifice utilisé parfois dans des longueurs d'extrême difficulté en escalade artificielle : du plomb. Cette matière malléable écrasée à coups de marteau dans des anfractuosités du rocher peut supporter le poids d'un homme. L'astuce ne retient bien évidemment pas une chute, mais permet de progresser dans des passages où il n'est pas possible de placer pitons ou coinceurs.

Ayant recouvré mon sang-froid, je me mis à la tâche et écrasai du plomb à petits coups de marteau dans une dépression de la roche. Afin de le renforcer, je le jumelai au moyen d'une sangle à un crochet posé sur un gratton gros comme l'ongle de mon pouce : mon poids allait être ainsi réparti entre ces deux points. Et une fois de plus, c'est le cœur battant que je me hissai tout en douceur sur mon fragile montage. Il tint bon. Debout sur les échelons inférieurs de mes étriers, je n'en menais pas large et n'osais plus bouger de peur d'arracher mon précaire assemblage. Ayant repéré, un mètre plus haut, une mince réglette sur laquelle il me semblait possible de poser un crochet, il me fallait absolument m'élever sur mes échelles de corde pour espérer l'atteindre. Aussi, levai-je timidement mon bras gauche à la recherche d'une prise. Coup de chance, mes doigts rencontrèrent une autre petite réglette. Elle tombait à point, cela me permit de monter sans à-coup sur le dernier échelon de mes étriers et de placer très haut à droite, à bout de doigts, mon crochet sur la réglette bien rentrante. Cette petite victoire me redonna de l'énergie. Je mousquetonnai bien vite un étrier à ce crochet et montai dessus sans hésitation. La paroi, à ce niveau-là, se couchait un peu. Scrutant la roche au-dessus de moi, j'aperçus alors quelques prises çà et là. Grimper en libre les quelques mètres qui me séparaient de la plate-forme me semblait être la meilleure solution. C'était un peu osé car quinze mètres me séparaient maintenant du dernier bon point d'assurance, mais cela me paraissait possible. Ce fut donc plus concentrée que jamais que je quittai mes étriers et pris pied sur la dalle grise. À peine m'étais-je élevée d'un mètre que le tintement des pitons et mousquetons tombant plus bas le long de ma corde se fit entendre. Cela eut pour effet de me tétaniser sur les prises. Pendant quelques secondes, je restai là, en arrêt, le cœur battant la chamade, sans pouvoir bouger. Au bout d'un moment, je finis par retrouver mon souffle et reprendre possession de mes moyens. Pas à pas, je gravis les derniers mètres en m'agrippant de toutes mes forces aux réglettes qui s'offraient à moi et fus enfin à l'aplomb de la ligne abandonnée dix mètres plus bas. Encore quelques mètres de fissures franches et je posai enfin les pieds sur la bonne plate-forme.

À seize heures, le cauchemar prenait fin, mes pieds se trouvaient enfin posés sur une vraie marche. Pour ce relais, je ne sais pas ce qui me prit mais je plaçai frénétiquement une rafale d'excellents points d'assurance, tous plus solides les uns que les autres. Trois de ces ancrages auraient suffi. Cet immense besoin de sécurité devait être le contrecoup de toutes ces émotions. Je décidai d'installer mon bivouac et sans perdre de temps je redescendis aussitôt déséquiper la paroi en dessous. Déménager enfin mon bivouac me faisait profondément plaisir, c'était le signe que les choses évoluaient, mon projet progressait. Je préparai très vite mon gros sac pour le hissage, remontai ensuite sur mes cordes, chargée comme une mule d'une partie de mon équipement et tirai le reste de l'endroit où j'allais dormir.

Le hissage fut pénible, bien que le sac dans ce grand mur déversant ne frottât pas sur la paroi. J'étais à la limite de l'épuisement et mes mains crevassées me faisaient souffrir le martyre. Lors de l'ascension du mur, je ne les avais pas épargnées. Je m'étais même, maladroite, tapé sur un doigt. Les risques du métier comme on dit. Bonatti, lui, s'était carrément écrasé une phalange. Ses coups de marteau ne devaient pas avoir la même intensité que les miens !

Alors que je tirais mes sacs, un chocard vint se poser sur la vire tout près de moi. Cette présence m'émut profondément et, à ma grande surprise, je fondis en larmes. Je ne savais pas pourquoi je pleurais, mais cela me soulageait. Cet oiseau représentait le retour à la vie et cette rencontre marquait pour moi la fin d'un cauchemar. Avec ses hochements de tête on aurait dit qu'il me comprenait, mes larmes redoublèrent de plus belle. Je ne pus arrêter le flot, je n'en avais d'ailleurs pas envie. Peu après, une voix féminine venue d'en face me héla : celle de Sylvie. En regardant autour de moi, je l'aperçus sur les Flammes de Pierre. La gorge nouée, je ne pus prononcer un mot, aussi lui adressai-je de grands signes. C'était sympathique de la voir, mais là où je me trouvais je me sentis soudain bien seule. Je me mis alors à me parler intérieurement pour me donner du courage car je n'en pouvais plus et ce hissage n'en finissait pas.

À neuf heures, j'entrai enfin dans ma nacelle. La première chose que je fis fut de sortir mon talkie pour annoncer à Lothar mes progrès et connaître les prévisions météorologiques du lendemain. Il y avait une probabilité d'orage me dit-il. Ensuite, je lui racontai brièvement ma longue journée. Parler me faisait du bien mais remuaient en moi de profondes émotions et je dus faire un effort pour réprimer mes larmes. Je ne tenais pas à ce qu'il m'entende pleurer comme un bébé.

Ce soir-là, harassée de fatigue, je dus me forcer pour me réhydrater et manger car je n'avais qu'une envie · dormir et ne plus rien avoir à toucher tant mes mains me faisaient souffrir.

1er juillet, huitième jour. Compte rendu de mes amis : *Beau temps, elle se plaint de ses doigts légèrement infectés, mais son moral est bon. Elle plie ses affaires et reprend son ascension. Treize heures trente : elle atteint une vire de neige, inspecte la suite, redescend chercher ses sacs et sa tente, remonte et tire ses sacs, il est quinze heures. Après un pendule de quinze mètres, elle trouve une petite vire, s'installe et annonce d'une voie fatiguée qu'elle en a marre, n'arrive pas à manger, et craint l'orage annoncé.*

Cette journée fut effectivement très éprouvante. J'étais persuadée d'avoir franchi le passage clef de ma voie, et cette erreur d'évaluation me coûta beaucoup d'énergie. Je rencontrai encore des passages très délicats et je n'étais pas prête à les affronter. Je n'avais pas la force de concentration nécessaire pour anticiper les problèmes et les résoudre. Je subissais et n'éprouvais aucun enthousiasme à les surmonter. Durant cette journée, je gravis tout de même trois longueurs. Deux me menèrent à la base du pilier gauche de la grande arche repérée à la longue-vue. Cette immense voûte décollée de la paroi et formée de roche fracturée en tous sens résultait de l'éboulement d'une gigantesque plaque d'environ cinq mètres d'épaisseur entre ses deux piliers. La couche mise au jour par cet éboulement formait une dalle compacte, grise et poussiéreuse. Le pilier de gauche où je me trouvais était constitué de blocs instables, trop dangereux pour être gravis. Traverser la dalle grise pour rejoindre le pilier de droite qui, lui, était en très bon rocher, me semblait la meilleure solution. La roche semblait vraiment trop friable pour espérer traverser en grimpant. Je plaçai donc un point le plus haut possible dans l'arche, puis redescendis d'une quinzaine de mètres pour courir sur la paroi et attraper une protubérance au milieu de la dalle. Là, comme durant le jour précédent, je me retrouvai en situation délicate. Cet état de fait m'exaspéra au plus haut point, ce n'était absolument pas ce que je désirais vivre ce jour-là : je n'avais aucune envie de réfléchir, je voulais juste mettre mes points d'assurance sans me poser de question. Or, agrippée, je dus sortir de ma léthargie pour continuer ma progression car il me restait six ou sept mètres de roche friable à traverser pour atteindre le pilier de droite. Ce fut à nouveau en « bidouillant » des crochets posés sur de minuscules aspérités et des sangles pour les faire travailler dans le bon sens que je réussis à franchir ces quelques mètres. Cela me prit trois heures, trois heures épuisantes d'intense concentration.

Une fois sur le pilier, je montai verticalement de quarante mètres. Ce huitième jour, j'appréciais de moins en moins la technique d'escalade artificielle. Je commençais à trouver ça fastidieux, répétitif et lent, les mêmes gestes et actions du matin au soir : planter un piton, y mousquetonner un étrier, monter dessus, planter un autre piton et ainsi de suite. Une seule chose variait : l'intensité du stress selon que les pitons étaient solidement plantés ou non. En escalade libre, les mouvements sont variés et la progression plus rapide : c'est une vraie dépense physique. Durant cette ascension des Drus, j'étais plus éprouvée nerveusement que physiquement. Ainsi, ce soir-là, lors de ma vacation radio, je me sentais de mauvaise humeur. J'en avais assez de progresser aussi lentement, de répéter ces gestes à longueur de journée. Ne sachant pas combien de temps cette ascension durerait, j'avais emmené beaucoup de soupes en sachets et de purées en poudre. Effectivement, ça ne pesait pas grand-chose mais, à force, on se lasse vite de cette nourriture insipide. La fatigue aidant, ces aliments n'excitaient plus du tout mon appétit. Malgré tout je me forçai à manger pour ne pas m'affaiblir car, au cours de ces longues journées, trop absorbée par l'escalade, je ne m'alimentais pratiquement pas.

Le neuvième jour, j'avais mis le réveil à quatre heures. Comme la veille, un orage était prévu en milieu d'après-midi. Je préférais malgré tout anticiper en avançant le plus possible avant que celui-ci n'éclate. Ce réveil fut douloureux. Mes mains étaient si gonflées que je ne pouvais plus ni étendre ni plier les doigts. Les bouger provoquait une douleur insupportable et de mes blessures s'écoulait un liquide jaunâtre. Avant toute chose, je passai une heure à les masser et à les emmailloter dans du sparadrap. Puis je m'autorisai quelques minutes pour rêvasser. Il faisait grand beau. Chamonix, en contrebas, s'éveillait doucement. De mon perchoir, je percevais la rumeur de la vallée s'amplifiant. En regardant plus attentivement, je pouvais voir quelques voitures circuler. Curieuse sensation que de se savoir aussi près de la civilisation et pourtant d'avoir cette impression de vivre dans un autre monde, un monde où la vigilance est de mise, où l'erreur n'est pas permise. Je réalisai alors que c'était cet état de concentration continu qui me pesait le plus. Pourtant, je ne désirais pas changer mon histoire. Cette ascension, je voulais la finir.

Les prévisions météorologiques de sept heures me mirent de mauvaise humeur car elles confirmaient de nouveau un orage à venir. Grimper avec cette épée de Damoclès commençait à m'agacer. J'hésitais à démonter ma tente. Si l'orage arrivait brutalement, d'avoir mon bivouac installé serait plus confortable pour l'esprit, car il n'y aurait qu'à plonger dans ma tente. J'allais prendre la décision plus tard, lorsque j'aurais vu à quoi ressemblait la suite. Vingt mètres plus haut, je découvris un rocher magnifique : une grande dalle de granite rouge. Mon moral remonta aussitôt. La voie que je voulais emprunter passait tout droit dans le bouclier rouge qui coiffe la partie supérieure des Drus.

De belles longueurs d'escalade m'attendaient. Tout excitée à l'idée de grimper enfin un peu en libre, j'attaquai la magnifique dalle, mais, quatre mètres plus haut, ce fut la déception En solitaire, avec tout ce matériel sur le dos, je ne pouvais m'engager dans ces dalles sans prendre de risque. Mon obstination à poursuivre cette ligne était absurde. N'ayant plus de pitons à expansion, et ne souhaitant plus vivre d'autres moments d'angoisse, je dus me résoudre à changer mon itinéraire et à obliquer légèrement à droite pour longer le bouclier. Frustrée d'être obligée de renoncer à mon projet initial, je grimpai alors mécaniquement sans lever la tête. La technique d'autoassurage me cantonnait à une escalade laborieuse qui me donnait l'impression de grimper avec un boulet au pied. Cette expérience que j'avais voulue ne m'amusait plus vraiment à ce moment-là.

La seule chose qui me faisait encore plaisir : le contact avec la roche, sa structure, sa couleur, son odeur minérale, ses petits cristaux brillant au soleil et affleurant à sa surface. Sans vraiment m'en rendre compte, je gravis trois longueurs. Au troisième relais, soudain, une voix me sortit de mes automatismes.

— Bravo Catherine, continue !

Je regardai autour de moi, personne. Je ne pensai pourtant pas avoir rêvé. Ce n'est pas mon genre de m'envoyer des fleurs comme ça.

— Ohé, ici derrière !

J'aperçus alors dans le ciel juste derrière moi un Deltaplane. Cette situation m'arracha tout de même un sourire. Jamais je n'aurais imaginé une telle visite. En saluant de la main, j'aperçus derrière lui de gros nuages noirs. Aussitôt, pointant du doigt les gros cumulus, je criai :

— Regarde les nuages ! Qu'est-ce que tu en penses ?

L'homme tourna la tête pour les regarder, sans me répondre il fila droit vers la vallée et, tandis qu'il disparaissait, un terrible sentiment de solitude me submergea à nouveau. J'allais devoir faire face à l'orage toute seule. Sans perdre une minute, tout en pestant contre moi-même de m'être fait surprendre, je me mis au travail pour installer mon bivouac au niveau de ce dernier relais. De me retrouver en situation d'urgence était de ma faute. Ma mauvaise humeur m'avait fait perdre toute vigilance. Depuis combien de temps ces nuages étaient-ils là ? N'ayant pas décollé le nez du rocher depuis ce matin, je n'en savais rien. Si cet orage éclatait vraiment, je ne devrais mon salut qu'à ce visiteur impromptu.

Cependant, coup de chance, une fois encore le ciel se dégagea. Le soir, dans ma tente, malgré cette retraite précipitée, l'avancée fulgurante de cette journée m'avait mis du baume au cœur. Ce n'était peut-être pas la voie initialement prévue, mais c'était quand même pas mal. Cette ligne avait l'avantage d'être assez directe.

3 juillet. Commentaires de la vallée : *sept heures, moral d'acier, malgré une nouvelle chute, qui occasionne la rupture de ses deux cordes, elle fait des nœuds. La roche est pourrie, elle redescend pour prendre un autre itinéraire plus difficile mais plus sain. Bivouac, vingt mètres sous la fissure des Autrichiens.*

Cette journée avait effectivement mal commencé. Vingt mètres au-dessus de mon bivouac, en voulant penduler pour éviter une section de rocher délité en surface, mes cordes se cisaillèrent sur une arête de rocher. Heureusement, le dommage n'était pas dramatique, la gaine avait été juste un peu arrachée. Pour m'assurer de leur solidité, je fis tout de même un nœud au niveau de l'usure. Ce n'était pas trop gênant car lors d'une ascension autoassurée, la corde n'a pas besoin de coulisser dans les mousquetons. Des nœuds au milieu de la corde ne dérangent donc en rien la progression du grimpeur. Fortement agacée par cet incident, je dus redescendre d'où j'étais partie pour me lancer dans une section, juste à droite, plus difficile mais en meilleur rocher.

Vers onze heures, je m'étais élevée de soixante mètres et me retrouvai presque sur le fil du pilier sud-ouest des Drus. L'ambiance y était magnifiquement aérienne. Les nuages ne menaçaient pas encore. C'est donc l'esprit tranquille que je pris le temps de regarder autour de moi et de me laisser distraire quelques instants par les rumeurs de la vallée. J'imaginais les gens vaquer à leurs occupations habituelles. Ils me faisaient presque envie. La vie perchée commençait à me peser. Sur cette paroi, je ne pouvais bouger sans en calculer les conséquences. Le besoin de mettre mon esprit au repos, de relâcher ma concentration se faisait ressentir.

Je me trouvais maintenant au pied d'une colonne de rocher d'un mètre cinquante de large et de six mètres de haut, posée là, tel un immense santon, sur une petite vire légèrement enfoncée dans la paroi. Sans même réfléchir, j'entamai son ascension en me faufilant dans la faille entre son flanc gauche et la paroi. Cet espace était parfait pour y coincer les pieds, je montai là aussi facilement que sur une échelle. Quelques mètres plus haut, je posai un bon coinceur pour m'assurer. Sans me tirer dessus, je continuai ma progression, puis mis un deuxième friend. Pour réajuster mon système d'autoassurance, je me pendis dessus. À ce moment-là, j'entendis mon premier point dégringoler au fond de la fissure. La colonne bougeait ! Paniquée, je posai vite un autre friend dans une fissure située miraculeusement à portée de main sur la paroi elle-même. Rassurée par le fait que si la colonne basculait dans le vide, je ne partirais pas avec elle, je repris peu à peu mes esprits.

Alors que les battements de mon cœur reprenaient un rythme raisonnable, j'entendis soudain des voix. Me penchant, je découvris six alpinistes dans le tiers inférieur du pilier Bonatti. À leurs intonations, il me semblait que c'étaient des Italiens. C'était bien ma chance ! J'allais devoir redoubler d'attention pour éviter de leur faire tomber ce pilier sur la tête. Je n'étais pas tout à fait à l'aplomb de leur voie, mais on ne sait jamais ce que peut provoquer la chute d'une telle masse rocheuse. Pour éviter de la faire basculer dans le vide, je dus grimper la niche en grand écart. Ce fut épuisant. Je sortis de là les mollets en feu.

Vers quatorze heures, le ciel n'avait pas l'air bien menaçant, mais, encore une fois, mieux valait prévenir que courir... J'allai donc chercher mes affaires situées quatre-vingts mètres plus bas. Mes sacs remontés, je continuai mon ascension. Trente mètres plus haut, à ma grande surprise, je me retrouvai sur la même plateforme qu'un des grimpeurs italiens. Quelle déception ! Dans mon souvenir, la voie Bonatti ne passait pas par là. Peu m'importait d'ailleurs, j'en étais de toute façon trop près. Ma ligne s'en trouvait gâchée. Je déteste gravir des itinéraires qui en croisent d'autres. Je me consolai en me disant que le sommet n'était plus très loin, cela avait donc moins d'importance.

Le grimpeur italien, lui, paraissait tout content de me rencontrer. Il me félicita et m'encouragea pour la suite. Notre échange fut assez bref car nous étions, somme toute, l'un et l'autre assez occupés. Je compris qu'ils étaient dix et qu'ils effectuaient un stage pour devenir guides de haute montagne. Moi, je ne savais que lui dire. Il y avait longtemps que je n'avais pas parlé à quelqu'un, mais, surtout, je me sentais honteuse de me retrouver sur la même vire que lui. En l'espace d'une heure, le temps de m'organiser pour aller récupérer mon matériel et de remonter avec tous mes paquetages, les Italiens me dépassèrent.

– *Complimente,* me disaient-ils chacun leur tour en me serrant la main.

Malgré la gêne de me trouver sur le même relais qu'eux avec mon matériel de camping, ce petit mot me fit plaisir.

À nouveau seule, j'effectuai une dernière longueur en évitant soigneusement la voie Bonatti pour aller installer ma plate-forme juste au pied de la fissure des Autrichiens. Je me trouvai complètement ridicule de vouloir à tout prix suivre mon propre chemin. Au point où j'en étais, j'aurais tout aussi bien pu prendre l'itinéraire le plus facile. Mais mon amour-propre en avait décidé autrement...

À vingt et une heures, j'étais installée dans ma tente. L'orage annoncé ne viendrait pas encore ce soir. Le soleil avait brillé toute la journée, sans un brin de vent. Il avait fait vraiment très chaud. Pour la première fois depuis mon départ, la soif me prenait à la gorge. Je me félicitai d'avoir monté cinq litres d'eau du relais précédent. Le soleil avait tellement chauffé la paroi que je trouvai tout juste assez de glace dans une faille de rocher pour obtenir un litre de liquide. Cela n'aurait pas été suffisant pour me réhydrater correctement et constituer la ration du lendemain.

Les météorologues prévoyaient à nouveau de l'orage mais ces pronostics, pour une fois, n'altérèrent en rien ma bonne humeur. Quel que soit le temps, je ne doutais pas une seconde que le lendemain serait le jour du sommet. Il ne me restait plus qu'une longueur sérieuse à gravir, une fissure en arc de cercle à gauche de la fissure des Autrichiens, et la suite ne serait que de petits ressauts.

La perspective de me sortir de ce que je commençais à vivre comme un calvaire me redonna de la vigueur, et à six heures du matin, le 4 juillet, mes mains pansées et mes bagages pliés, j'étais prête à partir.

Franchir la fissure en arc de cercle me prit six heures de dur labeur. J'en sortis exténuée mais toujours aussi motivée pour atteindre le sommet, cent vingt mètres plus haut, d'autant plus que la paroi moins raide ne présentait pas de grandes difficultés. Je la connaissais bien pour l'avoir gravie en solo l'automne précédent. J'espérais donc grimper rapidement. Malheureusement, c'était sans compter sur mon énorme sac.

Commentaires de mes amis : *Pendant dix heures elle se bat pour treuiller son sac qui ne cesse de se coincer dans ce terrain moins raide. Vingt-trois heures, elle atteint les terrasses de l'épaule des Drus. C'est la victoire.*

Ces derniers mètres me firent vivre un enfer. La paroi, certes, était moins raide, mais mon sac se coinçait partout. Au début, après chaque longueur effectuée, je redescendais le récupérer, puis regrimpais à l'aide de poignées autobloquantes sur ma corde et treuillais mon sac de hissage. Seulement, tous les cinq mètres environ, ce damné sac se recoinçait à nouveau dans des encoignures du rocher. Au début, je râlais un peu mais j'en prenais mon parti et, dans un premier temps, je tirais comme une brute sur la corde pour essayer de le débloquer. Si ça ne venait pas, je le laissais redescendre pour le déloger puis le remontais rapidement pour tenter de lui faire sauter l'obstacle. Sinon, je redescendais moi-même le décoincer puis je remontais et le tirais jusqu'à ce qu'il se bloque à nouveau. Sur la première longueur j'y suis bien allée quatre ou cinq fois. Chaque fois cette manœuvre prenait un temps fou, ce qui me désespérait car le ciel m'indiquait que je n'allais pas couper à l'orage et je ne me trouvais pas vraiment au bon endroit. Cette crainte, sur la deuxième longueur, me fit devenir comme enragée. Et, sans plus me soucier de ma sécurité, je bougeai en tous sens et luttai ainsi une bonne heure. Puis, soudain, épuisée par ces tentatives désespérées et infructueuses, je m'efforçai de me calmer et réalisai brutalement que je prenais des risques alors que je n'en pouvais plus. Ce sommet n'était pas encore là et l'orage allait arriver. Je sortis ma radio pour avertir mes amis. Fini pour aujourd'hui. À peine avais-je prononcé un mot que j'éclatai en sanglots en leur racontant toutes mes misères. Mais ceux-ci m'encouragèrent, ils étaient tous là et m'attendaient au sommet. Bouleversée, je pleurai de plus belle. N'arrivant plus à parler, je coupai la communication. Quelques instants plus tard, j'entendis des voix qui m'interpellaient :

— Catherine, courage, continue, on t'attend ! Il y a de la soupe !

Ces paroles me dopèrent. S'ils me poussaient à venir à eux, c'est probablement qu'ils pensaient que l'orage ne serait pas trop violent. Je décidai de leur faire confiance et poursuivis ma laborieuse ascension. Peu de temps après, des grêlons commencèrent à tomber. Sans réfléchir, j'enfilai ma veste et mon pantalon imperméable, puis repris lentement ma progression. Soudain, j'entendis à nouveau des voix ; cette fois-ci, elles venaient d'en dessous. Je regardai aussitôt et vis apparaître à ma grande surprise François Damilano, un ami guide. Il grimpait le pilier Bonatti.

— Bonjour, me dit-il.

— Bonjour.

On se sourit, un peu surpris de se rencontrer là. Pragmatique, je me dis qu'il allait peut-être m'aider à tirer mon sac.

— Ça va ? me demanda-t-il timidement.

— Ça va, lui répondis-je, sans plus de fioriture.

Je ne tenais pas à lui demander ce service, j'espérais qu'il me le proposerait. Après tout, c'était moi qui m'étais mise dans cette galère, je n'avais qu'à finir toute seule.

Il me dit qu'il était avec un client. La lumière du jour commençant à baisser, nous ne nous sommes pas plus étendus. Chacun est retourné à ses activités. Lui s'occupait de son second de cordée et moi de mes manœuvres de corde et de mon foutu gros sac.

Une heure plus tard, grimpant à la lueur des frontales, nous étions tous à peu près au même niveau. J'essayais de ne pas montrer mon désespoir et continuais à batailler. Je me dis que je pourrais tout aussi bien laisser là mon boulet et monter avec mon sac à dos au sommet pour passer la nuit là-haut avec mes amis, puis revenir le chercher le lendemain. Mais cette idée ne me plut pas. Je préférais en finir une bonne fois pour toutes. Je savais que le lendemain je n'aurais absolument pas envie de revenir dans cette paroi. La grêle tombait de plus en plus fort. Oubliant mes mains douloureuses, je tirais comme une perdue sur mes cordes détrempées. Mon sac pesait de plus en plus lourd, un vrai calvaire ! J'avais l'impression qu'il se gorgeait d'eau. Alors que je m'arc-boutais comme une furie sur mes poignées autobloquantes, j'entendis soudain une voix me demander :

— Veux-tu que nous t'aidions à monter ton sac ?

C'était François. Il se tenait juste à côté de moi. Je ne l'avais pas vu arriver. Il avait l'air embarrassé de me poser cette question. Il dira plus tard : « Je ne savais pas si je devais l'aider ou non. Même proche de moi, je sentais qu'elle vivait autre chose, qu'elle était ailleurs. »

Quel soulagement ! Je n'étais même pas gênée d'accepter son offre. Je n'en pouvais plus...

À partir de ce moment-là, sur les deux dernières longueurs, nous grimpâmes à trois dans la tempête. J'étais en tête. François et son client poussaient et tiraient le sac. Eux aussi avaient l'air de le trouver bien lourd.

À onze heures du soir, la tempête s'était calmée. Je débouchai alors sur une vire un peu en contrebas du sommet. Gilles Sourice était là. Sonnée et submergée par l'émotion de ces retrouvailles, je m'effondrai dans ses bras. Plus il me serrait, plus je pleurais. Je me repris enfin et, en sa compagnie, j'arrivai au sommet où Michel et Sylvie nous attendaient. En découvrant leurs visages, je sentis combien eux aussi avaient partagé cette aventure de onze jours. Chacun d'eux paraissait vraiment très ému de me voir là. Ils me communiquaient leurs émotions et cela me touchait : je n'avais pas été seule. Cette ascension faisait partie de notre histoire. Mes joies, mes galères, il me semblait qu'ils les avaient vécues aussi de leur côté. Stupidement, par pudeur, je m'efforçais de refouler mes larmes.

François arriva enfin en compagnie de son partenaire. Ils avaient laissé le sac cinq mètres plus bas. Tout comme moi, ils étaient trempés, mais ravis. Sylvie et Michel nous offrirent un verre de vin rouge et de la soupe. Quel bonheur d'être là parmi eux, comme pour une grande fête entre amis. Le ciel était à nouveau tout dégagé. Ce fut une nuit superbe. Nous passâmes les deux heures suivantes à parler de tout et de rien. Ils me racontèrent, entre autres, dans quel état d'euphorie ils se sentaient quelques heures plus tôt. Alors que l'orage éclatait, ils trinquaient à notre réussite, les cheveux dressés sur la tête à cause de l'électricité statique présente dans l'atmosphère. Ils devaient être bien éméchés : ils n'avaient même pas réalisé qu'ils auraient pu tout aussi bien être foudroyés.

À trois heures du matin, nous nous décidâmes enfin à dormir un peu. Alors que je me faufilais dans le duvet, Michel me demanda ce que je comptais faire le lendemain matin.

— Si tu veux, me dit-il, il reste une place dans l'hélicoptère. Réfléchis, tu n'as pas besoin de me le dire tout de suite.

Avant de partir, je leur avais confié que je tenais absolument à redescendre par mes propres moyens. Qu'allais-je faire maintenant ? Intellectuellement, je tenais à redescendre proprement, mais, physiquement, mes mains ne pouvaient plus rien toucher sans déclencher d'atroces douleurs.

Cette nuit-là, trop fatiguée et tourmentée par la décision à prendre, je ne trouvai pas vraiment le sommeil.

Au petit matin, l'état de mes mains avait empiré. Elles avaient triplé de volume. Des douleurs lancinantes au bout des doigts m'obligeaient à les tenir en l'air pour soulager ces élancements aigus.

Je bus mon thé en serrant le bol entre mes poignets. Cependant, l'arrivée d'un hélicoptère, avec à son bord Gérard Bourgoin, me fit oublier un moment mes misères. À minuit, du sommet je lui avais parlé par radio. Il m'avait dit :

— Demain matin, je te monte le petit déjeuner avec des fraises.

— D'accord, d'accord, lui avais-je répondu, pensant qu'il blaguait.

Ce n'était pas une boutade et je crus halluciner en voyant ce grand gaillard en tenue de ville, visiblement terrorisé, débarquer à quatre pattes sur la petite plateforme où nous nous tenions. Je ne savais que penser de sa venue. À dire vrai, ce qui se passait autour de moi me dépassait un peu. Depuis mon arrivée au sommet, je n'avais plus le sentiment de maîtriser la situation et me laissais volontiers faire. Assise sur un bout de rocher, je regardais les gens s'agiter autour de moi. Gérard voulait être filmé au sommet des Drus avec moi. Ces images étaient destinées à la communication interne de l'entreprise. Son air bouleversé me fit retenir mes moqueries. Il me confia plus tard qu'il avait pleuré comme un enfant dans l'hélico qui le menait jusqu'à nous. Impressionné par la paroi que je venais de gravir et par le cadre grandiose, les émotions enfouies au fond de lui-même depuis la mort de son fils refaisaient surface. Celui-ci était décédé dans un accident d'avion six mois plus tôt.

Perchée sur notre plate-forme au-dessus de mille mètres d'à-pic, l'équipe de tournage se mit au travail. Mes commentaires furent plutôt terre à terre. J'expliquai les difficultés techniques que j'avais rencontrées, la lenteur de ma progression, mon organisation autour de l'eau, mes problèmes de mains et surtout cette répétition de gestes qui m'avait tant pesé. Pour ce qui concernait mes projets futurs – car c'est toujours la question que les gens posent juste après une ascension – je rêvais d'abord de prendre un bain car cela faisait onze jours que je « mijotais dans mon jus ». Je ne pouvais pas leur en vouloir car ces questions sont légitimes et j'avais bien sûr beaucoup d'autres projets, enfouis, et auxquels je n'avais pas le désir de réfléchir à cet instant.

Les interviews terminées, il fallut penser à la descente. Mes amis étaient dans l'expectative de ma décision, qu'ils respecteraient de toute façon. Gérard, lui, insista pour que je redescende en hélicoptère et il n'eut pas beaucoup de mal à me convaincre. Mes mains me faisaient terriblement mal. La tentation était trop grande et ma volonté bien affaiblie. Oh, bien sûr, s'il n'y avait pas eu d'hélicoptère, je serais redescendue comme d'habitude en rappel. Je n'en étais plus à trois ou quatre heures de souffrances près.

Le retour dans la vallée m'occasionna un choc terrible. Tout d'abord, à ma descente d'hélicoptère, une centaine de personnes m'attendait. Le maire de Chamonix, Michel Charlet, et la fanfare municipale, en première ligne. Ce fut donc en grande pompe que je posai le pied sur la terre ferme. Je me sentais déphasée : vous venez de passer dix jours seule dans une paroi de huit cents mètres de haut et brutalement vous débarquez dans une fête organisée en votre honneur. Être le pôle d'attraction me causa une gêne terrible, d'autant que je n'étais pas fière d'arriver en hélicoptère. Mais les gens étaient bienveillants à mon égard, ils semblaient émus et heureux de me témoigner leur admiration. Les photographes, les journalistes, eux aussi, respectueux, s'excusaient de me poser des questions juste à mon arrivée au sol.

Pour cette ascension, les médias se déchaînèrent. Un journaliste expliqua très bien ce phénomène : « *Mais qui est-elle, cette Destivelle, pour réussir ce que personne ne tentait plus depuis longtemps ?* »[1]

Effectivement, depuis plus de vingt ans, personne en France n'avait plus réalisé ce style d'ascension. La tendance des années quatre-vingt étant à la rapidité et aux enchaînements de parois, mon ouverture de voie en solitaire pendant plusieurs jours passa pour une nouveauté. En outre, le fait que je sois une fille ne fit que renforcer l'intérêt des journalistes.

Je ne m'attendais pas à une telle médiatisation et la vécus très mal. Je supportais difficilement d'être reconnue dans la rue et avais honte du battage autour de cet « exploit » que j'avais bâclé en redescendant en hélico.

1. Alain Roux, *Dauphiné libéré*, 6 juillet 1991.

C'était, bien sûr, très bien pour ma carrière d'alpiniste d'avoir autant de presse, mais cet engouement attisa les jalousies de certains alpinistes à mon égard. Et leurs critiques ne m'épargnèrent pas. Pour eux, je n'avais entrepris cela que pour la notoriété et l'argent. Leur regard sur moi comptant davantage que les comptes rendus de presse, cela m'attristait et me vexait tout à la fois qu'ils puissent penser de telles choses.

Cette ascension, je l'avais faite pour moi et rien que pour moi. C'était mon défi. Je voulais savoir si j'en étais capable. Comme je suis une professionnelle de la montagne, je m'étais organisée pour en tirer parti avec des photos et du film.

Je ne vivais pas que de l'amour de la montagne et d'eau fraîche. Mais je ne pensais pas pour autant dénaturer cette passion en me donnant aussi les moyens d'en vivre. Cependant, je savais que l'argent n'a jamais fait bon ménage avec la montagne : les associer est souvent considéré comme un mercantilisme qui dévalorise la conquête de l'inutile ! Cet attachement à un puritanisme désuet, à une vision romantique de l'alpinisme m'a toujours étonnée. Ce problème ne date pas d'hier, de tout temps il a fallu de l'argent, mais il était moins visible : soit les alpinistes étaient d'une condition sociale qui leur permettait de faire face aux dépenses, soit ils étaient financés par l'État. Je n'étais pourtant pas la première personne à être médiatisée pour une ascension. Bonatti, Rebuffat, Desmaison, Bonington, Messner, Chouinard – et la liste est longue – l'ont été bien avant moi, et, malgré tout, certaines personnes s'insurgent toujours contre cette forme de professionnalisme, bien qu'elles l'acceptent dans d'autres sports. Porter des marques sur mes vêtements ne me plaît pas vraiment, mais, devenue une professionnelle, soit j'accepte et tiens parole, soit je n'entre pas dans ce système, et cela définitivement. Je n'aime pas faire les choses à moitié. J'avais décidé de vivre à fond ma passion et je m'en donnais les moyens. Si je n'avais pas rêvé les pieds sur terre, du moins par rapport à l'argent, aurais-je pu me lancer vers les cimes ? La sécurité permet d'élaborer des projets en toute quiétude.

Quoi qu'il en soit, je ne sortis pas sereine de cette expérience. On parlait de moi comme d'une grande alpiniste alors que je ne me considérais que comme une bonne rochassière. Pour moi, être un bon alpiniste, c'est être capable d'évoluer dans des terrains mixtes où des qualités de glaciériste sont aussi requises. Redoutant la glace et la neige que je connaissais mal et dont je ne maîtrisais absolument pas les techniques, je les avais toujours évitées soigneusement. Pour devenir une vraie alpiniste et progresser dans mon activité, il me fallait apprendre à grimper sur la glace.

5

L'EIGER EN SOLITAIRE ET EN HIVER

« Quand les pieds ne veulent plus vous porter, on monte avec sa tête. Et c'est vrai. Ce n'est peut-être pas dans l'ordre naturel des choses, mais ne vaut-il pas mieux marcher avec la tête que penser avec les pieds comme il arrive souvent ? »

R. Daumal, ***Le Mont Analogue***

Mon objectif secret : réaliser un vieux rêve en gravissant la face nord de l'Eiger par l'itinéraire de Heckmair et ses compagnons. Cette face nord me fascinait. La première fois que j'en entendis parler, j'avais huit ou dix ans. Un été, alors que nous étions en vacances dans les Alpes suisses, la presse locale avait relaté un accident qui y était survenu. À cet âge-là, je ne lisais pas les journaux mais un jour, à table, mon père l'évoqua devant moi avec un de ses amis. Il ressortait de leurs commentaires que cette montagne, vraiment très dangereuse, était même la plus meurtrière. Je vis la photo de la paroi dans le journal, toute noire en forme de gros triangle. Mon père me dit que Eiger voulait dire Ogre : une tueuse. Tout cela m'impressionnait.

J'appris un peu plus tard que jusque dans les années soixante, la moitié des alpinistes qui avait tenté cette face y avait trouvé la mort. Puis, en 1972, l'année de mes débuts en escalade, en feuilletant un livre de montagne, je tombai sur plusieurs photos illustrant l'histoire des premières tentatives d'ascension de la face nord de l'Eiger. Une photo en noir et blanc me marqua particulièrement. On y voyait un alpiniste pendu en plein vide au bout d'une corde, le corps cassé en deux au niveau de la taille que prolongeaient de macabres stalactites de glace. Ce tragique accident avait eu lieu lors de la deuxième tentative, en 1936.

Le premier assaut avait été lancé par deux alpinistes allemands, Max Sedlmayer et Karl Mehringer en 1935. En cinq jours, ils réussirent à atteindre le milieu de la face. Le dernier jour, des observateurs armés de télescopes les virent se diriger vers un endroit appelé le Fer à Repasser – de loin, il y ressemble effectivement – et disparaître dans des nuages qui se refermèrent sur eux. Ils ne les revirent plus jamais vivants. Des semaines plus tard, un pilote d'avion, en longeant la face, aperçut l'un des disparus, gelé, debout sur une étroite vire où ils avaient dû passer la nuit. Pas de trace du second qui ne fut découvert que vingt ans plus tard au même endroit, enseveli sous la glace. Par la suite, ce lieu fut appelé le Bivouac de la Mort.

En juillet 1936, la deuxième tentative fut effectuée par quatre alpinistes : deux Bavarois, Kurtz et Hinterstoisser, et deux Autrichiens, Rainer et Angerer. Dans le bas, ils n'empruntèrent pas la même ligne que les précédents : ils passèrent à droite dans un terrain plus facile, puis ils durent effectuer une traversée descendante à gauche dans des dalles lisses pour rejoindre la ligne de leurs prédécesseurs. Hinterstoisser, le plus habile rochassier, effectua, en tête de cordée, cette traversée qui, depuis, porte son nom. Après l'avoir franchie, il fixa la corde pour que ses compagnons puissent le rejoindre. Après ce passage délicat, ils récupérèrent leur corde et continuèrent leur ascension. À la nuit tombée, ils se blottirent sous un surplomb. Cependant, des spectateurs avaient remarqué qu'un des grimpeurs était resté longtemps immobile sur le deuxième névé. Il sembla ensuite être aidé par ses compagnons. Avait-il été touché par une chute de pierres ? Cette hypothèse fut vite écartée lorsque les observateurs virent les alpinistes continuer à monter le lendemain matin. Vers neuf heures, un épais brouillard s'abattit sur les deux tiers supérieurs de la face et ils ne purent les revoir de toute la journée. Le lendemain matin, ils les repérèrent à la limite supérieure du deuxième névé. Les alpinistes se trouvaient beaucoup plus bas que prévu et progressaient très lentement. Ils n'avaient pas encore rejoint le Bivouac de la Mort, le point le plus haut atteint par les Allemands l'année précédente. Puis on les vit redescendre. Un des hommes était soutenu par les trois autres. Ils descendirent lentement le deuxième névé puis posèrent un rappel pour passer une barre rocheuse et accéder ainsi au bivouac sous le surplomb. Ils passèrent là leur troisième nuit. Le temps se dégradait rapidement. Cependant, on put voir Hinterstoisser se diriger vers la traversée. Épuisé, sans corde fixe, il n'arriva pas à retraverser. La seule solution fut de descendre en rappel la paroi surplombante qui se trouvait en dessous d'eux. La suite fut racontée par un cheminot. En milieu de journée, en criant par la fenêtre du tunnel qui donne sur cette partie de la face, il réussit à établir le contact avec eux. Ils étaient à quelques longueurs au-dessus de lui et tout allait bien. Pensant qu'ils le rejoindraient rapidement, il dégagea une petite plateforme dans la neige pour les aider à trouver l'endroit, puis il se mit à l'abri des intempéries dans le tunnel et leur prépara du thé. Au bout d'un moment, ne les voyant pas arriver, il ressortit voir ce qui se passait. Il entendit des cris désespérés et se précipita sur le téléphone du funiculaire pour donner l'alarme. Trois guides arrivèrent pour porter secours. Partant de la fenêtre de la galerie, ils traversèrent la face pour apercevoir, quatre-vingt-dix mètres plus loin, Toni Kurz qui pendait au bout d'une corde. Celui-ci les supplia de l'aider. Ses compagnons étaient tous morts. Hinterstoisser avait dévissé dans l'après midi et avait atterri au pied de la face, et Angerer avait été étranglé par la corde probablement lors de la chute d'Hinterstoisser. Rainer, l'homme blessé, était mort gelé. Ces deux derniers étaient toujours attachés à la corde de Kurz. Des pierres et des trombes d'eau lui tombaient dessus mais les guides ne purent rien faire pour lui ce soir-là car la nuit tombait. Le lendemain matin, Toni Kurz était encore en vie et appelait toujours à l'aide. Malgré leurs efforts, les guides ne réussirent pas à le rejoindre. Il pendait dans le surplomb trente-sept mètres au-dessus d'eux.

— On va t'aider, ne t'inquiète pas, lui crièrent-ils. Est-ce que tu peux nous envoyer une ficelle pour qu'on te passe une corde et des pitons afin de poser un rappel ?

Le pauvre Kurz réussit à remonter péniblement entre les deux corps de ses camarades en coupant toute la corde qu'il pouvait. Mais c'était loin d'être suffisant. La seule façon d'en obtenir une plus grande longueur était de séparer les brins qui constituaient le tressage de la corde en chanvre. Il ne pouvait se servir de son bras gauche, gelé, mais avec sa bonne main et ses dents, il parvint tout de même à mettre bout à bout plusieurs ficelles et obtint ainsi une longueur de quarante-cinq mètres qu'il fit descendre aux guides. Ceux-ci réalisèrent à ce moment-là, que la corde qu'ils allaient lui envoyer serait trop courte pour l'amener jusqu'à eux. Ils attachèrent alors rapidement une autre corde au bout de celle que Kurz tirait.

Le rappel enfin posé, Kurz fit une descente interminable. Il recourbait son bras inutile autour de la corde pour garder l'équilibre et utilisait l'autre pour contrôler sa vitesse. Arrivé à la jonction des deux cordes, le nœud ne passa pas dans son mousqueton de rappel et arrêta sa descente. Kurz n'avait plus de force et ses efforts pour essayer de faire passer le nœud restèrent vains. Les sauveteurs ne pouvaient pas l'aider, car il était toujours hors de leur portée. Ils tirèrent sur la corde pour l'étirer le plus possible et amener Kurz à eux. Cela réussit presque : ils parvinrent à toucher la pointe de ses chaussures, mais malheureusement ils ne purent l'attraper. Les guides essayaient de l'encourager :

— Vas-y, tu y es presque. On va te récupérer. Essaye encore une fois !

Kurz se bagarra à nouveau pour passer le nœud à travers le mousqueton. Il avait le visage rouge, gonflé, et une expression éteinte. Les guides savaient qu'il était en train de mourir. L'un deux lui suggéra alors de couper la corde, lui assurant qu'il ne tomberait pas loin. Mais il ne pouvait plus bouger, il était à bout.

— Je n'en peux plus, je n'en peux plus, gémit Kurz, qui bascula en arrière à ce moment-là.

Quelques minutes plus tard, il était comme un pantin désarticulé.

En découvrant la photo de Kurz, je n'avais pas voulu connaître les détails de cette tragédie, et n'avais donc pas lu l'histoire. L'image m'avait suffisamment marquée. En réalité, adolescente, je ne lisais que très peu, voire pas du tout, de récits de montagne. Ces livres me semblaient trop tragiques, ils ne correspondaient pas à l'image que j'avais ou que je voulais avoir de la montagne. Ce qui m'intéressait, c'étaient les photos avec leurs légendes.

Dans le même livre, une photo montrait quatre alpinistes à l'air fatigué, mais hilares. La légende disait : « De gauche à droite, les Autrichiens Heinrich Harrer et Fritz Kasparek, les Allemands Anderl Heckmair et Ludwig Vörg au retour de la première ascension de la face nord de l'Eiger le 24 juillet 1938. »

Sur la page suivante, on découvrait les quatre alpinistes en costume de ville aux côtés d'Hitler. La légende : « Cette première retentissante fut immédiatement transformée en acte de propagande par le régime nazi. » Je fus assez surprise de voir cette scène.

Au départ, les Allemands et les Autrichiens formaient deux cordées distinctes. Lorsque Heckmair et Vörg attaquèrent la paroi, deux SA autrichiens se trouvaient déjà dans la face : Harrer et Kasparek. Harrer avait pris soin d'emporter dans son sac le fanion à croix gammée pour le planter au sommet. Il espérait ainsi être sélectionné pour l'expédition au Nanga Parbat. Heckmair et Vörg éprouvaient peu de sympathie pour leur mouvement politique et ne savaient comment réagir face à cette concurrence encombrante, lorsqu'ils les rattrapèrent sur les pentes de glace du second névé. Heckmair refusait de s'encombrer de ces deux Autrichiens, mais Vörg, plus généreux, le persuada de faire cordée commune. Ils bivouaquèrent au pied de la rampe, juste un peu plus loin que le Bivouac de la Mort. Ce long couloir en oblique à gauche est une des difficultés de la voie qu'ils ouvraient. Ils en sortirent par une longue traversée horizontale, la Traversée des Dieux, qui leur permit d'atteindre l'Araignée. Ce névé très raide est un axe naturel pour les avalanches et les chutes de pierres. Le mauvais temps les surprit à cet endroit. Ils en réchappèrent et établirent leur dernier bivouac au pied des fissures de sortie. Le lendemain, ils abandonnèrent tout leur matériel pour pouvoir franchir rapidement les dernières longueurs. Malgré la tourmente et une chute de Heckmair dont les crampons traversèrent la main de Vörg, ils parvinrent au sommet le 24 juillet à quinze heures. Ils eurent juste le temps de redescendre avant la nuit. À la gare de la Petite Scheidegg, ils furent accueillis par une foule qui les attendait et acclama les « héros » du IIIe Reich qui furent exhibés comme des exemples parfaits de coopération austro-allemande et de triomphe de la volonté. Il m'est difficile de juger ces alpinistes qui se sont laissé récupérer par ce régime. Leur était-il possible de refuser ? *A priori*, pour moi, ces hommes étaient avant tout de vrais alpinistes comme ceux des générations suivantes qui inscrivirent leurs noms dans l'histoire de la face nord de l'Eiger.

Depuis 1938, plus de vingt nouvelles voies ont été tracées dans l'Eigerwand, chacune avec son lot d'accidents. Cette fascination est probablement liée aux histoires tragiques de cette face et tout alpiniste rêve de braver ce mythe. En fait, cette montagne provoque un mélange d'attirance et de répulsion. Elle fait peur[1].

Elle me faisait peur. Ce qui m'intéressait dans ce projet était d'arriver à y penser sans aucune crainte. Pour y parvenir, il fallait avant tout que je me familiarise avec la glace et la neige et que je maîtrise parfaitement les techniques d'escalade sur la glace. Mon grand rêve était de gravir la face en solo, en hiver, et sans repérage – le choix de cette saison étant lié uniquement au fait qu'elle est moins dangereuse par grand froid. Cette ascension en solo hivernal n'allait pas être une première, mais c'est justement pour cela que je me sentais le courage d'envisager ce projet. Je m'étais dit : d'autres l'ont réussie avant moi, donc je dois en être capable si je m'y prépare

1. Sur l'Eiger, lire : Daniel Anker, *Eiger, théâtre du vertige*, éditions Hoëbeke, 2000 ; Chris Bonington, *Deux siècles d'histoire de l'alpinisme*, éditions Delachaux et Niestlé, 1992 ; Francis Keenlyside, *Pics et pionniers, histoire mondiale de l'alpinisme*, éditions Albin Michel, 1976.

sérieusement. C'est un peu prétentieux de raisonner de cette façon, mais j'ai toujours réagi de cette manière. Je m'étais tenu ce raisonnement sans savoir que ceux qui avaient réussi la voie dans la journée connaissaient l'itinéraire au préalable, sinon il est probable que j'aurais été moins sûre de mon fait. L'objectif me semblait abordable, d'autant que j'espérais acquérir rapidement un niveau technique suffisant. Les alpinistes sont unanimes : un bon rochassier ne rencontre pas de difficultés lorsqu'il se met aux techniques d'escalade sur glace car les mouvements sont plus simples qu'en rocher.

De plus, je comptais sur mon intuition et ma capacité à anticiper et à résoudre les problèmes au moment venu. Je passai donc l'hiver 1992 à me préparer et, comme pour les Drus, j'allai voir le maître en matière de glace, Jeff Lowe.

Mes premiers pas se déroulèrent sur de petites cascades gelées de dix mètres de haut au-dessus de la ville de Boulder, dans le Colorado. L'aspect lisse de la glace m'intimidait. Au pied d'un rocher, avant même de s'y engager le regard cherche les prises. En glace, il n'y a rien, pas la moindre aspérité où poser le regard. Cela me déstabilisait. Il fallait « créer » ses prises de pieds et de mains en plantant crampons et piolets pour s'élever. D'autres choses me faisaient peur : la structure même de la glace dont je n'arrivais pas à évaluer la solidité, et le fait de dépendre du matériel. Pour résumer, mes débuts sur la glace ne furent pas franchement brillants. En revanche, j'aimais cela. Ce nouveau jeu m'amusait et me donnait l'impression de me retrouver vingt ans plus tôt lorsque je découvrais l'escalade en rocher : l'envie de progresser m'excitait.

Nous passâmes quelques jours dans ce site, puis Jeff me proposa d'aller visiter les cascades des Rocheuses canadiennes du côté de Banff et de Lake Louise. Pour moi, c'était le rêve. J'allais découvrir la Mecque des glaciéristes des années quatre-vingt. Dans un paysage digne des plus célèbres histoires de trappeurs et de chercheurs d'or, nous gravîmes quelques grandes et célèbres cascades : Whipping Wall, Baugeot Left... J'appréciais de découvrir ces itinéraires, mais malheureusement j'étais absolument incapable de les gravir en tête, ou tellement lentement que Jeff aurait vite perdu patience. En second, n'ayant pas à me préoccuper de la sécurité, je pouvais suivre à peu près partout. Au début, c'était plutôt agréable de se faire emmener, mais rapidement je commençai à être frustrée de ne pouvoir faire quelques longueurs en tête. Grimper en premier de cordée reste ce que je préfère : le jeu de l'escalade est plus palpitant, plus prenant, car il ne suffit pas de trouver les mouvements pour s'élever, il faut aussi veiller à sa sécurité, s'assurer de la solidité des prises ou des ancrages, anticiper sur la difficulté des passages pour bien se protéger, gérer l'effort pour ne pas se retrouver brutalement tétanisé et à bout de forces dans des endroits où il ne faudrait absolument pas dévisser, choisir judicieusement la nature du point d'assurance (broche à glace, piton, sangle...) et le terrain sur lequel ce dernier sera posé. C'est ce jeu tactique qui me passionne dans l'escalade.

Pour moi, faire une ascension, c'est grimper en tête ou en réversible avec un compagnon, sinon cela m'amuse moins. En second, j'ai l'impression de ne rien faire, de ne pas participer. Ces magnifiques cascades canadiennes, je ne pourrai jamais dire que je les ai gravies, je ne m'y trouvais pas en acteur. Avant tout, il me fallait apprendre à grimper en tête dans des itinéraires plus faciles, donc moins raides. Ne voulant pas imposer mon faible niveau de débutante à Jeff, j'attendis d'être de retour à Chamonix pour faire mes gammes.

Trouver des compagnons de jeu ne fut pas un problème. En faisant cordée avec d'autres personnes qui me disaient savoir évoluer sur la glace, je m'aperçus que Jeff Lowe est vraiment un exceptionnel grimpeur de cascade. Je n'en avais pas eu conscience, car il était mon unique modèle. En le regardant, tout paraissait naturel et facile. Quelles que soient les conditions, la difficulté, la qualité de la glace, la verticalité... À aucun moment, je ne le vis hésiter ou se retrouver en situation difficile. Le voir ne mettre des protections que tous les dix mètres me faisait bien évidemment dresser les cheveux sur la tête rien que de m'imaginer à sa place, mais il avait l'air tellement à l'aise... De retour en France, j'étais en train de réaliser quel maître exceptionnel j'avais eu. Avant d'atteindre un niveau similaire, il me faudrait courir longtemps ! Mais là n'était pas mon objectif. Avant tout, pour l'Eiger, je voulais être capable d'évoluer en toute tranquillité sur des pentes à 80 degrés. Grâce à l'enseignement de Jeff, ce niveau, je l'atteignis vite. Évidemment, je ne courais pas sur la glace, mais j'étais sûre de mes mouvements. Rassurée par cet acquis, je perfectionnai mon entraînement en allant un peu plus en montagne gravir des petites goulottes de glace, des faces mixtes. Il me fallait tâter toutes sortes de terrains afin d'engranger le plus d'expériences possible en conditions hivernales. Mais je n'en faisais pas trop, je voulais garder ma motivation intacte. En me forçant à aller tous les jours en montagne, j'aurais probablement émoussé mon envie d'Eiger et, surtout, gâché le plaisir que je prenais à me préparer. En définitive, pour cette ascension, j'avais l'impression de prendre doucement mon élan, parée à lâcher les gaz quand le moment serait venu.

Fin février, je me sentais prête techniquement et moralement. Il ne me restait qu'à attendre un créneau de beau temps pour partir et le 10 mars à huit heures du matin j'étais enfin en route pour Grindelwald en compagnie de Jeff. J'avais hâte de revoir cette face nord de l'Eiger qui, pendant un an, avait accaparé mes pensées. Dans quelles conditions se trouvait-elle ?

Ce n'est que du train à crémaillère de la Petite Scheidegg que je pus enfin la découvrir. J'eus un pincement au cœur. L'ayant minutieusement observée sur des photos, je pensais qu'elle me paraîtrait familière. Mais, sombre et si imposante devant moi, elle m'impressionnait. Passé quelques instants, ce premier sentiment se dissipa tout de même peu à peu.

En regardant de façon plus objective, j'arrivai tout de même à distinguer l'itinéraire que j'avais choisi, la voie Heckmair, qui me sembla plus humaine.

Comme l'année précédente, nous nous installâmes à l'hôtel Kleine Scheidegg, juste au pied de la face. Cet hôtel de style victorien, aux parquets grinçants et aux murs tapissés de tissus roses ou bleu pâle aux motifs désuets à souhait, faisait vraiment un charmant camp de base. En revanche, l'accueil que nous réserva la propriétaire, Frau von Allmen, fut plutôt froid. Cette grande femme autoritaire, d'environ soixante-dix ans, eut un air désapprobateur dès qu'elle nous vit. Nous avait-elle reconnus ? Toujours est-il qu'elle nous apostropha :

— Où allez-vous avec ça ? dit-elle, désignant un sac à dos gisant à nos pieds d'où émergeait une tête de piolet.

— Grimper, répondîmes-nous, intimidés.

— Vous êtes stupides, je n'aime pas les alpinistes. Vous risquez votre vie inutilement.

Je n'en croyais pas mes oreilles, de quoi se mêlait-elle ? C'était bien la première fois que j'entendais une chose pareille. Quoi qu'il en soit, elle nous admit en nous sermonnant sur la conduite à tenir dans son établissement.

Nous restâmes dans ce lieu hors du temps une bonne huitaine de jours. Les conditions météorologiques n'étaient pas merveilleuses et surtout les prévisions n'annonçaient rien de bon. Hors de question de partir dans cette face avec des risques de mauvais temps.

L'attente me parut plutôt longue. J'avais hâte d'y aller. Pour patienter, je passai les quatre premiers jours à fignoler mon équipement et à observer la face à la longue-vue. À force, je connaissais comme ma poche l'itinéraire à suivre. Pour avoir une idée de l'endroit où je me trouverais lors de mon ascension, je décidai de suivre l'exemple de Jeff lors de l'ouverture de sa voie : j'allais emmener une photo de l'Eiger.

Comme pour les Drus, j'avais fait appel au dernier moment à des amis pour prendre des photos et filmer. Cette fois-là, le budget pour payer tous les frais du tournage avait été facilement trouvé car c'est le sponsor lui-même, Whirlpool, qui m'avait appelée, la marque souhaitant soutenir des « femmes d'action ». Mes amis arrivèrent le quatrième jour. L'équipe était composée de René Robert, photographe, Stéphane Deplus, réalisateur, et d'un cameraman, tous d'un caractère plutôt enjoué.

À cinq, nous nous sentions plus forts pour faire face aux regards réprobateurs que nous lançait Frau von Allmen. Devant elle, je me sentais vraiment comme une gamine qui craint de se faire gronder. Elle semblait n'avoir de la sympathie que pour sa clientèle d'habitués qui viennent chaque hiver depuis deux ou trois décennies skier sur les pentes douces de Grindelwald.

Le 8 mars au matin, les prévisions météorologiques furent plutôt bonnes pour les jours à venir. Il soufflait une légère brise du nord et le ciel commençait à se dégager. Je décidai donc d'aller reconnaître la montée jusqu'à la traversée Hinterstoisser car, pour avoir une chance de gravir cette face dans la journée, j'allais devoir partir de

Dans cette première partie, il n'y a pas de ligne

évidente, ni de difficultés particulières, et il est très facile de s'y perdre.

D'autre part, cette traversée, depuis que Lachenal et Terray ont réalisé la première répétition de la voie en 1952, se franchit à l'aide d'une corde fixe. Je souhaitais vérifier sa présence et son état pour ne pas prendre le risque de la voir se rompre lorsque je tirerais dessus. Lachenal et Terray avaient fixé cette corde afin de faciliter leur retraite en cas de besoin. Ils ne voulaient pas reproduire l'erreur du jeune Allemand qui ouvrit ce passage en juillet 1936.

Pour ma première incursion dans la face, Jeff m'accompagna. C'est donc côte à côte, en papotant, que nous remontâmes ces trois cents premiers mètres de gradins. J'étais très contente de ce petit repérage : vue de l'intérieur, cette face était moins impressionnante que je ne l'imaginais. Ce sentiment m'était familier car je l'avais déjà éprouvé lors de mes précédentes ascensions ; mais, même si je m'y attendais, le ressentir à nouveau était très agréable.

Tout en montant, malgré notre bavardage, j'observais attentivement le terrain pour prendre des repères, et le cap à suivre en légère oblique à droite pour atteindre le passage dit de « la fissure difficile ». La surface de la neige demeurait aussi une de mes grandes préoccupations : je voulais vérifier qu'il n'y avait pas eu de chutes de pierres. À part quelques petits morceaux de schiste par-ci, par-là, il n'y avait rien de bien inquiétant.

Au pied de la fissure difficile, nous nous encordâmes. Je suis toujours partisane, quand c'est possible, d'agir en toute sécurité. Ce passage remonte une dalle calcaire lisse présentant quelques petites prises creusées par l'eau, et trente mètres plus haut se trouve la fameuse traversée. Mon idée de venir poser une corde solide s'avéra judicieuse : nous ne trouvâmes qu'un assemblage de vieilles cordes rafistolées n'importe comment qui tenait lieu de rampe. En solo, je n'aurais pas parié sur sa solidité et m'autoassurer pour ce passage m'aurait certainement pris du temps.

La veille de mon départ, la journée avait été consacrée à la vérification de mon matériel d'escalade et à l'étude du contenu de mon sac pour que celui-ci ne soit pas trop lourd. Je n'étais pas absolument certaine de parvenir à gravir la face dans la journée car plusieurs choses pouvaient me prendre du temps : trouver le chemin à suivre, la solution pour franchir certains passages, sans parler des conditions de la face qui pouvaient rendre certains passages très délicats et m'obliger à ralentir l'allure afin de redoubler de précautions. Ne tenant pas à prendre le risque de me retrouver sans rien pour passer une nuit hivernale dans la face, je décidai d'emmener un minimum d'équipement de bivouac : un sursac, une petite veste en duvet, des chaussettes de rechange, des chaussons et des moufles en duvet, un minuscule réchaud, deux sachets individuels de soupe instantanée, deux sachets de thé, quelques morceaux de sucre, une cuillère en aluminium et un briquet. Dans mon sac sont venus s'ajouter les indispensables couteau, gants de rechange, lampe frontale munie de piles au lithium, barres énergétiques et une grande bouteille isotherme d'un litre et demi remplie d'une boisson chaude et également énergétique.

Pour le matériel d'escalade, je pris de quoi m'assurer correctement dans un passage si j'en éprouvais le besoin, ou avoir la possibilité de redescendre en cas de problème : deux cordes de cinquante mètres, trois broches à glace, six pitons de différentes formes, quatre friends, six coinceurs, quelques mousquetons, une poignée autobloquante, une paire de crampons, quelques sangles, un casque et trois petits piolets dont deux munis d'une tête de marteau. J'en pris trois, car j'avais entendu parler d'un alpiniste qui s'était retrouvé bloqué en pleine paroi parce qu'il en avait cassé ou perdu un.

Avec le sentiment d'être parfaitement préparée, je montai passer la nuit dans la gare située à vingt minutes de l'attaque. Jeff m'accompagna. J'appréciais qu'il soit là car, bien que je n'eusse aucun doute sur ma capacité à réussir ce que j'entreprenais, je me sentais nerveuse et sa présence m'apaisait. Nous dormîmes dans les dortoirs du personnel travaillant pour la compagnie du funiculaire. Cela ne valait pas les douillettes chambres de l'hôtel de Frau von Allmen, mais il y faisait bien chaud et, fait peu coutumier en Suisse, on ne nous fit pas payer. Cette nuit-là, pour être franche, je ne dormis pas très bien. Jamais je ne m'étais retrouvée aussi excitée et anxieuse à la fois. L'inconnu m'effrayait un peu. Pour effacer ces appréhensions, j'essayais de m'imaginer grimpant en solo afin de retrouver les sensations positives et paisibles que j'éprouve toujours dans cette situation. Je parvenais ainsi à me calmer pendant quelques minutes puis, à nouveau, mon esprit s'échappait pour imaginer comment serait le passage de la Rampe, de l'Araignée, de la fissure de sortie et je me retrouvais une fois de plus agitée par l'aventure à venir. En fait, j'étais dans l'état psychologique qui précède un examen.

À quatre heures du matin, après un petit déjeuner frugal, nous quittâmes la station de train. Pour rejoindre le pied de la voie, il fallait marcher vingt minutes à l'horizontale. Jeff prit la tête. Tout en marchant derrière lui, je fulminais car je trouvais qu'il ne faisait pas bien froid et j'avais l'impression qu'il neigeait. Quelques petits flocons passaient devant le faisceau de ma lampe.

À l'attaque, je demandai à Jeff ce qu'il en pensait.

— Ça n'a pas l'air bien méchant. Mais bon...

La décision de partir m'appartenait. Était-ce du gros

mauvais temps ? Sans doute non. Mais j'aurais tout de même préféré le grand beau. Après quelques instants d'incertitude, je me donnai comme limite d'atteindre le Bivouac de la Mort et de voir à ce moment-là comment le temps évoluerait. Si les conditions s'aggravaient, de cet endroit il me serait toujours possible de redescendre aisément. Par sécurité, je pris une radio pour rester en contact avec Jeff afin qu'il me donne des informations précises sur la météo.

Au moment de nous séparer, Jeff me dit :

— Vas-y, j'ai confiance en toi, tu vas réussir.

Ses paroles me firent vraiment plaisir. Ce n'est pas que je doutais, ni que j'avais peur, mais ces mots me donnèrent davantage confiance en moi. Une bise rapide et nous nous séparâmes sans état d'âme.

La remontée des gradins dans l'obscurité ne me posa pas de problème. Très vite, je me retrouvai à la traversée que je passai sans encombre. J'attaquai maintenant la première bande de neige, sans me presser, car je trouvais que le temps ne s'améliorait pas franchement.

Au pied du deuxième ressaut rocheux, Jeff m'avait conseillée lors de mes repérages à la longue-vue : « À cet endroit, regarde bien, il y a une langue de glace qui remonte à droite, emprunte-la, tu gagneras du temps en évitant le rocher. »

Logiquement, il avait raison. Grimper en glace, c'est moins compliqué que de grimper en crampons sur le rocher. Mais, en voyant le pan de glace à 90 degrés, je n'eus absolument pas envie de m'y lancer en solo car la glace à la verticale m'impressionnait encore. Plus à l'aise sur le rocher, je préférais de loin faire quelques pas aériens sur le mur légèrement déversant. Effectivement, franchir la barre fut simple. Le passage était un peu athlétique mais les prises franches et solides. Très vite, je me retrouvai sur le deuxième névé. Cette montée dans la neige me sembla terriblement longue car marcher dans la neige ne m'a jamais vraiment plu. Je trouve cet exercice fatigant et fastidieux alors que, dans les passages techniques, mon esprit et mon corps, pris au jeu de l'escalade, oublient l'effort et ne rechignent pas à fournir un travail sur une longue durée.

Là, sur ce névé, mettant bêtement un pied devant l'autre en m'efforçant d'économiser mes forces, j'avais le temps de penser à autre chose, et notamment de constater que cette montée me fatiguait. Cela n'en finirait-il donc jamais ? J'avais hâte d'aborder les vraies difficultés techniques. J'avais soif : en moi-même je me dis que j'aurais dû prendre le temps de m'arrêter pour boire, mais je n'avais pas très envie de le faire au milieu de cette pente de neige. Je boirais au Bivouac de la Mort.

Une autre pensée me tracassait : le temps. Il neigeait toujours et l'idée de devoir peut-être redescendre ne m'encourageait pas à poursuivre : cette perspective me coupait plutôt les jambes. M'arrêtant tous les vingt pas pour souffler, je parvins enfin à ce fameux Bivouac de la Mort. Là, mon premier geste fut de regarder ma montre. Il était déjà une heure de l'après-midi. N'ayant rien bu ni mangé depuis mon départ, ce petit passage à vide ressenti juste en dessous ne m'étonnait pas vraiment et me restaurer devenait la priorité.

Là, tout en mangeant mes pâtes de fruits, je ne pus m'empêcher de penser aux deux alpinistes allemands morts d'épuisement à cet endroit précis en 1935. Lorsque des alpinistes se tuent en montagne, les gens disent toujours : « Il est mort là où il aimait être, c'est très bien pour lui. » Moi, j'aime bien être en montagne mais pas trop longtemps. Ce que je préfère par-dessus tout, c'est le retour à la maison. Mourir en montagne n'est absolument pas mon souhait et, bien que je ne croie pas à l'au-delà, je n'aimerais pas que mon corps repose en ces lieux hostiles.

Des flocons tombaient çà et là, mais, malgré tout, le ciel semblait vouloir se dégager. Par acquit de conscience, j'appelai Jeff qui confirma mon impression. Le beau temps arrivait. Il ne fallait plus que je traîne trop si je voulais sortir des difficultés avant la nuit. Sans perdre une minute, je me préparai à attaquer la rampe. Pour utiliser mes cordes rapidement en cas de besoin et éviter de les porter, je décidai de les tirer derrière moi. Jeff m'avait suggéré de ne pas prendre ce passage à la légère, c'était sûrement la partie la plus délicate de la voie. En forme, excitée par l'action à venir et concentrée à l'extrême, j'ôtai mes gants pour mieux tenir les prises et me mis en route. Les premiers mètres furent vraiment aisés, j'en fus presque déçue, mais, plus je montais, plus la rampe se redressait pour faire place à une haute et étroite cheminée. Les vraies difficultés apparaissaient enfin et rien n'existait plus pour moi en dehors des prises de pieds et de mains difficiles à appréhender car plates, légèrement déversantes et recouvertes d'une fine pellicule de neige. Faisant appel à toutes mes ressources techniques, je progressais tel un automate. Je n'avais qu'une idée en tête : rester le plus longtemps au fond de la gorge car à l'extérieur c'était vraiment impressionnant : à droite, la paroi lisse et surplombante, à gauche le rocher noir qui se dérobait pour faire place au vide. C'était donc coincée au fond du boyau que je me sentais le plus en sécurité. Pourtant, aux deux tiers, il me fallut imaginer autre chose : la gorge se resserrait, plus moyen de m'y faufiler. Pour continuer ma progression, je n'avais qu'une solution : sortir du goulet et grimper le mur de gauche qui surplombait le vide. Plusieurs secondes de réflexion me furent nécessaires pour m'habituer à cette idée et, passé cet instant d'émotion, je parvins à trouver comment m'y prendre pour effectuer ce pas sur la gauche sans me faire peur : je m'assurai au moyen d'une grande sangle à un piton qui se trouvait juste devant moi. Avec cette petite sécurité, en toute tranquillité, je déplaçai le poids de mon corps sur la jambe gauche pour me retrouver à l'aplomb du mur. Là, tout allait bien, les pointes avant de mes crampons étaient stables sur les réglettes et les prises de mains franches, je pouvais continuer sans appréhension. Je démousquetonnai la sangle et poursuivis ma progression.

Plus je montais, plus le mur se couchait, mais la roche devenait aussi plus friable, formant comme des piles d'assiettes. Grimper dans ce terrain me rappelait mes escalades en Oisans, et j'aimais ça, je trouvais même ça plutôt amusant. Cela changeait un peu du bon granite de Chamonix sur lequel je grimpais ces derniers temps. En fait, je pense que j'y prenais plaisir essentiellement parce que je m'y attendais, je savais le rocher de cette face nord de l'Eiger médiocre et je m'étais préparée au pire. À l'endroit où je me situais, ce n'était pas atroce, d'autant que tout était pris dans la glace. L'extrémité supérieure de la rampe n'était plus qu'une pente raide de schiste noir. Là, je me demandai comment faisaient les cordées pour s'assurer correctement dans ce terrain et fus plutôt contente de ne pas avoir à m'en soucier. Cette pente, je la remontai comme une araignée, le corps parallèle au sol, bras et jambes écartés pour avoir une meilleure assise dans ce terrain instable. Ce n'était pas le moment de glisser. Rapidement, je me retrouvai au pied d'une section raide et peu engageante. Au vu de la difficulté, la voie ne devait sûrement pas passer là. Vers la droite, je repérai une vire étroite formant un balcon surplombant la face. Ce lieu m'en imposait. Je m'y avançai, tâtonnant une vingtaine de mètres jusqu'à l'aplomb d'un petit mur légèrement déversant. Une fissure franche permettait de le franchir mais, impressionnée par le vide derrière moi, je posai tout de même un friend auquel je mousquetonnai une sangle reliée à mon baudrier. Ainsi, sans hésitation, en deux ou trois mouvements, je franchis le petit surplomb et pris pied sur la Traversée des Dieux. S'offrait à moi maintenant une grande bande blanche horizontale longue d'une centaine de mètres et inclinée à environ 60 degrés.

Les conditions n'y étaient vraiment pas idéales. De la neige fraîche instable recouvrait le relief. Je choisis de m'y engager au beau milieu, avançant pas à pas, en m'assurant que chaque pied se maintenait bien stable, le piolet de main gauche me servant à maintenir l'équilibre. Mais au bout d'une vingtaine de mètres, ma trajectoire dévia inexorablement vers le haut. Je préférai rejoindre la base de la paroi verticale pour m'agripper à du rocher sec et être ainsi capable de me rattraper en cas de glissade impromptue. Quand j'atteignis la base du mur, je me sentis effectivement beaucoup mieux. Je maîtrisais la situation. Trente mètres plus loin, je trouvai un vieux piton tout rouillé auquel pendait un anneau de corde en piteux état. Cette découverte me fit plaisir. Pour moi, tout d'abord, il signifiait que d'autres alpinistes étaient passés par là. Bien que me sachant sur le bon chemin, c'était réconfortant de le constater. D'autre part, il allait me servir à maintenir les cordes que je tirais derrière moi dans l'axe de la traversée. Je craignais qu'elles ne plongent brutalement dans le vide sous moi et me déséquilibrent. En outre, j'eus la pensée ridicule qu'en cas de chute ce vieil anneau serait mieux que rien. Ridicule ou pas, cette pensée me rassura et me permit de continuer ma progression en toute tranquillité.

Vers la fin de la traversée, tout en négociant un dernier passage délicat, je me dis que je commençais à tenir le bon bout. À ce moment-là, j'étais assez satisfaite : depuis le début, j'avais plutôt bien négocié les passages délicats, je ne m'étais pas fait peur et, pour tout dire, j'avais vraiment pris du plaisir. De surcroît, je n'étais pas fatiguée. Forte de ces bonnes impressions, j'enchaînai sur l'Araignée. La chance était avec moi : la glace, pas trop dure, me permettait d'ancrer solidement mes piolets.

Cependant, à mi-parcours de la pente, une rencontre plutôt macabre me fit redoubler de vigilance. De vieux bouts de tissu émergeaient de la glace. Que s'était-il passé ? Je n'avais pas envie d'approfondir la question, mais pensais bien évidemment au pire, vu la sinistre renommée de cette face. En montagne, il arrive parfois de rencontrer des reliques humaines. Une fois, en 1976, sur le glacier des Bans en Oisans, j'étais tombée nez à nez avec une vieille chaussure de montagne prolongée d'un tibia, et un peu en contrebas j'avais trouvé quelques vertèbres. Des ossements bien propres, certes, mais cette trouvaille m'avait fortement marquée. Ce pauvre homme avait dû tomber dans une crevasse. La presse locale m'avait appris deux jours plus tard que deux alpinistes avaient disparu cinquante ans plus tôt à cet endroit.

Ma concentration accrue, je dépassai donc sans m'arrêter ce sinistre endroit, et remontai la pente sans plus me poser de questions.

Très rapidement, j'atteignis une petite plate-forme de neige au pied d'un ressaut de roche claire, coupé d'une fissure verticale et surmonté d'un toit. Là, je décidai de faire une pause pour me réhydrater et surtout pour réorganiser mon matériel avant de franchir ce passage qui me semblait sérieux. Je rassemblai donc les cordes. L'exercice s'avéra difficile : il y avait du tirage. Elles semblaient s'être coincées quarante mètres plus bas. En tirant comme une brute, je parvins tout de même à libérer la rose. Pour l'autre, rien à faire : elle était bel et bien bloquée. Pour ne pas perdre de temps, et bien que je n'aime pas laisser des choses derrière moi, je pris la décision de l'abandonner. Ces cordes devaient me permettre de redescendre en cas de problème, maintenant elles ne me servaient plus à grand-chose car le sommet n'était plus très loin.

Alors que je lovais consciencieusement la corde récupérée, l'hélicoptère vint à ma hauteur. Cette visite me fit l'effet d'une récréation. Il me sembla que pour la première fois depuis mon départ, mon regard se posait sur autre chose que la paroi. Ce simple fait me relaxa et me permit de retrouver une concentration toute neuve pour affronter la suite. Armée de mes piolets, j'attaquai aussitôt la large fissure verticale juste au-dessus de moi. À peine élevée d'un petit mètre, je découvris avec horreur qu'au fond de cette fissure il n'y avait pas de la glace mais de la neige molle dans laquelle mes piolets n'avaient pas de prise. Cette mauvaise surprise me plongea dans la perplexité. Comment négocier ce passage sans prendre de risque ? Plusieurs minutes s'écoulèrent avant que je puisse me décider à faire un mouvement. Finalement, en coinçant mon corps dans la fissure et en pédalant avec les pieds, je finis par remonter péniblement d'un mètre jusqu'au petit toit. Là, à nouveau, je restai un bon moment avant de pouvoir bouger. Mais le problème, maintenant, était différent. Je voyais très bien le mouvement à faire pour franchir le surplomb mais n'osais l'accomplir. Il s'agissait de faire une Dülfer, c'est-à-dire de monter en posant les pieds à plat sur la paroi et en prenant l'écaille en opposition avec les mains. En crampons, je n'osais pas. J'avais beau me concentrer pour rassembler toutes mes forces, il n'y avait rien à faire, je ne parvenais pas à me décider. Je ne voulais pas parier. Réalisant que le temps passait, je finis par prendre la sage décision de planter un bon piton pour m'assurer au moyen d'une sangle et franchis aisément le surplomb. Ne pas avoir su prendre cette précaution plus rapidement me faisait pester. Cette hésitation m'avait fait perdre un temps précieux. La lumière du jour baissait et, pour la suite, il ne fallait pas se tromper d'itinéraire car plusieurs amis m'avaient dit s'être égarés à la nuit tombante à ce niveau, et cette erreur leur avait valu de passer une deuxième nuit dans la face.

Forte de leur expérience, profitant des dernières lueurs du jour, j'observai attentivement le terrain et effectuai comme l'indiquait le topo une grande traversée d'une quarantaine de mètres à gauche, qui me permit enfin de rejoindre une petite plate-forme enneigée à la base des fissures de sortie. Là, levant la tête, je vis à ma grande stupéfaction qu'il n'y avait pas au-dessus de moi de goulotte de glace mais un grand dièdre absolument vertical formé de deux pans de roche polie aux reliefs saupoudrés de neige fraîche. J'étais déçue, presque abattue par cette découverte. Ce passage n'allait vraiment pas être commode. Il était déjà dix-huit heures et la nuit commençait à tomber. L'idée de bivouaquer me traversa l'esprit mais je la rejetai aussitôt, jugeant qu'il y avait encore assez de luminosité pour gravir ce dièdre sur les dix premiers mètres qui me semblaient être les plus raides. Sans perdre de temps, j'installai ma lampe frontale sur le casque avant qu'il ne fasse nuit et commençai l'escalade de ce grand toboggan.

Bras et jambes écartés en appui de chaque côté du dièdre, je grimpai sans aucune hésitation. Les mouvements dictés par cette roche compacte me plaisaient. L'abîme, sous moi, m'effrayait mais, concentrée comme je l'étais, je réussis à en faire complètement abstraction. Quinze mètres plus haut, comme je l'avais supposé, la paroi s'inclinait légèrement et le relief devint plus franc.

En revanche, je dus allumer la frontale. Impressionnée par la nuit, je franchis les deux ou trois mètres restants de la cheminée en m'agrippant aux prises deux fois plus fermement que je ne l'aurais fait en temps normal. J'atteignis enfin une petite vire de neige. Maintenant, rien ne pressait, il faisait noir. J'arriverais quand j'arriverais. Aussi, avant d'entamer la suite, je bus et mangeai quelques barres énergétiques tout en essayant de voir ce qui m'attendait au-dessus, balayant la paroi avec le faisceau de la lampe. Rien à faire : je ne voyais pas à plus de deux mètres, juste assez loin pour constater que la paroi, là, devant moi, était moins raide et les bouts de roche émergeant de la neige fraîche apparemment peu solides. À nouveau, l'idée de bivouaquer me revint. C'était risqué. Il faisait trop froid. J'avais bien un sursac et des chaussettes de rechange mais je me voyais mal déballer mon attirail sur cette marche. Si j'attendais debout ou assise que la nuit passe, déshydratée comme je l'étais, je risquais de me geler les extrémités ou, au petit matin, de me trouver trop engourdie par le froid pour repartir. Mieux valait bouger, quitte à grimper toute la nuit.

Sentant que je me refroidissais déjà, je repartis aussitôt. L'itinéraire à suivre n'était pas compliqué : tout droit vers le haut. Maintenant, éclairant le relief dans un rayon d'un mètre, je m'élevais pas à pas. L'escalade demeurait délicate sur cette roche friable. Systématiquement je vérifiais chaque prise de mains, chaque prise de pieds, ne laissant aucune place à l'incertitude. Mes gestes s'effectuaient avec une concentration maximale.

Quelques mètres plus haut, je réalisai que mes bouts de doigts commençaient à perdre leur sensibilité. Depuis le Bivouac de la Mort, c'était la première fois que mes mains souffraient du froid. Je n'avais pas envie d'interrompre ma progression mais m'obligeai à un arrêt. Au prix d'une méchante onglée, je réussis à les ranimer puis repris consciencieusement l'ascension. Quelques mètres plus haut, je constatai que ma concentration faiblissait. Vérifier les appuis en permanence me pesait et mes doigts devenaient à nouveau insensibles. La fatigue devait commencer à se faire sentir. Une fois de plus, une pause s'imposa pour réchauffer mes extrémités et relaxer un peu mon esprit. Cela me coûtait, mais si je voulais sortir entière de cette face, je devais prendre le temps de m'occuper de moi, d'écouter mon corps. Je ne voulais pas parier sur des prises médiocres et il était hors de question de perdre une phalange pour cette ascension. Du sac, je sortis une paire de gants bien chauds. Presque immédiatement, mes extrémités ressentirent un certain bien-être. Quelques minutes plus tard, mes doigts furent à nouveau opérationnels. L'escalade étant trop délicate pour grimper les mains emmitouflées, je fourrai à regret les gants dans la poche poitrine de ma veste pour le prochain arrêt et continuai cette pénible remontée dans le noir. Mais cinq minutes plus tard, je dus effectuer la même opération. Malencontreusement, l'un des gants m'échappa et plongea dans le précipice noir. M'imaginant prendre le même chemin, une décharge d'adrénaline me submergea. La gorge nouée, le juron habituel ne put sortir. Passé quelques secondes, je réussis à me ressaisir. Je mis l'autre paire que j'avais utilisée précédemment, me réchauffai et repartis. En fait, cet incident eut le don de me sortir de la routine. Ma vigilance ainsi accrue me permit de gravir plusieurs mètres sans faiblir. En montant, bien que toujours très attentive, j'eus une pensée pour mes parents. S'ils me voyaient là, grimper en solo en pleine nuit dans cette horreur de rocher, ils ne seraient sûrement pas très contents. Ils m'ont toujours fait confiance, ils savent que j'agis prudemment. Mais depuis l'ouverture de la voie dans les Drus, ils sont devenus méfiants. Ma mère m'avait d'ailleurs dit un jour : « Si la presse en parle, c'est que tu dois faire des choses dures et dangereuses. »

J'avais essayé de lui expliquer que si je le faisais, c'est que j'estimais avoir le niveau et que je n'avais absolument pas l'impression de prendre des risques. La presse en parlait parce que je le voulais bien et parce que ces ascensions avaient la réputation d'être sérieuses.

Dans cette face nord de l'Eiger, jusque-là, j'avais vraiment maîtrisé tous les passages. À part cette légère hésitation dans la fissure surplombante, justement liée à ma prudence, mon ascension s'était déroulée sans problème.

Maintenant, je continuais dans le noir, mais là non plus je ne remettais pas mon sort à la chance, chaque geste était calculé, pesé. Agir de la sorte me fatiguait mais je tenais à ma peau. La situation n'était absolument pas périlleuse. Je grignotais la paroi presque centimètre par centimètre pour ne pas prendre de risque.

Gravir les cinquante mètres suivants me prit un temps fou. Je commençai à être épuisée. Le plus dur consistait à demeurer concentrée. Tous les mètres, je m'arrêtais, me détendais un peu et repartais. C'était une lutte permanente avec moi-même : je devais rester raisonnable. La tentation était grande de laisser s'évanouir ma vigilance et de foncer tout droit pour atteindre le sommet quitte à être imprudente ou à y laisser mes doigts.

Pour me motiver, je me parlais intérieurement. « Allez, arrête-toi, réchauffe tes doigts. Là, c'est bien. Encore un mètre, doucement... » Rétrospectivement, parler de cette manière peut paraître étrange, mais, dans l'action, ces paroles m'avaient aidée à garder ma concentration.

Je finis par atteindre la pente de glace terminale. Tout heureuse d'enfiler enfin mes gants, je m'armai des piolets et, dopée par la perspective proche du sommet, attaquai ragaillardie le dernier raidillon. Grimper sans plus de question sur chacun des points d'appui me détendait vraiment, les mouvements s'enchaînaient à nouveau assez vite. Malheureusement, vingt mètres plus haut, n'en pouvant plus, je dus m'arrêter : il fallait que je souffle. Trente secondes plus tard, je recommençai. Et quelques pas plus haut : nouvel arrêt. Levant obstinément la tête pour tenter d'apercevoir le sommet, je ne distinguai que du noir. C'était assez décourageant. Je n'en voyais pas le bout de cette pente.

Là, je me dis que je devais me reprendre, me recentrer sur les gestes à faire et non pas sur le sommet à atteindre. En montant tranquillement, j'allais de toute façon, à un moment ou à un autre, arriver en haut. Forte de cette résolution, les yeux désormais braqués un mètre devant moi, je repartis. Progressant à ce lent rythme de croisière, mes pensées se tournèrent vers la suite, c'est-à-dire ce que j'allais faire une fois au sommet. Jeff m'avait confié qu'il viendrait m'y accueillir, mais vu le mauvais temps du matin, je doutais qu'il soit là. Il était hors de question de dormir là-haut, il faisait beaucoup trop froid. J'allais redescendre dans la nuit. Ça ne serait pas facile, mais c'était mieux que de rester immobile...

Toute à mes réflexions, je réalisai soudain que je progressais quasiment à quatre pattes sur une pente si peu raide que j'aurais pu y marcher normalement. Au moment où je m'aperçus du comique de la situation, des traces de pas apparurent dans le rond de lumière juste sous mon nez. Elles partaient sur la droite. Devant moi, il n'y avait plus rien à gravir, rien que le noir total. Je me trouvais sur l'arête sommitale. C'était bien d'être enfin là, au sommet, et ces empreintes étaient vraiment bienvenues. En les suivant, si elles demeuraient visibles, la descente ne serait peut-être pas compliquée. Ce qui m'étonne maintenant, c'est que pas une seconde je ne me suis demandée qui avait bien pu laisser ces traces car il n'y avait pas d'alpinistes devant moi. L'idée de n'avoir plus qu'à les suivre m'avait suffi.

Contente d'être sortie des difficultés, marcher enfin debout me réjouit. Je restais toutefois attentive à la sente bien étroite. Ce n'était pas le moment de perdre l'équilibre, il y avait un grand trou noir de chaque côté. Je me sentais légère et étonnamment pleine de vigueur. Après environ cinq minutes de marche, tout à coup, en balayant avec ma lampe le terrain devant moi, je vis un sac de couchage étalé sur une petite plate-forme que quelqu'un avait creusée dans la neige sur la gauche de l'arête. Il semblait n'y avoir personne. Cette trouvaille m'apparut plutôt sympathique. Tout de même un peu étonnée, je criai :

— Jeff, Jeff, *are you there* ?

Aussitôt, le sac de couchage se mit à remuer et la tête de Jeff tout endormie émergea.

— Catherine ! Tu l'as fait !

Et nous tombâmes dans les bras l'un de l'autre. Émue, je ne pus retenir quelques larmes. Les tensions nerveuses accumulées tout au long de cette journée semblèrent s'évacuer d'un seul coup. J'étais si heureuse qu'il soit là. Il me dit :

— J'étais un peu inquiet, je craignais que tu aies décidé de bivouaquer dans la face. Je m'apprêtais à aller à ta rencontre au petit matin, car je pense que tu te serais gelée. Mais c'est super, tu es là.

— Je ne suis pas complètement stupide...

— Je sais, je suis fier de toi. Je savais que tu en étais capable. Ce qui m'étonne avec toi, c'est ta rapidité à apprendre. Tu es une vraie éponge.

Là-dessus, il sortit le réchaud et la gamelle pour préparer une soupe. En attendant, nous discutâmes de la voie, du mauvais temps au départ qui m'avait un peu déstabilisée, des passages délicats, de la qualité du rocher. Il savait quels problèmes j'avais pu rencontrer et me demandait comment je m'y étais prise pour les résoudre.

Au bout d'un moment, Jeff me fit constater que ce serait bien de prévenir les autres de mon arrivée car ils devaient peut-être s'inquiéter. En fait je les avais un peu oubliés. Il sortit sa radio et, précis, leur dit qu'il était vingt-deux heures et que j'avais mis dix-sept heures à gravir cette face, puis il me passa le talkie. Ils avaient l'air vraiment très contents de la nouvelle. Ils me demandèrent s'il ne faisait pas trop froid là-haut. Il devait faire entre – 10 °C et – 15 °C, mais il n'y avait pas de vent. Tout allait bien.

Ils monteraient demain matin en hélicoptère me dirent-ils, pour faire des images du sommet.

La vacation achevée, Jeff me sortit un duvet. Il en avait fait empilé deux l'un sur l'autre pour avoir plus chaud. Son inquiétude à mon sujet ne l'avait malgré tout pas empêché de dormir. J'enlevai mes chaussures, enfilai mes chaussettes de rechange et m'installai aussitôt dans le sac de couchage pour ne pas me refroidir.

C'était bon de boire enfin quelque chose de chaud l'esprit tranquille. Assis dans nos duvets, tout en mangeant, nous échangeâmes encore pendant une heure ou deux nos impressions. Il me raconta comment il était sorti *in extremis* de sa voie l'hiver précédent, laissant derrière lui son sac à dos qu'il espérait pouvoir enfin reprendre en partant le lendemain matin.

— Comme ça, je pourrai récupérer mes lunettes et te rendre ton matériel !

Puis, vers minuit, nous nous allongeâmes. J'étais comme sur un petit nuage. J'avais réussi et j'estimai l'avoir fait de belle façon et sans frayeurs. Les souvenirs de plaisir l'emportaient sur les quelques moments difficiles. Dans cet état de contentement, bien au chaud dans mon duvet, mes pensées allèrent alors au lendemain, me demandant ce qui maintenant me ferait le plus plaisir en arrivant en bas. En y réfléchissant bien, c'était de manger des profiteroles au chocolat, d'autant que les Suisses savent très bien les préparer. L'eau à la bouche, je plongeai dans le sommeil du juste.

Le lendemain, le réveil fut un peu difficile. Mon corps était moulu. Le temps du petit déjeuner aida à réveiller en douceur mes muscles endoloris. Puis, à peine les duvets pliés, l'hélicoptère vint déposer l'équipe. Malgré le plaisir de les voir, de devoir parler devant la caméra me chagrinait ; j'allais donc m'appliquer à ne pas dire de bêtises et cet effort me pesait. Cela ne m'empêcha pas d'en laisser échapper une grosse.

— Je ne m'attendais pas à ce que ce sommet soit une arête aussi effilée. Du bas, j'avais l'impression qu'il était plat.

En gravissant la face, leur racontai-je, le sentiment de l'avoir déjà faite auparavant ne m'avait pas quittée. De fait, je m'étais préparée mentalement à toutes sortes de difficultés et à affronter le pire. Tout ce que j'avais rencontré, je m'y attendais ou plutôt j'étais disposée à y faire face et il me semble que rien n'aurait pu franchement me déstabiliser. Je m'étais donc sentie bien durant toute la montée.

Puis, comme après chaque ascension, ils filmèrent mes mains tuméfiées d'avoir travaillé sans protection et tellement gonflées qu'il m'était impossible de plier les doigts correctement. Mais, contrairement aux Drus, elles ne me faisaient aucunement souffrir. Deux ou trois jours suffiraient pour résorber l'hématome.

Les prises de vue achevées, j'entamai la descente en compagnie de Jeff. Nous fîmes un petit crochet à droite pour essayer de récupérer son sac, mais celui-ci semblait avoir disparu. Égoïstement, qu'il ne le retrouve pas m'arrangeait bien. Courbatue, dans un état flottant, j'imaginais mal me lancer dans des manœuvres de corde compliquées.

Grâce à de grandes glissades sur les fesses, nous mîmes deux heures pour redescendre. Puis, affamés, nous nous arrêtâmes au premier restaurant venu, c'est-à-dire à la gare où nous avions dormi la veille de mon départ, pour engloutir un énorme steak-frites. Pas de glaces à la carte et encore moins de profiteroles : le dessert tant convoité serait pour plus tard.

À l'hôtel, à peine arrivée, on me réclama au téléphone. C'était Catherine Devaux, l'agent qui m'épaulait depuis quelques mois. Après les Drus, débordée par des sollicitations de toutes sortes, interviews, conférences, publicités, etc., j'avais fait appel à elle pour gérer ces demandes. Pour l'Eiger, elle était donc chargée des relations avec les médias et me fit part des rendez-vous téléphoniques avec la presse.

Cela faisait partie de mon activité professionnelle mais j'aurais préféré passer ces premiers instants de retour à la civilisation tranquillement avec mes amis. Ils devaient repartir rapidement sur Paris avec les images et je n'allais pas avoir le temps de discuter calmement avec eux.

Cette ascension fit grand bruit. Les journaux du monde entier en parlèrent : l'Ogre était encore présent dans les mémoires. À en juger par les gros titres des journaux, il avait gardé sa terrible réputation :

« Destivelle : l'Ogre est KO »[1],

« Destivelle, la première femme à dompter la redoutable face nord de l'Eiger »[2],

« Destivelle a dévoré l'Ogre »[3],

« Sur la tête de l'Ogre, le sourire de la victoire »[4].

1. *Le Figaro Magazine*, 14 mars 1992.
2. *Sport Tonic*.
3. *L'Équipe*, 11 mars 1992.
4. *Paris Match*.

Comme d'habitude, je ne lus pas les articles. Pour quelle raison ? Peut-être une façon de me protéger. Ce que je dis aux journalistes n'est jamais exactement retranscrit et les faits sont relatés de façon très imprécise ou décrits avec force superlatifs – cela m'agace et m'embarrasse, car leurs récits ne reflètent pas ce que j'ai vécu. En réalité, je n'aime pas qu'on en rajoute. Et ce que pourrait dire le milieu montagnard en lisant ces articles le plus souvent dithyrambiques me dérange aussi – car parfois ils sont plutôt cocasses. Ne pas les lire m'évite d'en avoir honte. Cette attitude est sans doute un peu primaire, mais elle m'a aidée à ne pas m'arrêter sur ces détails et à aller de l'avant.

Après cette ascension de l'Eiger, j'eus droit à la reconnaissance de mes pairs. Leurs rapports avec moi changèrent. Certains me félicitèrent, d'autres me proposèrent d'aller grimper avec eux. Ces marques de reconnaissance me firent plaisir car j'avais l'impression que je n'étais peut-être plus à leurs yeux la grimpeuse avant tout médiatisée. J'étais devenue une vraie alpiniste.

6

LES GRANDES JORASSES ET LE CERVIN

« Tous les hommes rêvent, mais pas également. Ceux qui rêvent la nuit, dans les replis poussiéreux de leurs pensées, s'éveillent le jour et rêvent que c'était vanité, mais les rêveurs de jour sont des gens dangereux, car ils peuvent agir leurs rêves avec leurs yeux ouverts pour les rendre possibles. »

T.-E. Lauwrence, 1922

En préparant l'ascension de l'Eiger, d'autres rêves de voies mythiques avaient refait surface : m'offrir la face nord des Grandes Jorasses par la Walker et la face nord du Cervin par la voie des frères Schmid. Ces parois furent considérées dans les années d'après-guerre comme les trois derniers grands problèmes des Alpes et, de nos jours, les alpinistes en parlent encore avec des trémolos dans la voix. Je souhaitais toutes les gravir en solo et en hiver. Le choix de la saison restait lié essentiellement à la sécurité car je ne voulais en aucune mesure m'exposer aux chutes de pierres : en hiver, tout est figé par la glace et la probabilité de la présence d'autres alpinistes dans la face est plus faible.

Des grimpeurs peuvent par inadvertance faire tomber des morceaux de roche : grimper en solo sous eux n'est pas très prudent. L'autre raison plus secrète, mais moins importante, était qu'une ascension hivernale avait pour moi plus de valeur car les difficultés en sont légèrement accrues. Pour le choix du solo, la raison en restait plus personnelle. J'aime énormément les sensations éprouvées dans ces situations : mes pensées totalement focalisées sur l'action évacuent la peur et me font exécuter des gestes parfaits et précis, et ce sentiment de grande maîtrise et de puissance me plaît. Le dernier motif est presque peu avouable, et je l'ai découvert récemment en sondant mon for intérieur : personne ne pourrait dire que c'est mon compagnon de cordée, forcément masculin, qui avait réalisé tout le travail. Lors de l'ascension de la voie des Yougoslaves dans les tours de Trango, j'avais subi ces injustes médisances. Sur le coup, je croyais n'y avoir attaché que peu d'importance, mais, avec le recul, je me suis aperçue qu'elles m'avaient profondément vexée. Ces ascensions en solitaire allaient en quelque sorte soigner mon orgueil blessé.

L'Eiger représentait pour moi le plus gros morceau et, après l'avoir réussi, j'eus la sensation qu'aucune des deux autres faces n'allait me donner autant de satisfaction puisque, avant même d'entrer dans la phase de préparation, je me sentais déjà capable de les faire. Les Grandes Jorasses ne m'impressionnaient pas vraiment car la voie se déroulait essentiellement sur du rocher – mon élément –, et le Cervin par la face nord classique, réputée plus facile que les deux autres, ne devait pas non plus me poser de problème. Ces projets devenaient moins excitants, mais, malgré tout, j'avais quand même envie de les faire et décidai d'aller aussi me frotter aux grandes parois himalayennes. Le planning serait : l'hiver dans les

Alpes, et le printemps, l'été, ou l'automne, selon la saison la plus favorable, en Himalaya. Ces voyages coûtaient un peu cher mais, mon sponsor principal m'allouant un budget annuel assez large, je pouvais faire face au coût d'une petite expédition. L'année où je gravis l'Eiger, le directeur de la communication de l'entreprise, très surpris et surtout très content des retombées obtenues dans la presse, vit l'idée d'une expédition comme la cerise sur le gâteau. Si je revenais bredouille, cela n'aurait aucune conséquence. Comme on dit, il en avait déjà eu pour son argent. C'était une bonne chose car supporter la pression des sponsors n'est pas sain, surtout en Himalaya où les aléas, plus marqués que dans les Alpes, réduisent considérablement les chances de réussite. Depuis l'ascension en solo du pilier Bonatti aux Drus, je me suis toujours débrouillée pour n'avoir aucune pression en dehors de ma propre volonté de faire les choses.

Cette année-là, durant l'été, je partis donc avec Jeff Lowe au Pakistan gravir le Latok 1. Nous voulions grimper ce pic de 7 200 mètres d'altitude par le pilier nord-est. Jeff en avait déjà fait la tentative avec une équipe de forts grimpeurs américains, mais il avait échoué à cent mètres sous le sommet. L'itinéraire comportait deux parties : un pilier rocheux de mille mètres puis une longue arête de neige et de glace d'environ six cents mètres de dénivelé. Cette deuxième partie m'excitait car elle représentait ce que je ne maîtrisais pas encore vraiment. Malheureusement, le mauvais temps et les conditions très avalancheuses de cette dernière ne nous permirent pas de nous y engager et nous dûmes rebrousser chemin à 6 400 mètres. C'était la première fois que je renonçais et je me sentis frustrée. Pour notre bonne conscience, nous eûmes recours à la petite phrase de Shackelton à sa femme lorsqu'il revint sain et sauf de sa tentative d'atteindre le pôle Sud : « Mieux vaut un âne vivant qu'un lion mort. »

Outre le fait que nous rentrâmes bredouilles, je ne garde pas un très bon souvenir de cette expédition, ayant vécu dans le stress deux mois durant. Tout d'abord au camp de base, nous craignions la venue des ours. Des Japonais, quelques années auparavant, s'étaient vu déposséder de leur nourriture en une nuit. Si cela arrivait, l'expédition était finie. Mais il n'y avait rien d'autre à faire, car nous ne détenions pas d'arme ; nous pouvions juste y penser sans arrêt. D'autre part, j'appréhendais la venue de la personne chargée d'organiser la nourriture et les transports. Je lui avais envoyé une lettre incendiaire en réalisant qu'elle nous avait escroqués sur le contenu des cartons de nourriture et sur les prix. Elle nous avait mis douze bouteilles de ketchup, dix bombes aérosols antimoustique, et j'en passe... Jeff m'avait dit : « Tu n'aurais pas dû lui envoyer cette lettre. Au Pakistan, les coutumes sont différentes. Tu l'atteins dans son honneur et cet homme peut très bien venir te tuer au camp de base. »

Je ne sais pas s'il y croyait vraiment, mais toujours est-il que mes nuits furent passablement agitées. Le moindre bruit me réveillait et comme nous dormions sur un glacier, des bruits il y en avait : chutes de pierres, craquements de la glace... Je préférais de loin les nuits en paroi ou au camp de base avancé au pied du pilier à deux heures de marche. Cependant, même à ce campement, je vécus quarante-huit heures de terreur intense.

Le jour où nous devions nous engager dans la deuxième section de la voie, le mauvais temps menaçant, nous dûmes redescendre précipitamment le pilier rocheux, laissant à la rimaye notre corde de rappel pour ne pas perdre de temps à la prochaine tentative. Elle n'était pas utile car le glacier sur lequel se trouvait notre tente était sec, sans neige, et les crevasses à franchir étaient donc visibles. Dans la nuit, il neigea si fort que nous dûmes sortir plusieurs fois pour dégager la tente qui risquait de se déchirer. Puis, vers quatre ou cinq heures du matin, un grondement nous surprit. Jeff me cria : « Une avalanche ! Vite, sortons ! »

Je ne m'attendais vraiment pas à ce genre d'événement. Affolés, sans prendre le temps de mettre nos chaussures, nous nous précipitâmes pour aller nous mettre à l'abri derrière un petit rocher d'un mètre vingt de diamètre : piètre refuge, mais c'était probablement mieux que rien. À peine accroupis, un vent glacial souffla avec une violence incroyable pendant quelques secondes, puis, plus rien. L'avalanche ne vint pas jusqu'à nous. Le cœur battant et le souffle court, je demandais à Jeff ce qu'il pensait de la situation :

— Eh bien, dit-il calmement, j'espère qu'il n'y en aura pas une plus grosse.

Comment pouvait-il rester aussi calme ? J'étais terrorisée. Notre sort ne dépendait que de la chance. La peur au ventre, le reste de la nuit passa à guetter, chaussures aux pieds, les bruits suspects. Il y eut deux fausses alertes où notre sortie précipitée s'avéra inutile, l'avalanche étant probablement tombée plus loin.

Le lendemain matin, sans corde, descendre le glacier pour rejoindre le camp de base n'était pas envisageable car les crevasses masquées par la neige fraîche formaient de vrais pièges. Il fallut patienter deux jours que la tempête cesse et que René Robert, le photographe, encordé avec l'officier de liaison vienne à notre rencontre. Cette attente se déroula au rythme de nos sorties provoquées par les sinistres grondements. Par chance, à chaque fois, nous ne recevions que le souffle. L'unique fois où la neige nous atteignit, nous ne sortîmes pas car, endormis, nos réflexes se déclenchèrent trop tard et nous ne pûmes que subir, fatalistes, ce qui arrivait. Une fois encore, la chance fut avec nous, la tente, passablement aplatie, résista au souffle et une fine pellicule de neige recouvrit nos duvets.

Bien contents d'être en vie, notre expérience au Latok 1 s'arrêta là et je rentrai à la maison presque en courant. Cette aventure me confirma les statistiques sur les chances de réussite en Himalaya.

À mon retour en France, je goûtai avec délice, pendant quelque temps, le luxe de me laisser aller à une vie citadine tranquille. Puis, remise de mes émotions, durant l'hiver, je me préparai à l'ascension des Jorasses par la Walker. Ce projet me demanda comme les autres une préparation méticuleuse. Je savais qu'il me serait impossible, même en solitaire, de gravir la voie dans la journée comme sur l'Eiger . un matériel de bivouac sérieux s'avérait indispensable. Cela signifiait : devoir porter un sac assez lourd, trop lourd pour me permettre de grimper avec la charge sur le dos. Donc, il allait falloir le plus souvent m'assurer.

Je fus prête en février. La veille de mon départ, une amie me dit être très impressionnée par mon projet car, à sa connaissance, cette voie n'avait jamais été gravie en solitaire l'hiver. Seules, une ou deux cordées l'avaient déjà réalisée en conditions hivernales et l'ascension leur avait pris plusieurs jours. En fait, je n'avais pas eu la curiosité de me renseigner sur ce point, persuadée que l'ascension était classique. Mais ces propos ne me déstabilisèrent absolument pas. J'étais sûre de moi et, contrairement aux sentiments éprouvés au pied de l'Eiger juste avant de partir, je n'avais pas cette impression de passer un examen. Il faut dire que le fait de partir équipée d'un confortable matériel de bivouac changeait considérablement les données du problème car le temps passé en paroi n'importait pas.

Je rejoignis la base de la voie en remontant le glacier à skis de randonnée en compagnie de quelques amis : Michel Pellé, déjà présent sur les Drus, René Robert, et Bruno Robert, un ami alpiniste. Celui-ci voulait gravir en solitaire l'éperon Croz. Nous nous étions mis d'accord pour redescendre ensemble sur Courmayeur. Sa voie étant un peu moins ardue que la mienne, il partirait un jour après moi. S'il ne venait pas, je pensais redescendre en rappel par l'arête des Hirondelles car je ne voulais absolument pas me retrouver seule sur les glaciers du versant italien.

À la base du glacier de Leschaux, à notre grande surprise, nous rencontrâmes Lucien Berardini dit « Lulu ». Cet alpiniste de renom fut très actif dans les années 1950-1960. Il participa notamment, avec son ami et habituel compagnon de cordée, Robert Paragot, à la grande aventure de la face sud de l'Aconcagua en 1954 où il subit de très graves gelures aux mains et aux pieds qui lui firent perdre plusieurs phalanges.

Étonnée de le voir là tout seul, je lui demandai :

— Où vas-tu comme ça ?

— Vous n'auriez pas vu une queue de cheval là-haut ? nous répondit-il avec son accent « parigot » en désignant du doigt les Grandes Jorasses dont, de l'endroit où nous étions, on pouvait juste apercevoir le sommet.

Comme à son habitude, il avait envie de blaguer mais son visage tendu le trahissait. Devant nos airs interloqués, il nous expliqua que son « pote », Hugues Beauzille, jeune grimpeur talentueux de falaise, s'était lancé dans la Walker en solitaire.

— Ce petit con n'a aucune expérience de la montagne. Je me demande ce qu'il fait, il ne nous a pas parlé à la radio depuis hier. Un ami basé au refuge de Leschaux dit qu'il a vu sa queue de rasta bouger ce matin.

Puis il parla un bon moment pour nous expliquer les motivations qui avaient poussé le jeune grimpeur à tenter les Grandes Jorasses en solitaire.

Je crus comprendre qu'Hugues avait entrepris cette ascension pour honorer un pari qu'il aurait fait avec l'« ancien », Lulu. Ravagé d'inquiétude, celui-ci répéta plusieurs fois :

— Je ne croyais pas qu'il irait... Bon Dieu de merde, c'est pas croyable d'être con à ce point !

J'eus l'impression qu'il culpabilisait de ne pas avoir su l'arrêter dans son projet.

Plutôt que d'aller directement au refuge, il se joignit à nous pour remonter le glacier jusqu'à la base de la face.

Arrivés au pied de la paroi, nous organisâmes le bivouac pour la nuit car je préférais attaquer la voie au petit matin. Tout en déballant nos affaires, nous entendîmes soudain Lulu hurler :

— Regardez-moi ça ! Ce petit con a retiré ses skis sur un pont de neige !

Lulu avait raison. Il y avait une dépression à l'emplacement où Hugues avait laissé ses skis. Si le pont de neige avait cédé sous son poids, Hugues serait tombé dans la crevasse. J'en frissonnai de terreur. S'il y a une chose dont j'ai vraiment peur ce sont les crevasses. Pour quelle raison ? Je n'en sais rien. C'est une vraie phobie que je ne peux maîtriser, à tel point que j'ai même du mal à les enjamber lorsqu'elles ne sont ouvertes que de dix centimètres. Et quand je parviens enfin à les franchir, mon cœur s'emballe tellement que je me retrouve essoufflée comme après un sprint. J'éprouve aussi cette peur irraisonnée à l'entrée d'une grotte ou d'une cave sans lumière. J'en ai tellement peur que, seule, même équipée d'une petite lampe, je peux rester des heures devant sans oser y pénétrer. En revanche, si quelqu'un est avec moi, bien que pas très rassurée, je suis capable de le suivre. À chaque fois, je me trouve ridicule, mais je suis dans l'incapacité de surmonter cette angoisse. Sur un glacier, je ne peux donc pas faire un pas sans être encordée avec un compagnon.

Lulu, chargé des skis de son ami nous quitta pour rejoindre le refuge.

L'escalade à venir ne perturba aucunement mon sommeil. Ce grand calme me surprit car, pour les ascensions précédentes, je m'étais sentie un peu comme dans des starting-blocks, mes pensées totalement tournées vers l'action à venir. Cette fois-ci, j'avais presque l'impression d'aller faire une escalade ordinaire.

Michel m'assura pour franchir la rimaye. Connaissant mon comportement vis-à-vis des crevasses, plein de compassion, il ne se moqua pas en m'entendant couiner de terreur à la lèvre du trou béant. Il fut même très patient, car franchir le gouffre en empruntant un étroit pont de neige me sembla prendre un temps fou. Cette passerelle n'était pourtant pas bien longue, cinq ou six mètres tout au plus. J'avançai dessus comme sur des œufs, retenant ma respiration à chaque pas, de peur qu'elle provoque une secousse et brise la mince épaisseur de neige sur laquelle je me tenais. Après chaque pas, les jambes flageolantes, je faisais une pause pour voir si le poids de mon corps n'allait pas ébranler la structure, m'attendant à tout instant à plonger avec la masse de neige dans le gouffre et à me retrouver comme un paquet, pendue à la corde au-dessus de l'énorme trou noir. Puis ne voyant rien venir, j'essayais de reprendre mon souffle et d'évacuer le stress qui me paralysait. Mais dans cet état stationnaire, mon regard ne pouvait s'empêcher de se diriger droit dans le trou et cette terrible vision déclenchait de telles décharges d'adrénaline que j'avais vraiment du mal à me calmer.

Au bout d'un certain temps, je parvins tout de même à franchir cet horrible abîme, victoire qui me fit éprouver même une certaine fierté : j'avais réussi comme une grande à surmonter mes frayeurs. En fait, ce franchissement de rimaye s'avéra pour moi la partie la plus délicate de la voie car la suite ne fut plus que technique.

Après avoir remercié mon assureur Michel, je gravis rapidement les deux cents premiers mètres de terrain mixte facile, en tirant la corde derrière moi. Au pied d'un dièdre de trente mètres, je vis tout de suite qu'il n'était pas raisonnable de le grimper sac au dos. Aussi je me soulageai de la charge et m'assurai sérieusement. Ce passage rocheux me surprit par sa difficulté. C'était plus ardu que je ne l'avais imaginé et je dus m'employer à le passer correctement. Habituée à l'adhérence des chaussons d'escalade souples, grimper en grosses chaussures de montagne rigides perturbait ma façon de bouger. Craignant de riper des pieds, je devais regarder à deux fois où poser le bout de mes chaussures en choisissant, de préférence, des réglettes bien franches. Cette escalade, dictée essentiellement par les prises de pieds, m'obligeait parfois à des positions impossibles et extrêmement fatigantes. Tout à mon affaire, je saluais la technique des premiers ascensionnistes de 1938 car cette section n'était franchement pas évidente. Sortie du dièdre, je fixai ma corde, redescendis chercher mon sac puis remontai sur la corde avec des poignées autobloquantes. Cette opération me rappela de vieux souvenirs : les Drus.

J'espérais, à cet instant, que cette ascension ne se déroulerait pas en permanence de cette façon. C'était sous-estimer la voie, car malheureusement, je ne pus y échapper. À partir de ce dièdre, les difficultés techniques des passages semblaient trop sérieuses pour être gravies avec un gros sac, et je dus m'autoassurer presque tout le temps. Parfois, j'étais vraiment tentée de me lancer sans assurance mais ne sachant pas ce que je trouverais quelques mètres plus haut, je n'osais le faire. Dans ces moments-là, je regrettais presque d'avoir choisi de me lancer dans cette voie en solitaire. Avec un compagnon, les manœuvres de cordes auraient été tellement plus simples et l'escalade tellement plus rapide... Mais, bon, c'était mon choix, et malgré tout je me faisais quand même plaisir.

Trois jours me furent nécessaires pour gravir ce magnifique pilier rocheux de mille mètres qu'est la Walker. J'aurais probablement pu le faire en deux jours et demi si je n'avais pas eu un matin une panne de réveil et si je ne m'étais maladroitement égarée. Ces erreurs me firent perdre cinq heures !

Durant ces trois jours, le froid intense rendit cette escalade particulière. Les températures atteignaient – 20 °C. Pour la première fois, mes mains collaient au rocher comme sur des bacs à glaçons ! L'adhérence était à son maximum ! Je devais juste faire attention à ne pas y laisser la peau, mais j'appréciais d'être capable de grimper sans gants par des froids pareils.

Au sommet, bien que cette ascension ne m'ait pas remplie de joie comme l'Eiger, j'étais tout de même contente de l'avoir réussie. Cette voie était vraiment très belle ; cependant, je me disais que j'aurais aimé la refaire rapidement en été avec un ami, en chaussons d'escalade, les manœuvres d'assurance m'ayant un peu gâché le plaisir.

Le lendemain matin, je redescendis comme prévu avec Bruno par le versant italien. Arrivés sur Courmayeur, nous apprîmes par un guide italien qu'Hugues, souffrant de gelures aux pieds, avait dû appeler les secours pour redescendre du dernier refuge. Cette nouvelle nous désola, mais nous trouvions qu'il s'en tirait à bon compte car, à la descente, nous avions été vraiment horrifiés de voir ses traces passer sur d'énormes ponts de neige. Il avait eu de la chance de ne pas tomber au fond d'une crevasse.

Bien que cette face nord des Grandes Jorasses soit moins connue des « non-alpinistes » que la face nord de l'Eiger, mon ascension suscita tout de même une vive attention de la part des médias. Hugues méritait tout autant que moi les égards de la presse, mais c'était malheureusement un garçon et personne, en dehors du milieu des grimpeurs, ne le connaissait : il n'eut droit qu'à quelques lignes par-ci, par-là. C'était injuste. Cette fois encore, je pris conscience de l'avantage d'être une fille. Après tout, sauf aux Drus, mes ascensions n'étaient que des premières féminines. En outre, avec le temps, ma notoriété grandissant, les médias parlaient plus facilement de moi. Je profitais de cette situation, mais pour bien la vivre il me fallait ne pas avoir honte de ce que je faisais. Pour devenir plus connue, j'aurais pu choisir des « ascensions spectacles » comme de gravir la tour Eiffel puisque lors d'une émission de télévision j'avais obtenu l'autorisation de le faire, et les retombées de la presse auraient été probablement beaucoup plus importantes que pour n'importe quelle ascension en montagne. Mais la tour Eiffel ne représente rien pour moi et j'aurais eu juste l'impression de faire le singe, sans compter le ridicule dont je me serais couverte vis-à-vis des grimpeurs. Acquérir une notoriété en allant à l'encontre de ce que je recherche m'aurait rendue malade. Je préférais que l'on parle de moi comme d'une vraie alpiniste et non pas comme d'un guignol.

Si cette réputation m'aidait à réaliser mes rêves, elle m'isolait aussi. Je rencontrais, bien sûr, beaucoup de monde et cela me stimulait, mais étaient-ils là pour moi ou pour ce que je représentais ? Mes amis d'autrefois ne me contactaient plus et, gênée de ce que j'étais devenue, je n'osais plus les appeler. Désapprouvaient-ils cette médiatisation ? Pensaient-ils que je les avais oubliés ou que, trop sollicitée, je n'avais pas le temps de les rencontrer ? Sans doute un peu tout à la fois. Toujours est-il que bien que ma vie fût assez excitante, la solitude me pesait bien souvent.

Les voyages, les expéditions me permettaient de me sentir moins isolée car je partais avec des amis qui partageaient ma passion. Vis-à-vis d'eux, je n'étais plus en représentation. Je ne parlais plus de la montagne, je la vivais. Loin des médias, des conférences, des autographes à donner et autres sollicitations, j'étais juste une alpiniste parmi d'autres, comme avant...

Ce printemps-là, je partis donc en expédition comme en vacances. L'objectif était le Makalu, le quatrième plus haut sommet du monde, 8 463 mètres. Jeff voulait ouvrir en solitaire une voie dans la face ouest qui, malgré de nombreuses tentatives, n'avait jamais été gravie. Naïvement, je lui proposai de le retrouver au sommet en empruntant le pilier ouest ouvert par une équipe de Français en 1971 et de redescendre avec lui par les pentes glaciaires de la face nord.

Je ne pensais évidemment pas me lancer dans cette voie toute seule. J'allais la tenter avec un alpiniste français ayant une grande expérience des expéditions et de la haute altitude, Erik Decamp.

Nous nous connaissions depuis longtemps mais n'avions jamais grimpé ensemble. Parisien lui aussi, il avait fait partie de ce petit groupe d'amis avec lequel j'allais à Fontainebleau adolescente, et qui m'avait tant appris. L'année où je les rencontrai, Erik avait fini ses études à Polytechnique et était parti à Grenoble. Et s'il ne fréquentait donc plus les rochers parisiens, j'entendais néanmoins parler, par mes compagnons d'escalade ou la presse spécialisée, de ses exploits en expédition. Nous nous croisions de temps à autre lors de salons professionnels ou de festivals de films de montagne. Après l'ouverture de la voie aux Drus, il m'avait envoyé un mot gentil pour me féliciter. Ce geste m'avait profondément touchée car, venant de sa part, cela me flattait, et, d'autre part, il était le seul alpiniste à l'avoir fait. Aussi, quelques mois avant de partir au Makalu, lorsque je le rencontrai par hasard lors d'un festival, je lui parlai tout naturellement de mon projet. Ce pilier, il avait lui aussi projeté de le gravir, et il proposa de se joindre à l'expédition. L'idée de tenter cette ascension avec Erik me plaisait bien. J'avais confiance en lui, il faisait partie des gens que je classais comme « sûrs » en montagne. Ce n'était pas une tête brûlée prête à risquer sa vie pour atteindre un sommet. Et ce qui ne gâchait rien, on pouvait parler avec lui d'autre chose que de montagne...

À l'occasion de cette expédition, j'invitai ma mère à nous accompagner jusqu'au camp de base. Pour la première fois, nous allions partager un vrai voyage et j'en étais très heureuse car depuis longtemps je voulais lui faire découvrir le Népal, les Sherpas, cette vie dans les montagnes, la notion du temps qui passe, le plaisir de la marche, lui montrer que ces expéditions ne sont pas des enfers permanents, bref lui faire connaître tout cet univers que j'aime.

Le mauvais temps ne rendit pas la marche jusqu'au camp de base très facile. Le périple dura quatorze jours dont les quatre derniers furent éprouvants car nous dûmes affronter de violentes tempêtes de neige. Ce n'était pas exactement ce que j'espérais comme première expérience pour ma mère, mais rien ne semblait altérer sa bonne humeur. Il me semblait que sa confiance en nous, et surtout en Erik, l'aidait à surmonter les épreuves. Plutôt que de se lamenter sur notre sort, alors que nous attendions les porteurs, regroupés, misérables et trempés, autour d'un maigre feu, à l'abri dans une grotte, elle éclatait de rire devant le comique de la situation et continuait à bavarder avec nous comme si de rien n'était. Ses capacités d'adaptation à des situations nouvelles et difficiles m'épataient.

Arrivée au camp de base, malgré l'altitude et bien qu'inexpérimentée, elle gambadait mieux que nous et se comportait comme à la maison ; elle n'arrêtait pas : aider les Sherpas à préparer les repas, coudre les stickers de mes sponsors sur des sacs à dos, s'occuper des vivres, etc. Il faut dire que ses six enfants ne l'avaient pas habituée à chômer.

Son séjour au camp de base ne dura que deux jours. La séparation fut pour moi assez dure. Au moment de nous dire au revoir, le cœur déchiré, je dus faire beaucoup d'efforts pour lui masquer mes émotions. Dès qu'elle me tourna le dos, je me précipitai sous ma tente pour cacher mes larmes. J'aimais bien qu'elle soit auprès de moi. La voir repartir toute seule m'inquiétait et je culpabilisais de l'avoir entraînée en ces lieux inhospitaliers. Elle n'était pas vraiment seule car un porteur, Kami, et une de mes amies, Christine Grosjean, l'accompagnaient, mais, ne pas être moi-même à ses côtés m'ennuyait. Je me sentais responsable d'elle.

Je réussis à me calmer en pensant à Kami chargé de veiller sur elle depuis le début du voyage. Je l'avais observé tout au long de notre marche d'approche et le jugeais extrêmement attentif. À un ou deux mètres en arrière d'elle, il bondissait dès que ma mère glissait pour la rattraper par le bras et au moindre signe de fatigue, il lui portait son sac. Nous l'appelions « l'ange gardien ». Un drôle de personnage ce Kami ! Il récitait des prières en permanence et quand il lavait son chapelet – constitué de graines –, il nous chargeait de le surveiller le temps du séchage, pour le protéger des oiseaux.

De mes voyages au Népal, les traversées des villages demeurent les souvenirs les plus beaux. La vie des hommes éveille d'autres sensations et sentiments que la seule nature. De même, au retour d'expédition, l'émerveillement vient des retrouvailles avec l'humanité. Ma montagne n'a jamais été un exil ou une fuite. Je grimpe avec les hommes. Ce sont eux qui me font évoluer, eux qui me permettent d'éprouver des émotions. Affronter les difficultés d'une paroi, les intempéries, je peux le faire parce que, justement, des gens que je vais retrouver m'aiment. Partir pour m'échapper, par dépit, je ne l'imagine même pas.

Je n'imagine pas néanmoins partir avec des alpinistes dont je n'apprécie pas la compagnie : le plaisir d'être ensemble est aussi important que l'ascension en elle-même. C'est pour cette raison que je n'ai jamais accepté de participer à de grosses expéditions. Le sommet pour le sommet ne m'intéresse pas.

Au Makalu, j'expérimentais pour la première fois la très haute altitude et me trouvais diminuée, tant physiquement qu'intellectuellement. Bien que cela soit normal, ces effets me gênaient, car je réalisais qu'en cas de problème, je n'étais pas certaine de pouvoir faire face à la situation et ne pouvais pas non plus vraiment compter sur mon compagnon, lui aussi affaibli par le manque d'oxygène. Cette vulnérabilité m'inquiétait et le plaisir de l'escalade s'en trouvait un peu gâché car je ne supporte pas d'avoir peur. Pour la première fois dans ma carrière d'alpiniste, je vis l'arrivée du mauvais temps comme un élément salvateur. Enfin, pas tout à fait, une partie de moi râlait tout de même de devoir renoncer au sommet, et l'autre partie se disait : bon, maintenant, c'est fini, assez de souffrance, rentrons vite à la maison.

Vouloir gravir ce pilier en style alpin – à deux sans porteur ni cordes fixes – me parut, avec le recul, trop ambitieux et je décidais de tenter à l'avenir des sommets moins élevés. Grimper à plus de 8 000 mètres ne m'intéresse pas en soi, ce qui m'attire avant tout c'est la technicité de l'escalade et je préfère ne pas faire un sommet plutôt que de l'atteindre par une voie qui ne m'amuse pas. Pour couper court à la question : « Et l'Everest ? », si mettre la plus haute montagne du monde dans mon palmarès serait, certes, appréciable, n'étant pas capable de la gravir par une voie technique sans oxygène, elle ne m'attire pas. C'est très prétentieux sans doute, mais, en plus du jeu de l'escalade, j'aime réaliser des voies que peu d'alpinistes sont capables de faire. Un objectif difficile m'aide à me surpasser.

Bien que le sommet du Makalu ne fût atteint par aucun membre de l'expédition – car Jeff dut lui aussi renoncer –, j'en repartis toute guillerette. J'y avais découvert Erik qui allait devenir mon compagnon dans la vie et un peu plus tard le père de notre enfant, Victor.

À mon retour, je décidai de parachever mon dernier projet : gravir le Cervin, la montagne la plus célèbre du monde et peut-être la plus belle.

La voie classique de la face nord, la Schmid, ne m'attirait plus. Je cherchais un itinéraire plus difficile ou, tout du moins, qui allait me demander une bonne préparation et une certaine concentration. Le plaisir est d'autant plus fort quand je ne suis pas assurée à cent pour cent de réussir.

Les Grandes Jorasses m'avaient frustrée sur ce point. Je choisis donc la voie que Bonatti avait ouverte, seul, pour le centenaire de la première ascension de la montagne durant l'hiver 1965. Cinq jours de dur labeur lui furent nécessaires pour parvenir au sommet. Cette voie, personne ne semblait l'avoir répétée et quelques grands noms de l'alpinisme s'y étaient cassé les dents. Avaient-ils dû renoncer en raison de mauvaises conditions climatiques, ou était-ce vraiment très difficile ? Peut-être que la ligne à suivre n'était tout simplement pas assez intéressante pour eux car la voie n'emprunte pas un chemin bien direct. Par moments, je me disais qu'il m'importait peu d'en connaître les raisons, estimant qu'en m'appliquant un peu, j'avais quand même une chance de réussir. Bonatti était un très bon grimpeur, mais, en trente ans, le niveau en escalade avait bien évolué et il n'y avait pas de raison que je ne la réussisse pas à mon tour. À d'autres moments, ne pas connaître les causes de ces échecs me préoccupait. Ne me surestimais-je pas trop ? Les alpinistes qui avaient tenté cette ascension étaient tout de même excellents. Je me plongeai alors dans les récits de Walter Bonatti qui ne me rassurèrent pas plus, il avait en effet vécu cette ascension comme un combat et semblait n'y avoir pris aucun plaisir.

Je me procurai ensuite, chez un collectionneur d'articles et de livres de montagne, le numéro de *Paris Match* dans lequel l'événement avait été relaté. Des photos en noir et blanc avaient été prises d'avion durant son ascension. Ce fait me surprit. Organiser un suivi médiatique afin de vivre de sa passion n'était donc pas propre à ma génération. Et Walter Bonatti n'était visiblement pas un débutant en la matière. Il avait même pris lui-même des photos en paroi et notamment une de son sac sur lequel était accrochée sa mascotte, Zizi, le petit ours en peluche. Sur ce point, il me battait. Je n'ai jamais pu faire une photo durant mes ascensions solitaires. Ce n'est pas faute d'avoir été poussée à le faire ni d'avoir emporté un appareil, mais je n'y pense pas ou sans doute ne suis-je pas très motivée.

Au vu de ces documents, j'appris que je ne pourrais pas trouver de plate-forme pour bivouaquer et que les pitons seraient difficiles à placer. Comme Bonatti, j'utiliserais donc un hamac.

Enfin parée, je partis à Zermatt en compagnie d'Erik qui, lui, gravirait la voie des frères Schmidt le sommet serait notre lieu de rendez-vous. Je me sentais un peu tendue, me demandant quelles sortes de difficultés m'attendaient.

La veille de mon départ, j'allai reconnaître avec Erik l'approche et en profitai pour fixer une corde à la rimaye afin de m'épargner, le lendemain, le stress de franchir ce trou noir.

Le soir, au refuge, j'essayai de me comporter comme si j'allais faire quelque chose de banal. Je ne voulais pas inquiéter Erik. Sa position n'était pas facile. Mon projet devait sûrement l'inquiéter, mais par respect pour moi il ne devait pas se sentir le droit de me retenir. Comme il me le dit et me l'a toujours dit par la suite : « Si tu en as envie, fais-le. » Il ne m'encourageait pas, mais ne m'en dissuadait pas. La décision m'appartenait. Ce soir-là, je me trouvais un monstre d'égoïsme. Ce n'était pas très généreux de ma part de l'impliquer dans ce projet. Nous aurions pu le faire ensemble. À sa place, je me ferais un peu de soucis s'il avait pris une décision similaire. En tout cas, il ne manifesta aucune inquiétude et je lui en fus reconnaissante.

Je ne lui dis rien mais j'avais comme une boule à l'estomac. Seul, le fait qu'il ait décidé de gravir la Schmid me donnait une vague bonne conscience. Nous avions ainsi chacun un projet.

Je fus au pied de la voie vers neuf heures du matin.

Le moment de quitter Erik fut pour moi un peu douloureux. Le remords de le laisser derrière moi me tourmentait. Toutefois, ce sentiment fut de courte durée. Car, alors que nous nous étreignîmes, je vis un franc sourire me témoigner son assentiment. Il n'avait absolument pas l'air contrarié et semblait même plutôt content. Du coup, mon vague à l'âme s'évapora très vite. Tout heureuse, rassurée de l'état d'esprit de mon compagnon, mes pensées se tournèrent très vite vers l'action. Pour être en pleine possession de mes moyens, j'avais besoin de sentir que ma décision de partir seule dans la voie ne le rendait pas triste et même qu'il l'approuvait. Au fond de lui, que ressentait-il ? À ce moment-là, par opportunisme, ce qu'il me montrait me suffisait pour partir dans la voie l'esprit tranquille.

Passé la rimaye au moyen de ma corde fixe, je me retournai et nous nous fîmes un dernier signe de main. Erik ne partirait que deux jours plus tard dans l'autre voie.

Mes petits soucis sentimentaux m'avaient fait perdre le fil de mes pensées mais il ne s'agissait plus de rêvasser. Aussi, pour retrouver une concentration maximale, je passai un peu de temps à organiser mon matériel. Mettant chaque chose à sa place comme j'en avais l'habitude, je retrouvai vite mes esprits et l'envie de grimper. À nouveau à mon affaire, je commençai l'ascension. L'escalade, délicate sans être difficile, se déroulait sur une roche compacte qui ne me permettait pas vraiment de m'autoassurer car rares étaient les occasions de planter un piton et inexistantes les possibilités de poser un coinceur ou un friend. J'avais l'impression de grimper sans aucune assurance. De surcroît, de la neige agglutinée par le vent sous de petits surplombs formait de gros champignons blancs qui entravaient la voie tous les cinq mètres. Les franchir me réclamait à chaque fois une bonne dose de concentration car cette neige instable ne demandait qu'à partir. J'essayais donc de la dégager pour accéder à un terrain plus sain mais cette opération exigeait de l'adresse : je craignais que les masses de neige, en tombant, ne me déséquilibrent. Absorbée par l'action, je ne vis pas le temps passer, puis, la fatigue se faisant sentir, je finis tout de même par lever les yeux : je commençais à en avoir assez de devoir me concentrer aussi intensément. À ma grande déception, ce n'était pas fini et je m'affolai un peu. Il était déjà seize heures, la lumière du jour allait baisser et la nuit serait tombée dans deux heures. Délai bien court pour sortir de cette pente et trouver un emplacement où bivouaquer. Là où je me situais, il était impossible de fixer solidement le hamac dans la roche et, bien que l'hiver tout soit figé, je trouvais cet endroit trop exposé aux chutes de pierres. Tout en réfléchissant, je me restaurai car depuis mon départ je n'avais rien mangé, d'où ma fatigue probablement. Vers dix-huit heures, je sortis enfin de ce premier mur de deux cents mètres et me retrouvai sur de la glace. J'appréciais de pouvoir relâcher un peu mon attention mais mon inquiétude grandissait à mesure que la nuit tombait ; la paroi était encore assez raide et toujours pas de bivouac possible. M'installer au beau milieu d'une pente glacée ne me disait rien qui vaille. Je voulais un endroit plat, même étroit, ne serait-ce que pour poser mes pieds.

Tailler une marche dans la glace m'effleura l'esprit, mais ce bricolage fastidieux n'aurait même pas été gage de confort. Tout en continuant ma progression, une sourde panique m'envahit. Il me fallait absolument trouver une solution avant la nuit. Parvenue sur une sorte de croupe en neige fraîche, je compris qu'elle s'imposait, là, sous mes yeux, mais mon esprit englué par la fatigue et le stress avait tardé à la voir. Il suffisait de creuser une plate-forme dans la neige.

Sans perdre de temps je m'exécutai puis installai mon abri de bivouac – un sac en forme de tipi tenu droit par sa pointe supérieure fixée dans la neige au moyen d'un piolet. Comme la pente n'était pas très raide, la toile de tente côté à-pic allait sûrement me coller au nez toute la nuit, mais la banquette serait plate. J'assurai le tout en fixant la corde vingt mètres plus haut dans du rocher, puis, satisfaite de l'installation, je décidai de sortir tout l'attirail de bivouac. Ouvrant alors mon sac à dos, une pochette verte s'en échappa et plongea dans l'abîme. Impuissante, je ne pus que la voir disparaître dans le noir. Atterrée, sans même chercher à me souvenir de ce qu'elle contenait, la première chose qui me vint à l'esprit fut : « c'est fini ».

Je n'envisageais pas de continuer sans le matériel prévu, mais renoncer me faisait rager, c'était tellement stupide. Cependant, l'idée de m'arrêter là, pour être honnête, ne me déplaisait pas tant. Durant toute cette journée, ma progression avait été fastidieuse, je m'étais trouvée lente, dépourvue d'énergie, pas dans le coup. Finalement, la perte de cette pochette devenait un bon prétexte pour faire demi-tour. Puis, me ressaisissant très vite, je me dis tout de même que ce petit sac n'était peut-être pas si précieux. Avec un peu de chance, j'allais quand même pouvoir continuer.

Déballant le reste de mes affaires, je constatai effectivement, à ma grande joie, qu'il ne contenait rien de bien déterminant : une brosse à dents, un minitube de dentifrice, un tout petit savon, de l'aspirine, mes gants les plus chauds, ainsi que des piles de rechange pour la lampe frontale. Psychologiquement, cela me chagrinait car j'apprécie un certain confort, mais le préjudice se révélait minime. J'avais encore deux paires de gants, certes un peu moins protecteurs, mais, me sachant résistante au froid, les plus chauds ne me manqueraient pas beaucoup. Pour les piles, j'allais juste devoir économiser la lumière.

Ce soir-là, c'est dans l'obscurité que je fis fondre la neige pour obtenir de l'eau, n'allumant la lampe que pour chercher les ingrédients nécessaires à la préparation du repas. Pour récupérer de l'énergie, je me forçai à avaler la soupe, la purée et le jambon, puis appelai Erik par radio. Lui parler de ma mésaventure me fit du bien. Cela m'aida à dédramatiser un peu plus l'incident. Ensuite, il me rassura sur les prévisions météorologiques : le ciel s'était voilé à la mi-journée et je me demandais comment le temps allait évoluer.

Installée confortablement dans mon duvet, j'essayai alors de trouver le sommeil. D'habitude, je m'assoupis sans problème, mais là, je n'y arrivai pas : je ne me sentais pas très bien. Une heure plus tard, une terrible envie de vomir m'extirpa brutalement de mon abri. Je rendis tripes et boyaux à l'entrée de la tente. J'étais dans un état lamentable. Cette fois, je pensais réellement que c'en était fini de l'ascension : j'allais redescendre. Seulement, à ce moment-là, j'en étais incapable. Il fallait absolument me retaper pour le faire en toute sécurité. Je m'obligeai alors à boire et à m'alimenter. Seuls les fruits secs passaient bien. Je n'en mangeais pas beaucoup à chaque fois, deux ou trois, mais le sommeil léger de cette nuit-là me permit d'en ingurgiter environ toutes les heures. Ainsi, peu à peu, je sentis mon corps récupérer et, au petit matin, bien que mon moral ne soit pas au plus haut, je me réveillai à peu près en forme : la descente n'allait pas être un problème.

Mettant enfin le nez dehors, la vision du rocher changea radicalement mon humeur. La roche au-dessus de moi m'attirait comme un aimant et, n'écoutant que mon instinct, je décidai alors de poursuivre l'ascension. Vraiment heureuse d'être là, je passai cette deuxième journée dans « la Traversée des Anges ». Pour raconter cette traversée, je pourrais, à quelques nuances près, reprendre le récit qu'en fait Walter Bonatti dans *Montagnes d'une vie*[1] : « Ses rochers sont extrêmement lisses et compacts, et ils ne supportent que de rares pitons, jamais très sûrs ; ils ont en outre une telle inclinaison que je suis poussé aux limites de l'équilibre. [J'aurais plutôt dit : que l'escalade en était délicate.] La "Traversée des Anges" est enveloppée d'un manteau de neige instable que je dois dégager à chaque pas. Si au moins Panei avait oublié de récupérer les rares pitons que j'avais réussi à planter avec tant de peine ! [Il avait déjà tenté la voie avec un compagnon mais avait dû renoncer en raison du mauvais temps. Dans mon texte, j'aurais pu dire : Si au moins Bonatti avait oublié de récupérer les pitons qu'il avait plantés !] Il y a là cent vingt mètres de traversée presque horizontale, sur des dalles très raides, gelées et peu sûres. C'est bon pour les anges, précisément. [Je n'aurais pas employé le terme "peu sûres" et les anges ne me seraient jamais venus à l'esprit...] Ces dalles m'occupent jusqu'au soir, et j'avance avec le maximum de prudence par petits bouts, plantant de rares pitons qui ont un effet psychologique plus que d'assurage. Puis je reviens en arrière pour charger le sac sur mes épaules, un sac qui me paraît toujours plus lourd. En somme, je progresse toujours de la même manière, en avant, en arrière, mais en traversée, je ne peux me suspendre à la corde. »

Comparée à Bonatti, je possédais quelques atouts supplémentaires en poche. Pour commencer, des coinceurs et des friends qui n'existaient pas à son époque ; je fus bien aise de pouvoir les utiliser à deux ou trois reprises durant cette traversée. D'autre part, mon équipement,

1. Arthaud, 1997.

fabriqué en matériaux modernes, était beaucoup plus léger et plus efficace que le sien. Pour donner un exemple, en 1965, les vêtements étaient plus épais, plus lourds, moins souples, moins confortables pour bouger que les fibres synthétiques utilisées aujourd'hui pour les tissus élastiques, imperméables, respirants, la fourrure polaire, etc. Personnellement, je n'ai jamais vraiment souffert du froid comme les alpinistes le relataient dans les récits de montagne antérieurs aux années 1970. De plus, le matériel d'escalade à proprement parler s'est considérablement allégé : l'aluminium, pour les mousquetons par exemple, remplace avantageusement l'acier. Mon sac devait bien peser dix kilos de moins que le sien. Enfin, et je crois que c'est le point le plus important, je profitais de l'exemple et de trois décennies de progrès. Bonatti, lui, était un pionnier.

Au bout de la Traversée des Anges, je trouvai une vague petite vire abritée par un surplomb. Bien qu'il restât encore une heure et demie environ de jour, je décidai de passer la nuit dans cet endroit peu confortable mais qui avait l'avantage d'être à l'abri des chutes de pierres, et je savais qu'il serait impossible d'en trouver un aussi sûr au-dessus de la barre de surplomb. En outre, je ne tenais pas à tirer sur la machine. Cette journée s'était bien passée, je m'étais fait plaisir et ne souhaitais pas tout gâcher en voulant en faire trop et me retrouver ensuite à l'agonie, comme la veille.

Ma sagesse fut récompensée : je trouvai le moyen de suspendre mon hamac. Cette opération prit du temps car elle nécessita une bonne dose de bricolage et un réglage minutieux pour le faire tenir dans la petite dépression. Pour une fois j'appréciais ma petite taille. J'évitai ainsi de passer la nuit comme un fakir, le dos planté sur les cailloux pointus de la vire. Bonatti, homme bien bâti, a écrit : « Je bivouaque accroupi sur une espèce de marche, suspendu au beau milieu du désert vertical. » Cet endroit était effectivement assez impressionnant, il surplombait la face.

Aussitôt installée dans mon duvet, pas peu fière d'avoir réussi à accrocher de façon remarquable mon hamac, j'appelai Erik pour lui raconter comme j'étais bien installée et que tout allait pour le mieux. Pour lui aussi tout se passait bien : les prévisions météorologiques étaient bonnes, il allait attaquer sa voie le lendemain matin.

Ce soir-là, le menu fut identique à celui de la veille, mais je mangeai de bon appétit. Ensuite, repue, je plongeai comme un bébé dans un sommeil profond quand, au milieu de la nuit, je fus brutalement réveillée par le sifflement tant redouté des alpinistes : une chute de pierres. Elles semblaient passer juste au-dessus de ma tête. Cela ne m'affola pas car je me savais à l'abri. Cependant, il me faudrait être vigilante pour le prochain bivouac car, plus haut, la structure de la paroi ne me permettrait pas de trouver un lieu aussi bien protégé.

À cinq heures trente du matin, le réveil de ma montre sonna. Je mis aussitôt en route le réchaud pendu devant moi, puis me rallongeai pour m'octroyer quelques minutes de repos supplémentaires, le temps que l'eau chauffe. Dix minutes plus tard, j'ingurgitai une sorte de bouillie à base de céréales, lait et chocolat en poudre, et bus un demi-litre de thé. Le matin, en montagne, je n'ai jamais très faim, mais un petit déjeuner énergétique était primordial, la journée risquait d'être longue et rares seraient les occasions d'avaler quelque chose d'autant que, dans l'action, j'oublie souvent de me nourrir.

Lorsque les lumières de Zermatt se fondirent dans la lueur du jour naissant, j'attaquai le surplomb au-dessus de moi, il était sept heures du matin. L'escalade de ces dix mètres de roche déversante était magnifique : mouvements aériens sur de grosses prises en rocher excellent. À un moment, scrutant la paroi sous moi, à la recherche de prises de pieds, mon regard fut attiré par un petit trait noir qui bougeait loin en contrebas. C'était Erik. Il remontait la grande pente de glace à la base de la voie Schmid. Je me dis : « C'est bien, il est dans les temps. » Cela me fit plaisir qu'il vive la même chose que moi au même moment. J'avais l'impression d'être avec lui.

Après ce passage surplombant, la paroi devint moins raide. Constituée de dalles compactes, entrecoupées de roche délitée et de glace, l'escalade fut à nouveau délicate : comme dans la partie inférieure, placer des points d'assurage se révéla très difficile voire impossible. Mais maintenant, je m'y étais faite, et progressai donc tranquillement comme si j'étais en solo. Je grimpai ainsi trois cents mètres. Puis, sachant que trouver un emplacement de bivouac ne serait pas évident, vers seize heures j'observai attentivement la paroi autour de moi. Cette structure s'avérait désespérément homogène. Elle ne présentait pas la moindre petite vire, ni la moindre marche : que de la pente. J'avais beau monter, monter : rien. La fatigue commençait à se faire sentir, et ma capacité de concentration à faiblir. Aussi, vers dix-huit heures, parvenue sous une espèce de ventre rond, désespérée, je décidai à contrecœur de m'y installer. Avec un peu de chance, il n'y aurait pas de chute de pierres et, s'il y en avait, cette vague bosse me protégerait sûrement un peu. De toutes les façons, je n'avais pas le choix. J'étais à bout et ne trouverais certainement rien de mieux sauf à atteindre le sommet qui se trouvait encore à quelques longueurs. Sans perdre de temps, je plantai plusieurs pitons, les reliai entre eux pour répartir la charge et suspendis mon hamac. Cette fois-ci, ce bivouac ne brillerait pas par son confort. J'allais me retrouver écrasée en paquet contre la pente de glace. Avant de m'y installer, j'essayai d'appeler Erik. Le relief ne nous avait pas permis de nous revoir. Tout allait bien pour lui. Au même niveau que moi dans la paroi, mais deux cents ou trois cents mètres plus à gauche, il s'organisait pour la nuit. Entendre sa voix me donna envie de pleurer. En moi-même, je déplorai qu'il soit si loin. Cela aurait été si bien de se retrouver là. Nous nous quittâmes en nous disant : « À demain au sommet ! »

Mon bivouac ne fut pas si pénible. En tout cas, il ne m'empêcha pas de bien dormir. Cependant, le réveil fut douloureux : mes mains, comme à chaque ascension hivernale, me faisaient souffrir. Depuis le départ, pour mieux tenir les prises, je n'avais pas mis les gants une seule fois. De plus, la veille au soir, en voulant couper du beurre pour agrémenter ma purée, je m'étais méchamment entamé un doigt. Mais ce n'était pas très grave car, passé le temps du petit déjeuner et du pliage de bagage, je n'y pensai plus. La douleur disparue, ce fut de bonne humeur et pleine d'énergie que je repris l'ascension : le sommet et les retrouvailles approchaient. Trois ou quatre longueurs plus haut, je vis enfin Erik. Il n'était qu'à une centaine de mètres de moi environ. Normalement, nous n'aurions pas dû nous trouver aussi près l'un de l'autre. Avait-il obliqué trop à droite ou moi trop à gauche ? Ou bien avions-nous, chacun de notre côté, modifié légèrement la trajectoire afin de nous rencontrer ? Cela n'avait plus beaucoup d'importance. À ce niveau-là, le terrain était le même. À cent cinquante mètres du sommet environ, nous nous étreignîmes enfin. Submergée par l'émotion, je ne pus retenir quelques larmes.

Nous décidâmes de continuer ensemble. Ainsi, marchant l'un derrière l'autre, nous atteignîmes l'arête sommitale vers seize heures, trop tard pour envisager la descente le soir même. Nous dormîmes donc au sommet du Cervin et y fêtâmes dignement nos ascensions. Erik me fit même la surprise de sortir de son sac une plaque de chocolat suisse à la liqueur de poire, montée tout exprès pour l'occasion. Jamais chocolat ne fut aussi bon ! Le lendemain, nous redescendîmes rapidement par la face est qui par chance se trouvait bien enneigée. Au pied de celle-ci, le photographe Pascal Tournaire nous fit la surprise de nous accueillir, les bras débordant de pâtisseries.

CONCLUSION

« Définition — L'alpinisme est l'art de parcourir les montagnes en affrontant les plus grands dangers avec la plus grande prudence. On appelle ici art l'accomplissement d'un savoir dans une action. »

R. Daumal

Cette ascension du Cervin, réussie après celle des faces nord de l'Eiger et des Grandes Jorasses, signait l'accomplissement de l'objectif que je m'étais donné.

Des ascensions importantes qui me marquent vraiment comme celles-là, je n'en fais pas très souvent, que ce soit en solitaire ou en cordée. À peu près une par an, et encore pas toujours. Gravir ces trois faces m'a pris trois ans. J'aime prendre le temps de digérer chaque ascension et j'en ai besoin. Un grand projet de temps en temps me satisfait pleinement. D'autre part, la montagne n'est pas toute ma vie, je n'aspire pas à grimper en permanence, à collectionner les voies, cela me donnerait même l'impression de tourner en rond. J'ai besoin de penser à autre chose qu'aux gestes de l'escalade et de me consacrer à d'autres activités. J'admire l'énergie de certains alpinistes dont la vie semble exclusivement consacrée à leur passion, et qui enchaînent course après course, paroi après paroi – et je sais qu'ils seront d'une humeur exécrable lorsque le temps ne leur permettra pas de sortir ! –, mais ce n'est pas ce que je recherche. En cela, je me sens parfois en marge de mon milieu, car même si je ne grimpe pas tous les jours, cela ne me manque pas. Me forcer ne mènerait à rien, j'y perdrais le plaisir et n'aurais sûrement pas la motivation ni l'énergie nécessaire pour m'investir à fond dans les projets qui me tiennent à cœur.

Une ascension peut m'attirer pour des raisons très diverses. Le plus souvent, la voie, le sommet incarnent un rêve caressé dans mon enfance ou mon adolescence. D'autres fois, elle représentera quelque chose de nouveau par rapport à ce que j'ai déjà accompli. Mais transformer cette attirance en projet n'est pas immédiat. Avant tout, j'ai besoin d'y penser intensément afin de me l'approprier, de ne plus en avoir peur. Dans cette phase de réflexion, qui peut d'ailleurs être assez longue – quelques mois à plusieurs années –, j'essaye de visualiser les dangers et les difficultés techniques que je pourrais y rencontrer. Cela va de la marche d'approche jusqu'à la descente. Pour m'en faire une idée, je mène l'enquête discrètement en posant des questions à d'autres alpinistes, en lisant des articles ou des livres. Craignant d'être influencée dans un sens ou dans un autre, voire de paraître prétentieuse, je n'aime pas tellement évoquer mes projets. Lorsque les problèmes sont clairement énoncés et qu'ils me paraissent raisonnables – sans dangers objectifs –, l'envie devient un réel projet. À partir de ce moment-là, la vraie préparation peut commencer. La durée de cette étape varie en fonction des techniques à employer, de la forme physique que je souhaite acquérir, des conditions climatiques et de mes disponibilités mentales. Être prête psychologiquement, c'est me sentir bien dans ma peau, avoir l'esprit libre de toute contrariété. Beaucoup d'alpinistes me donnent l'impression de partir pour fuir, par dépit, d'aller là-haut pour tenter de régler leurs soucis. Ce n'est pas du tout mon état d'esprit. J'ai besoin d'être en paix avec moi-même pour être capable d'une grande concentration et grimper convenablement. Au cours de cette phase, j'ai l'impression de tendre doucement un ressort intérieur que je lâche le jour où tout me semble sous contrôle. Là, rien mis à part un réel danger objectif ne peut m'arrêter. Je me sens forte, déterminée, presque invulnérable, sans aucun doute sur mes capacités à réussir et si heureuse de partir enfin.

Le temps de l'action a ma préférence. J'éprouve un réel plaisir à être enfin au pied du mur, à n'avoir plus qu'à concrétiser ce que j'ai minutieusement préparé. Au pied de chaque paroi, tout excitée, comme une enfant devant un nouveau jouet, je n'ai qu'une hâte : toucher la roche, décrypter la paroi qui s'offre à moi, jusqu'au sommet. L'action est l'un des rares moments où je ne pense à rien d'autre qu'à ce que je fais, où la tête et les jambes ne font plus qu'un. C'est ce qui me plaît dans l'escalade et c'est ce qui m'a plu, enfant, à mes débuts. On ne se regarde pas bouger, on agit et si on tient à sa peau on ne le fait pas n'importe comment : il faut réfléchir, anticiper, gérer l'effort... C'est ce jeu tactique avec les éléments que j'aime par-dessus tout, cette prise de risques calculée qui reste toujours une aventure et m'oblige à me remettre en question à chaque fois.

J'ai maintenant un enfant, Victor, et ma vie s'équilibre différemment. Être auprès de lui est pour moi plus important qu'une escalade ; mes sorties se font donc plus rares, même si j'aime toujours autant grimper et aller en montagne.

Les grandes faces, les sommets me font encore rêver, et je ressens toujours la même excitation à l'idée de laisser germer en moi un nouveau projet, même si je me sais moins disponible pour le faire. En revivant certaines de mes ascensions pour en faire le récit, j'ai retrouvé en moi les souvenirs de moments d'émotion, de plaisirs intenses, parfois de souffrance, de lassitude, de colère, de doutes. Je ne saurais dire précisément ce qui me pousse à rechercher ces situations, à lier si étroitement ma vie à la montagne. Il y a pour moi quelque chose d'évident à cela, sans que je puisse pour autant faire la part entre le plaisir physique, la confrontation aux éléments, la beauté des lieux, la mise à l'épreuve, le dépassement, l'excitation à relever des défis. Certains ressorts de mon action ont sûrement évolué aujourd'hui. Consciemment ou non, j'ai vraisemblablement besoin de « prouver » quelque chose... à moi-même sans doute, en tant qu'alpiniste, en tant que femme, ou qui sait ? Vis-à-vis de mes parents. L'action m'est très certainement indispensable pour trouver un équilibre, et je suis stimulée par l'enthousiasme de progresser sans cesse et de franchir de nouvelles limites. Quelles que soient les motivations, la montagne me permet de m'épanouir. Elle remplit ma vie sans tourner à l'obsession, et je dois aussi cet équilibre à l'aide précieuse de mon entourage, de mes amis, de ma famille. J'ai eu la chance d'avoir quelques dons pour en tirer le meilleur, de bénéficier d'un environnement et de circonstances m'aidant à aller au bout de mes rêves. À moi, maintenant, de restituer autour de moi ce que j'ai reçu.

J'aime partager ces expériences en tant que conseillère technique, en conférence ou même en écrivant ce livre. Si les publics auxquels je m'adresse — entreprises ou passionnés d'aventures — trouvent dans mes récits de quoi alimenter leurs réflexions ou leurs rêves, j'y ai pour ma part le sentiment de progresser, de donner encore plus de sens à ces ascensions, et de mieux me connaître.

Mais ce qui me touche le plus, c'est de faire découvrir aux enfants et, surtout, à mon petit garçon ce que j'ai eu la chance de vivre dans mon enfance. Ces journées de découvertes sont pour moi un véritable enchantement. Jouer dans les torrents, courir dans les alpages, découvrir la faune, la flore, manger des fraises des bois, des framboises, des myrtilles, ramasser des pierres « précieuses » (cristal, quartz, mica), monter à un refuge ou à un lac, camper, marcher sur la neige en plein été, tout ceci est pour eux source d'émerveillements incroyables. Et, sur le rocher, quel bonheur de les voir prendre du plaisir à se concentrer afin de maîtriser leurs émotions et réaliser les gestes justes pour parvenir au sommet avec le sourire du vainqueur ! De ces expériences, comme moi, ces enfants garderont le souvenir toute leur vie, et c'est à mon avis le plus important.

SOMMAIRE

DU MÊME AUTEUR

Eduardo Martinez de Pison, E. Serrano canadas,
Eduardo Vinuales Cobos et al.,
Préface de Catherine Destivelle,
Montagnes,
Place des Victoires, 2003

Catherine Destivelle et Erik Decamp,
L'apprenti alpiniste,
Hachette Jeunesse, 1996 (épuisé)

Catherine Destivelle et Erik Decamp,
Duo pour un 8 000, 1994
Arthaud, 1994 (épuisé)

Catherine Destivelle et Gérard Kosicki,
Rocs nature,
Denoël, 1991 (épuisé)

Catherine Destivelle,
Danseuse de roc,
Denoël, 1987 (épuisé)

Cet ouvrage a été imprimé par la
SOCIÉTÉ NOUVELLE FIRMIN-DIDOT
Mesnil-sur-l'Estrée
pour le compte des Éditions Arthaud
en décembre 2003

Imprimé en France
Dépôt légal : janvier 2004
N° d'édition : FZ 015301 - N° d'impression : 66316